今日からモノ知りシリーズ

トコトンやさしい

高速道路の本

日本の高速道路は、昭和38年、名神高速道路の開通を皮切りに、次々と整備されました。道路やトンネルといった各設備のメンテナンス、利用者へのサービスの充実を図りながら、安全で安心、そして快適な走行環境を実現しています。

長尾 哲　監修
野村 浩・八木 恵治　著

B&Tブックス
日刊工業新聞社

はじめに

日本道路公団が昭和31年4月に設立され、昭和40年7月に名神高速道路の全線開通、昭和44年5月に東名高速道路の全線開通と日本の高速道路の黎明期が始まりました。その後全国各地に高速道路網が整備されて行きます。

その当時、高速道路関係の要領・規準類は整備されておらず、高速道路の早期整備にあたった先人達の苦労にはただ頭が下がるばかりです。日本道路公団が高速道路の整備に果たした役割は極めて大きく、現在は民営化された後の高速道路会社が高速道路の機能を維持し、更なるサービス水準の向上に努めています。従来の高速道路関係の本では建設に関する技術や道路管理に関する事項が記述されることが多く、高速道路を利用する方や地域経済・生活に及ぼす効果についてはあまり記されてきませんでした。

恩師の石原研而先生（東京大学名誉教授）の紹介で、日刊工業新聞社の土坂裕子さんから高速道路の話を書いて欲しいとの依頼があり、高速道路調査会の野村浩氏、八木恵治氏の協力を得た方が良いと考え、広い視野で高速道路について記述することとしました。

本書の執筆にあたり、東日本高速道路㈱の中西規祥氏、中日本高速道路㈱の杉井淳一氏、山本隆氏、西日本高速道路㈱の諸富正和氏には資料の提供や適切な助言をいただきました。また、編集にあたり土坂裕子さんには大変お世話になりました。この本が無事出版されることになったのはこの方々のおかげです。ここに記して謝意を表します。

長尾　哲

都市間高速道路は、地方部の点在する都市と都市を繋ぎネットワークを形成する道路であることから、「長距離高速交通」機能が重視され、一般的には道路構造令の第1種の道路に属している。

車専用道路
2,480km
1,999km）

◎国が整備（無料）

深川留萌道
（深川西～留萌）
日高道
（沼ノ端西～日高厚賀）
三陸沿岸道路
（鳴瀬奥松島～八戸JCT）※2
伊豆縦貫
（東駿河湾環状道路、
天城北道路）　他

**地域高規格道路※3等、高規格幹線道路網を補完し
密接なネットワークを形成する
その他の一般国道等の自動車専用道路**

有料道路方式

◎会社が整備
◎国と会社の
合併施行※4

横浜横須賀道路
第三京浜道路
東京湾アクアライン
東富士五湖道路
小田原厚木道路
西湘バイパス
第二神明道路
第二京阪道路
京滋バイパス　他

◎国が整備（無料）

保土ヶ谷バイパス
須走道路
御殿場バイパス
他

都市高速道路網
構造令第2種の道路

都市高速道路は、通過する地域が家屋が密集し、地価も高く、トリップ長も短いという特性から、高速走行よりも、「大量の交通を円滑に処理する」ことを重視した構造となっている

有料道路方式

①首都高速道路327.2km
②阪神高速道路258.1km
③名古屋都市高速道路81.2km
④広島都市高速道路25.0km
⑤福岡都市高速道路59.3km
⑥北九州都市高速道路49.5km
地域高規格道路※3に指定
有料高速道路供用延長
800.3km

各社・県HP:令和6年4月1日

上記③～⑥については、道路整備特別措置法12条の規定に基づき。地方道路公社※5が事業を実施

※4:合併施行:一般道路事業と有料道路事業の間で、分担を決めて連携して事業を行う方式のこと
※5:地方道路公社:地方道路公社法に基づき地方公共団体が設立した公企業で、有料道路を新設、改築、維持、修繕等総合的に管理する
※6:高速道路会社による高速自動車国道整備の補完措置として導入された、都道府県が建設費の一部を負担して、直轄事業として高速自動車国道の建設管理を行う方式（道路4公団民営化、政府与党申し合わせ）
※7:新たな整備計画区間について、直轄方式による整備を基本としつつ①「合併施行方式」により、当該区間の事業促進が可能な区間②周辺の有料ネットワークとの連続性を確保する必要がある区間については有料と直轄の合併施行方式も検討（第4回国土開発幹線自動車道建設会議）

日本における高速道路ネットワークの体系

*高規格幹線道路の供用中延長は令和6年4月5日現在:全国高速道路建設協議会調べ、高規格幹線道路の現況http://www.zenkousoku.com/maintenance

都市間高速道路網
構造令第1種の道路（※但し、東京外環･名古屋環状2号線は第2種の道路）

高規格幹線道路網（全体構想:14,000㎞）

・「四全総」(昭和62年6月30日閣議決定)及び「21世紀の国土のグランドデザイン」(平成10年3月31日閣議決定)で国土の骨格となる基幹的な高速陸上交通網を形成するものとして構想。。全国の都市･農村地区から概ね1時間程度で利用が可能となるように約14,000kmの高規格道路網で形成。

高速自動車国道
全体計画11,520㎞
(供用中9,202㎞)

有料道路方式
◎会社が整備
◎国と会社の合併施行[※7]
供用中8,487㎞

(会社が整備)
東名･名神高速道路
新東名･新名神高速道路
中央道
東北道
常磐道
関越道
山陽道、中国道
九州道等
(国と会社の合併施行)
東京外かく環状道路
(関越～東名)
名古屋第二環状自動車道
(名屋西～飛島) 他

新直轄方式
◎国が整備（無料[※6]）
供用中715㎞

(国が整備)
日沿道
(大館北～小坂JCT)
東北中央道
(福島JCT～米沢)
東九州道
(佐伯～蒲江)
紀勢道
(南紀田辺～すさみ南)
北海道横断道
(本別～釧路)
中部横断道
(富沢～六郷)
他

高速自動車国道に並列する一般国道の自動車専用道[※1]（供用中1,102㎞）

有料道路方式
◎会社が整備
◎国と会社の合併施行[※4]

京葉道路
(宮野木JCT以南)
富津館山道路
東水戸道路
仙台東部道路
伊勢湾岸道路
湯浅御坊道路
広島岩国道路
山陰道(安来道路)
山陰道(江津道路)
他

◎国が整備（無料）

函館新道
月山道路
仙人峠道路
相馬福島道路
名阪国道
那智勝浦新宮道路
須崎道路
宇和島道路
山陰道(松江道路)
延岡道路　他

一般国道自動
全体計画
(供用中

有料道路方式
◎会社が整備
◎国と会社（又は公社）の合併施行[※4]

圏央道
東海環状道
本州四国連絡道路
京都縦貫自動車道
(大山崎～宮津天橋立)
三陸縦貫道
(仙台松島道路、
宮城県道路公社[※5])
伊豆縦貫道
(修善寺道路、
静岡県道路公社[※5])
他

※1:高速自動車国道に並行する一般国道の自動車専用道路（高速自動車国道に並行して混雑解消等のためバイパス整備が急務となっている場合、二重投資を避けるためにその一般国道のバイパスを高速走行可能な自動車専用道路として整備することにより、一般国道としての役割も果たしつつ、高速自動車国道の機能を代替させ、高速自動車国道ネットワークの一部として活用することとしたもの（平成7年11月道路審議会中間答申）
※供用中1,102㎞
※2:復興道路･復興支援道路に位置付けられた3路線『高規格幹線道路･三陸縦貫自動車道、地域高規格道路･三陸北縦貫道、高規格幹線道路、八戸久慈自動車道』の総称。3路線が1本に繋がっているので、ここでは高規格幹線道路として整理した
※3:地域高規格道路:「高規格幹線道路網を補完し、地域の自立的発展や地域間の連携を支える道路として整備することが望ましい路線」として建設省･国土交通省により指定された道路

首都圏詳細図
久喜白岡
鶴ヶ島
つくば
川口
大月
あきる野
大泉
練馬
三郷
高井戸
大栄
八王子
中央
京葉
成田
東京
東名
玉川
新秦野
厚木
海老名
高谷
新空港
新御殿場
伊勢原
浮島
宮野木
松尾横芝
箱根口
千葉東
御殿場
並木
東金
木更津
木更津南
馬堀海岸
首都高速道路(株)
東日本高速道路(株)
中日本高速道路(株)
草津
大津
青森
青森東
浪岡
下田百石
小坂
八戸
能代南
安代
河辺
岩城
横手
花巻
東和
湯沢
北上
酒田みなと
鶴岡
湯殿山
月山
荒川胎内
東根
山形
新潟中央
富谷
仙台南
利府中
米沢北
村田
利府
仙台若林
長岡
桑折
福島
朝日
上越
相馬
郡山
小矢部砺波
福井北
更埴
中ノ湯
敦賀
白鳥
飛騨清見
平湯
安曇野
佐久小諸
松本
岡谷
いわき
高崎
栃木都賀
藤岡
岩舟
大野神戸
山県
美濃関
養老
長坂
友部
茨城町
土岐
飯田山本
ひたちなか
小牧
双葉
鶴ヶ島
名古屋
大月
久喜白岡
つくば
鉾田
六郷
河口湖
八王子
川口
豊田東
三郷
潮来
富沢
須走
新秦野
中央
東名
成田
大栄
新清水
新御殿場
伊勢原
海老名
高谷
新空港
浜松いなさ
松尾横芝
伊勢関
清水
沼津
御殿場
浮島
木更津
東金
勢和多気
三ヶ日
藤沢
伊勢
富浦
凡例
東日本・中日本・西日本高速道路株式会社
供用済区間
6車線
4車線
2車線
事業中区間
本州四国連絡高速道路株式会社
供用済区間
6車線
4車線
2車線
首都高速道路株式会社
供用済区間
事業中区間
阪神高速道路株式会社
供用済区間
事業中区間
その他の道路
供用済区間
事業中・調査中区間
事業中のIC・JCT名は仮称

令和6年4月1日現在

全国の高速道路ネットワーク

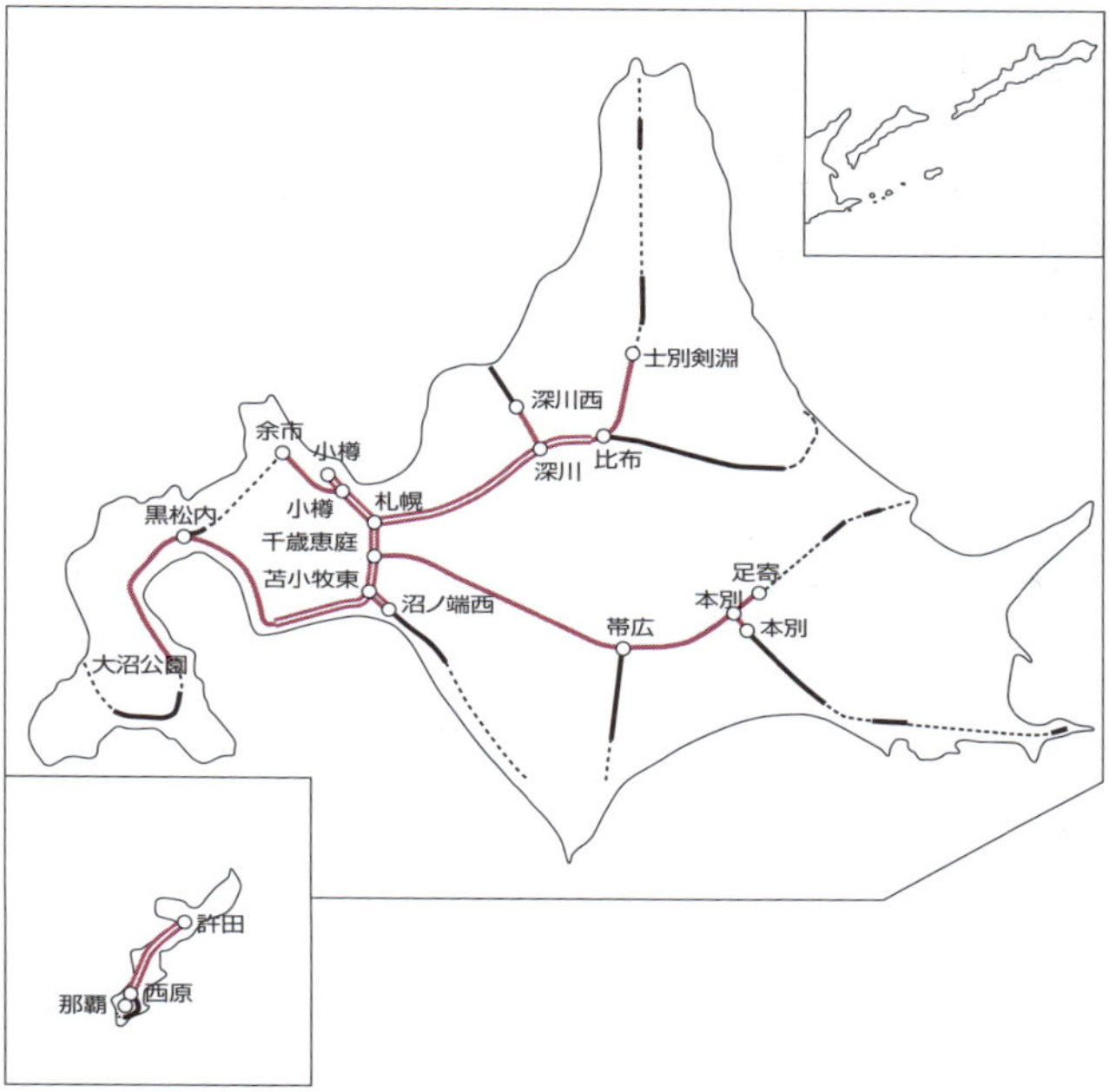

京阪神圏詳細図

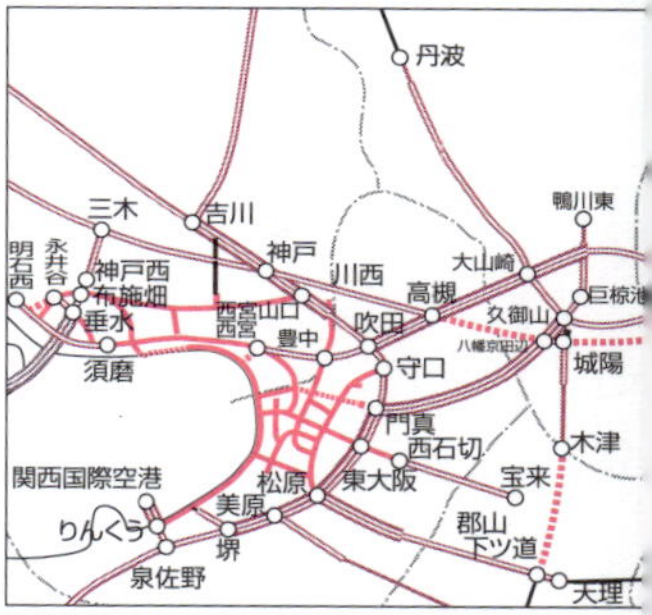

阪神高速道路(株)

西日本高速道路(株)

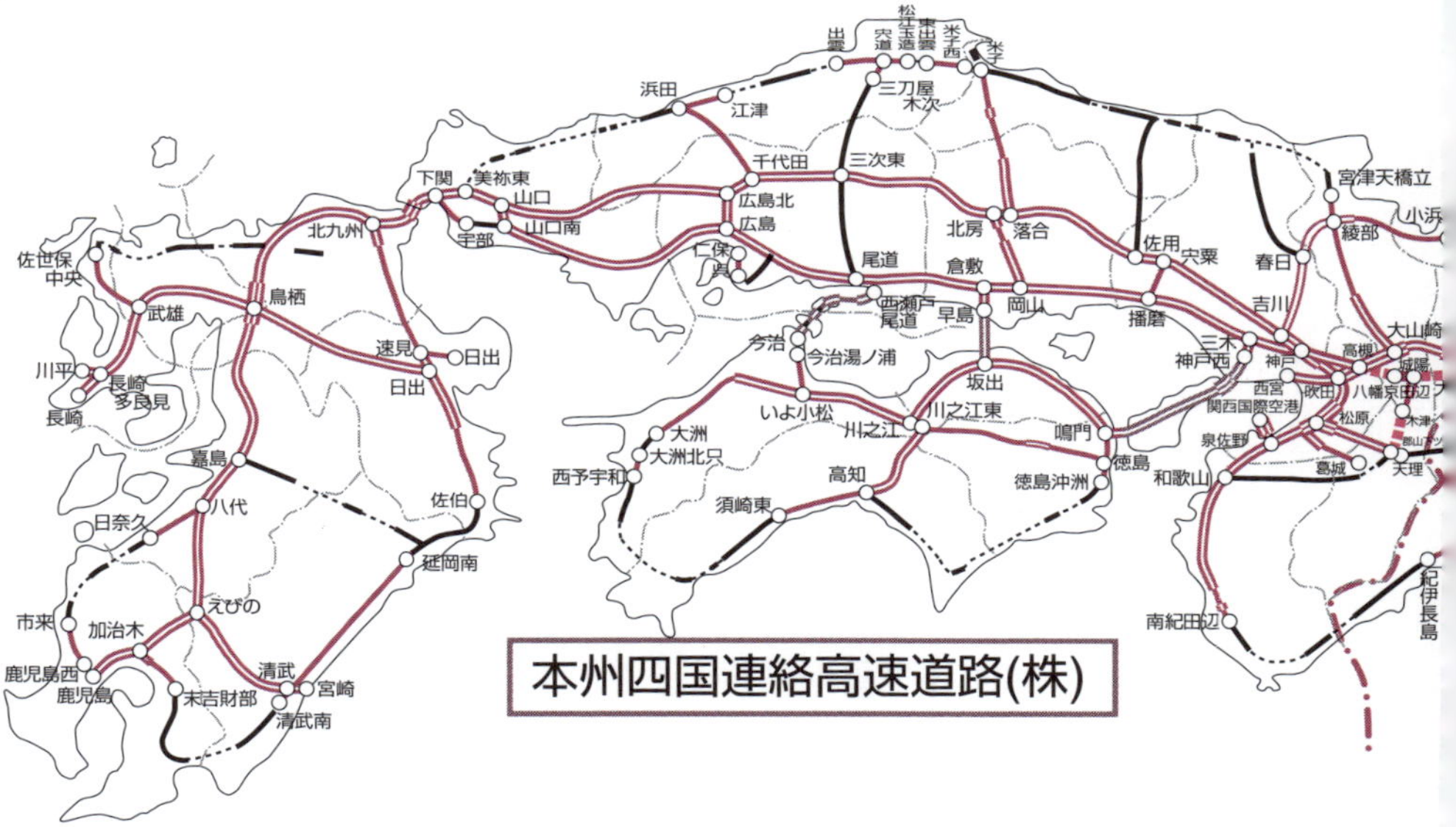

目次 CONTENTS

第1章 高速道路とは

1 高速道路の定義①「法令上の定義」……12
2 高速道路の定義②「交通工学上の定義」……14
3 往復2車線の高速道路について「計画は4車線」……16
4 高速道路のカテゴリー分類「3つの分類」……18
5 海外の高速道路と日本の高速道路①「整備水準の比較」……20
6 海外の高速道路と日本の高速道路②「料金水準の比較」……22

第2章 高速道路整備の経緯

7 日本の道路の歴史①「古代・中世」……26
8 日本の道路の歴史②「江戸時代～戦前」……28
9 高速道路計画の沿革「戦前～終戦直後」……30
10 高速道路時代の幕開け「ワトキンス報告書の衝撃」……32
11 名神高速道路建設の頃「山科工区における自動車走行試験」……34
12 出口案内標識の体系と夜間走行視認実験「案内標識の検討①」……36
13 案内標識の地色、デザイン、公開試験「案内標識の検討②」……38
14 世銀からの借款と高速道路の線形「高速道路の線形の検討」……40

第3章 高速道路が果たす役割と整備効果

15 フロー効果・ストック効果とB／C（費用便益比）「整備されたインフラがもたらすもの」……44

16 高速道路ネットワークの多重性（リダンダンシー）「震災時に発揮された代替機能」……46

17 地域医療（救命救急）と高速道路①「救命と時間の関係」……48

18 地域医療（救命救急）と高速道路②「地域医療への貢献」……50

19 高速バスによる交通利便性の向上①「東京湾アクアラインの効果」……52

20 高速バスによる交通利便性の向上②「岐阜県白川村の事例（東海北陸道）」……54

21 環状道路とその機能①「首都圏の環状道路計画と期待される機能」……56

22 環状道路とその機能②「首都高速中央環状線の整備効果」……58

23 環状道路とその機能③「圏央道の整備状況とその整備効果」……60

24 高速道路を活かした地域づくり①「長野県伊那谷地域：高度医療ネットワークの構築」……62

25 高速道路を活かした地域づくり②「岩手県北上市：工業振興」……64

26 高速道路を活かした地域づくり③「長野県原村：村おこし・ペンション村」……66

第4章 高速道路の設計速度と規制速度

27 道路の区分と設計速度、幾何構造①「高速道路の設計速度の規定」……70

28 道路の区分と設計速度、幾何構造②「高速道路の幾何構造」……72

29 新東名・名神高速道路の構造規格「将来を見すえた幾何構造」……74

30 最高速度規制「法定速度と指定速度」……76

31 高速道路の最高規制速度の見直し①「構造適合速度の概念の導入」……78

32 高速道路の最高規制速度の見直し②「最高規制速度120km／hの導入」……80

第5章 道路関係四公団の民営化

33 道路関係四公団の民営化「経緯と目的、そして概要」……84
34 民営化の基本的枠組みのポイント「平成15年12月政府与党申し合わせ」……86
35 リスク分担とインセンティブ「リスク負担の明確化」……88
36 高速道路料金と固定資産税の課税問題「固定資産税非課税の経緯」……90
37 整備重視から利用重視の料金への転換「社会資本整備審議会の提言」……92
38 民営化の成果と課題「民営化後10年を振り返って」……94
39 事業実施手順と新規建設路線の事業主体の決定プロセス「会社の自主性を尊重」……96

第6章 建設時における新技術の導入

40 大規模機械化施工の導入「試験工事は土工技術の基本」……100
41 新東名の高盛土施工「設計・施工での工夫」……102
42 軟弱地盤における情報化施工の導入「地盤崩壊と長期沈下への対策」……104
43 高速道路の主なトンネル掘削工法「現場に応じた適切な工法を導入」……106
44 長大橋の変遷「吊橋を中心に」……108
45 高速道路の舗装「アスファルト舗装が主体」……110
46 高耐久性のコンポジット舗装「新東名高速道路で本格採用」……112
47 回転式舗装試験機「高速道路の環境条件を再現」……114

第7章 高速道路の維持・管理

48 大規模更新の必要性と定期点検の法定化「顕在化する高速道路の老朽化」……118
49 初期・日常・基本点検「様々な角度から危険を探る」……120
50 点検の高度化①「デジタル技術の活用」……122
51 点検の高度化②「ロボットと赤外線による調査」……124
52 更新工事の新技術「交通への影響を最小化」……126

第8章 高速道路を支える技術

53 高機能舗装「夜間・雨天時の安全性・走行性の向上と騒音の低減」……130
54 スマートインターチェンジ「地域の利便性の向上を目指して」……132
55 料金徴収の変遷「パンチカードシステムから進化」……134
56 ETCシステム「統一規格システムを導入」……136
57 道路管制センター「24時間365日働き続ける」……138
58 雪氷対策「降雪地域の冬期の交通を確保」……140
59 環境対策の変遷「総合的な環境対策の実施」……142
60 エコロード「自然環境の保全」……144
61 遮音壁「道路騒音をブロック」……146
62 サービスエリアとパーキングエリア「進化する休憩施設」……148
63 次世代高速道路「社会情勢を捉えた施策」……150

【コラム】

●有料無料と高速道路……24
●名神開通時の「最高規制速度１００㎞／時をめぐる議論と攻防」……42
●東日本大震災において高速道路の早期復旧を可能とした要因について……68
●グラフと写真で見る！　設計速度と高速道路の線形……82
●高速道路料金の扱いと高速道路会社の上場……98
●写真で見る！　高速道路と記念切手……116
●高速道路上の落下物……128
●ＳＡ・ＰＡの防災拠点化……152

●日本における高速道路ネットワークの体系……2
●全国の高速道路ネットワーク……4
●高速道路整備の歩み……153
●主な参考図書・資料、出典……159

第1章

高速道路とは

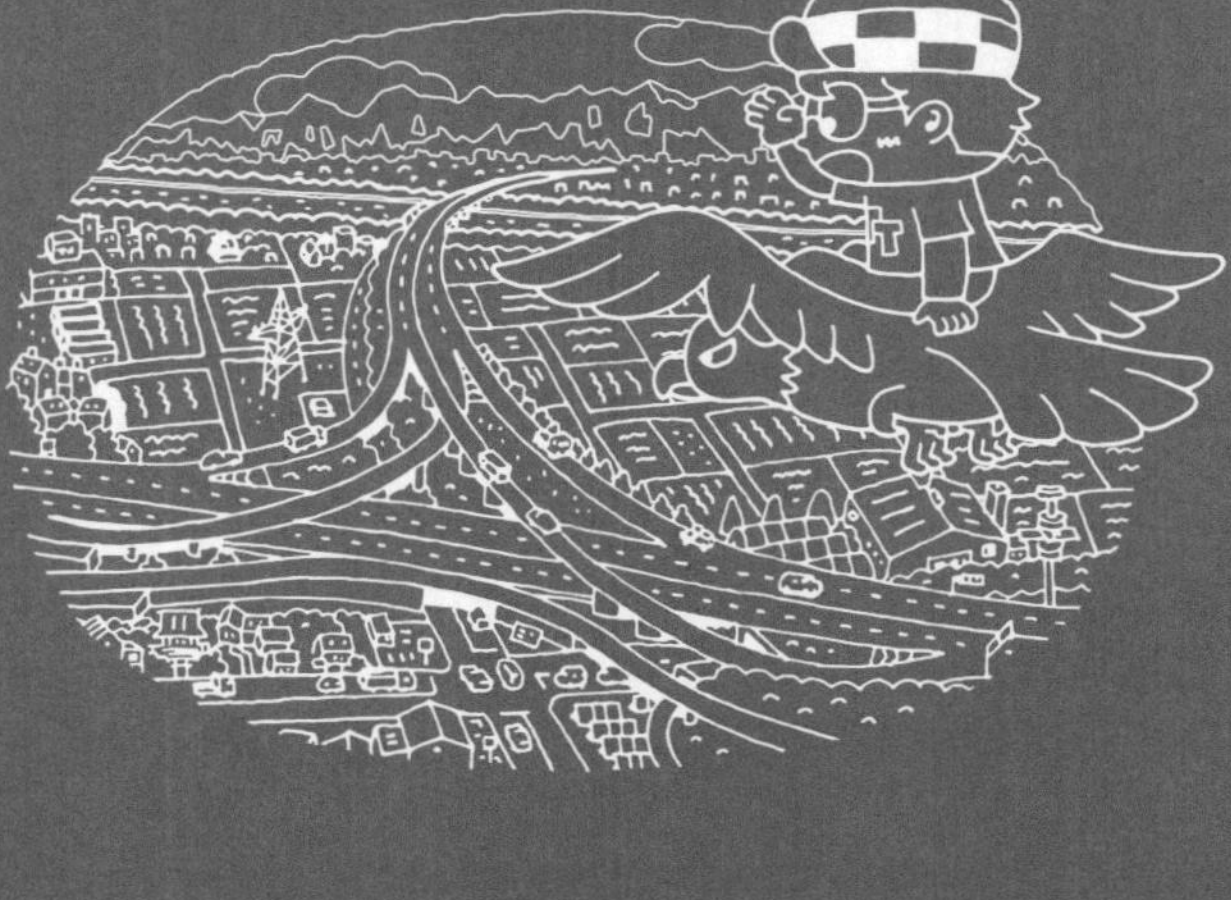

1 高速道路の定義①

高速道路を一言で表すと、「自動車が高速でかつ安全・快適・円滑に走行できるような構造となっている道路」ですが、正確には法令上の定義と、交通工学等の工学上の定義（要件）があります。

法令上の定義として高速道路株式会社法では、次に示す2つの道路を「高速道路」と定義しています。（条文は要旨）

①高速自動車国道法第4条第1項[注1]に規定する高速自動車国道。注1：『自動車の高速交通の用に供する道路で、全国的な自動車交通網の枢要部分を構成し～略～国の利害に特に重大な関係を有するもの～略』

②道路法48条の4[注2]に規定する自動車専用道路並びにこれと同等の規格及び機能を有する道路。注2：同法48条の2『道路管理者は、交通が著しくふくそうして～略～交通の円滑を図るために必要があると認めるときは、～略～自動車のみの一般交通の用に供する道路を指定することができる』

道路法の規定に見られるように、自動車専用道路は必ずしも高速交通を意図するものではありませんが、道路の一般的技術基準を定めた、「道路構造令」において、「①の高速自動車国道と②の自動車専用道路」は両者とも、「地方部に存する場合は第1種の道路」に、「都市部に存する場合は第2種の道路」と同じ種別の道路に区分されていて、構造的にはほぼ同等で遜色ないものとなっています（図1、2）。なお、首都高速道路公団法では、『首都高速道路公団は、～略～その通行について料金を徴収することができる自動車専用道路の新設、改築、維持、修繕その他の管理を総合的かつ効率的に行うこと等により自動車専用道路の整備を促進して交通の円滑化を図り、もつて首都の機能の維持及び増進に資することを目的とする』と規定されていました。

要点BOX

●高速道路は法律で定められている
●自動車専用道路＝高速交通を意図するものではないが、構造的にはほぼ同等で遜色ないもの

図1 高速自動車国道と自動車専用道路（地方部）

東名高速道路（高速自動車国道）
提供：NEXCO中日本

首都圏中央連絡自動車道（自動車専用道路）
提供：NEXCO東日本

図2 高速自動車国道と自動車専用道路（都市部）

東京外環自動車道（高速自動車国道）
提供：NEXCO東日本

首都高速都心環状線（自動車専用道路）
出典：国土交通省HP「首都高速の再生に関する有識者会議提言書」

（注）
○ 地方部：都市部以外の地域を言う
○ 都市部：市街地を形成している地域又は市街地を形成する見込みの多い地域を言う
（道路構造令の解説と運用*4）

2 高速道路の定義②

交通工学上の定義

交通工学用語辞典[1]は高速道路を自動車の高速通行に適するように築造された道路で、次の条件を備えた道路と定義しています。

①自動車のみの通行に限られる
②出入はインターチェンジに限られる
③原則として片側2車線以上の車線を持つ分離道路（中央分離帯により往復分離）である（3項に詳述）
④他の道路、鉄道等とは完全立体交差となっている
⑤自動車の高速交通に適した線形となっている

法令上の高速道路は基本的にこの条件を満足しています（**図1**）。以下本書では高速自動車国道と、自動車専用道路を合わせたものを、「高速道路」と呼ぶことにします。前述したように、道路構造令では高速自動車国道と自動車専用道路は、同じ第1種（地方部に存する場合）及び第2種（都市部に存する場合）に区分して、それぞれに設計速度等を定めています[4]。従って、同じ高速道路でも地方部と都市部では、設計速度・線形・幅員が、異なったものとなっています（**図2、3**）。

上記5つの条件の内①～④はYES・NOの二択で疑問の余地はありませんが⑤については「高速交通」と言えるのは時速何km以上なのか曖昧なところがありますが、明確な定義はないようです。⑤を高速道路の定義に含めていないテキストもあります[2,3]。難しい問題で、求められる機能・地形・地域・コストの制約等の様々な条件によって異なってくるもので、一義的に決められるものではないということだと思います。道路構造令では、高速自動車国道及び自動車専用道路（第1種及び第2種の道路）の設計速度は、我が国の地形上の条件及び土地利用等を考慮して60～120km／時を採用しています（第4章で詳述）。

要点BOX
- ●自動車専用道路
- ●出入りの制限
- ●往復分離／立体交差

図１ 往復分離、出入り制限、立体交差

提供：NEXCO東日本

図2 地方部第１種（常磐道）

提供：NEXCO東日本

図３ 都市部第２種（首都高速道路）

提供：首都高速道路株式会社

3 往復2車線の高速道路について

計画は4車線

現在、高速道路会社が管理・営業している、往復2車線の高速道路は、元々は4車線の計画のものです。当面多くの交通量が望めない区間について、初期投資を縮減することにより、採算性を確保しつつ、早期に開通させ、高速道路の開通効果が沿線地域に早期に表われるように、暫定的に2車線で開通させたもので、「暫定2車線区間」と呼ばれています。

このように、あくまでも将来、高速道路ネットワークの整備が進展し、交通量が増加した段階での4車線化を前提とした暫定的なものです。このため、暫定2車線の高速道路には、反対車線への飛び出し等による重大事故の発生等、交通安全上の問題に加え、最高速度規制が低いことによる利便性の低下といった多くの課題があります。（図1、2）。各高速道路会社では中央帯へのワイヤーロープ・センターブロックの設置等による交通安全性の向上、追い越し可能区間の増設（付加車線の設置）による利便性の向上、4車線化工事の推進等の対策を積極的に行っています（図3）。令和4年1月1日現在で、高速道路会社が営業している、有料の高規格幹線道路（2頁体系図）『9500kmの内1800kmが暫定2車線で、その内400kmで4車線化の工事が進められています』[5]。

補足[4、6]：平成15年の道路構造令の改正で、高規格幹線道路等（第1種の道路）について、『地域の実情に応じた道づくりを推進し、道路整備のコスト縮減を図る』ため、『完成2車線に関する規定』が新設されました。これは、将来的に交通量が少ないと見込まれる区間について、往復分離した完成2車線構造を採用し、必要に応じ付加追越車線を設置することにより、コスト縮減を図りつつ安全性を確保し、一定のサービス速度（例えば80km／時）での走行を可能とするものです。

要点BOX

- ●初期投資を抑えながら地域が開通効果を早期に得るための暫定的な対応
- ●交通安全性向上に向けた継続的な対策は重要

図１ 死亡事故率の比較（平成25年）

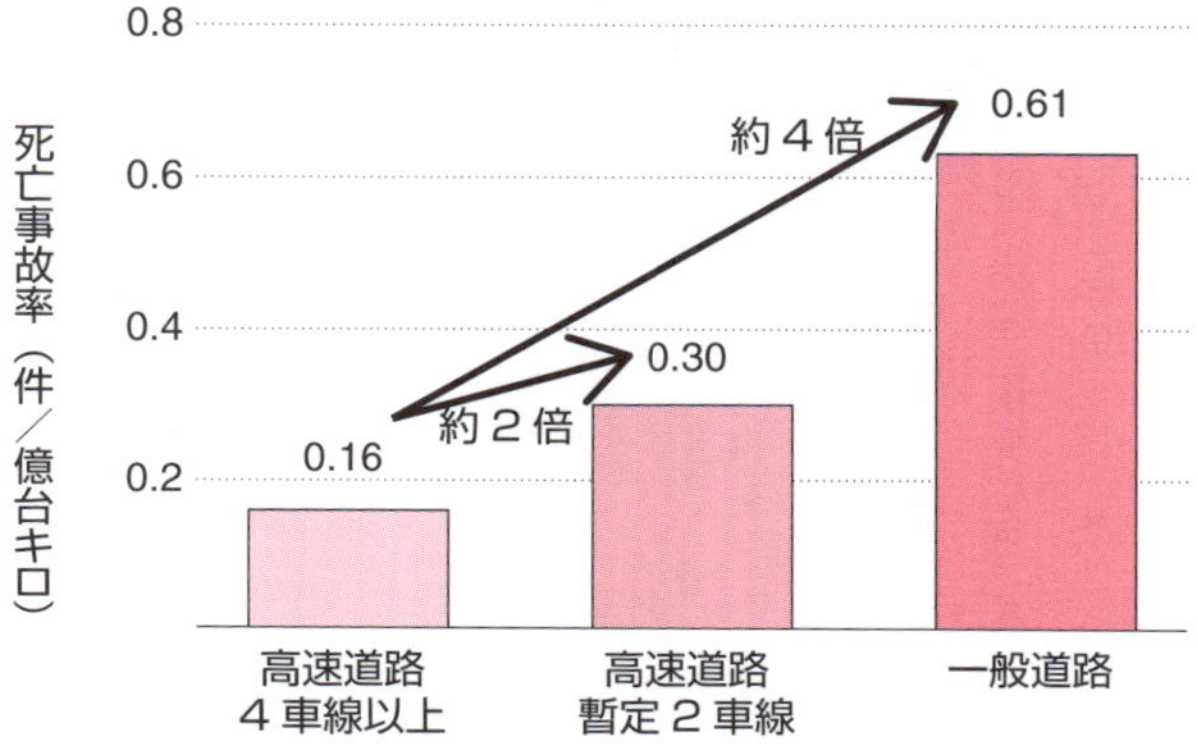

出典：国土交通省HP[*4]
　　　高速道路：NEXCO3社調べ（高速自動車国道（有料））
　　　一般道路：警察庁資料

図２ 暫定２車線重大事故発生状況

提供：NEXCO東日本

図３ 暫定２車線区間の交通安全対策

ワイヤーロープ　　センターブロック

提供：いずれもNEXCO東日本

4 高速道路のカテゴリー分類

高速道路は、以下に示す、3つのカテゴリーに大きく分けることができます（図、2〜3頁）。

①都市間高速道路：高速自動車国道とその他の高速道路（一般国道の自動車専用道路）が一体となって主要な都市を縦横に結ぶことにより、全国的なネットワークを形成する高速道路網

②都市高速道路：大都市内でネットワークを形成する自動車専用道路網（首都・阪神高速道路等）

③バイパス型高速道路：①②と密接なネットワークを構成せず、単独でバイパスとして機能する、自動車専用道路等（箱根新道、八木山バイパス等）

都市間高速道路は、地方部に点在する都市と都市を繋ぎネットワークを形成する道路であることから、『長距離高速交通』機能が重視され[*4]、一般的には道路構造令の第1種の道路に属します。

一方、都市高速道路は、通過する地域が都市部で家屋の密集する地価の高い土地であり、これを利用する交通も都市間高速道路と比べると極端に多く、トリップ長もかなり短いという性格を有しているため、高速交通よりも、『大量の交通を円滑に処理する』機能が重視され[*4]、道路構造令の第2種の道路に属します。なお東京外環道及び名古屋二環は都市部に存する高速自動車国道で、構造令では第2種の道路（都市高速道路）に該当しますが、都市間高速道路（高規格幹線道路）としての機能・性格も併せ持つ道路です（4頁に全国の高速道路ネットワーク図を示します）。

『バイパスは、ある地域を迂回させて通過交通がその地域を通らないようにするための道路のことで、多くの場合、その地域に出発地または目的地をもつ地域間交通を円滑に分散し、または導入する役割も果たすものです』（国土交通省HP「道路についての定義・用語」）。

要点BOX

- 都市間は長距離、都市高速道路は短距離の利用が多い
- バイパスは交通量を分散させる役割も

高速道路のカテゴリー

①都市間高速道路　東北自動車道

提供：NEXCO東日本

②都市高速道路　首都高速道路横浜北線

提供：首都高速道路株式会社

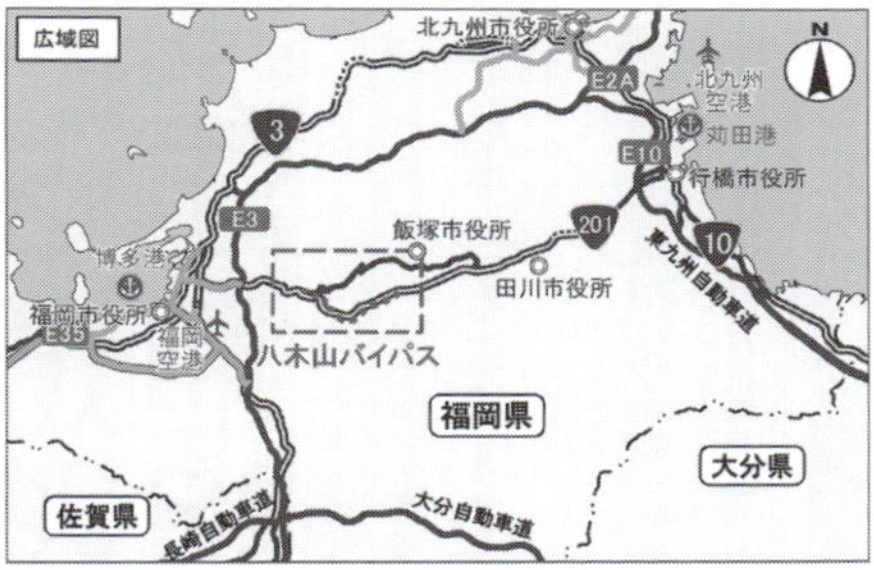

③バイパス型高速道路　八木山バイパス

出典：国土交通省HP「国道201号八木山バイパス4車線化事業」

八木山バイパスは九州自動車道と直接接続しないで、単独で国道のバイパス機能を果たしています（図③）。

バイパス型高速道路の有料道路は、個別採算制度を採用しているので個別に定められた償還期間が満了次第、順次無料開放されています。道路公団の民営化後、以下の６路線が無料開放されています（出典：高速道路機構 HP）。

○矢本石巻道路（鳴瀬奥松島～石巻河南）
○八王子バイパス
○箱根新道
○西富士道路
○八木山バイパス
○南風原（はえばる）道路

なお、八木山バイパスについては、無料開放後、交通量が倍増し、朝夕を中心とした慢性的な渋滞の発生や、事故が急増したため、緊急に４車線化工事を実施するため、ネクスコ西日本の有料道路事業として令和５年１月現在、４車線化の事業を実施中です（出典：国土交通省 HP、社会資本整備審議会道路分科会第 18 回事業評価部会配布資料）。

5 海外の高速道路と日本の高速道路①

整備水準の比較

表に、日米欧6ヶ国の高速道路の概要を示します。高速道路の整備水準を表す指標としては、『国土をカバーするという観点からは面積当たりの延長』が、『交通需要の観点からは、人口当たりの延長（交通需要は人口に比例すると考えられます）』が考えられます。

国土面積千㎢当たりで見ると、欧米5ヶ国平均の21・5㎞に対して日本は24・2㎞と国土をカバーするという観点からは欧米先進国並みの水準に達してきていると言えます。一方、人口百万人当たりで見ると、5ヶ国の平均167㎞に対して、72㎞と約43%の水準にとどまっています。このことは大雑把に言えば、1㎞当たり、日本の高速道路は欧米の高速道路の約2・3（167÷72）倍の交通需要の負荷がかかっていることを意味しています。

次に、人口と面積を同時に考慮してみます。

人口と面積の相乗平均√人口×面積で求められる値は国土係数と呼ばれ、面積と人口から見た国土の大きさを示す指標の1つです。格子状道路モデルを用いた理論分析によると、『地域住民全体の便益から、費用（建設＋維持管理）を差し引いた金額を最大にする道路総延長Lは、国土係数に比例する』ことが示されています[*7-1]。実際の延長をこの国土係数の値によって基準化した値は、道路ネットワークの相対的な充実度を示す指標と考えられます[*7-2]。国土係数を用いて高速道路の開通延長を基準化すると（√千㎢・百万人当たり）、欧米5ヶ国平均55・7㎞に対して日本の現状は41・8㎞で、約75%の整備水準と評価され、いまだ欧米先進国の水準に追いついていないというのが現状です。

要点BOX

- ●国土のカバー率で見ると欧米先進国並み
- ●人口と面積で見ると、欧米先進国には追い付いていない

日米欧6ヶ国の高速道路の概要

	米国	英国	フランス	イタリア	ドイツ	日本 （高速自動車国道）	備考 欧米5ヶ国 平均
面積（千km²）	9,833.5	242.5	551.5	302.1	357.6	378.0	2020年[#1]
人口（百万人）	331.0	67.9	65.3	60.5	83.8	126.1	
高速道路開通延長 （km）	108,552 （2021）	3,735 （2020）	11,671 （2019）	6,966 （2017）	13,183 （2019）	9,128 （2022）	日本[#3] 海外[#2]
有料道路比率	7.8%	1.1%	79%	86%	100%* *重量貨物車のみ有料	93%	日本[#3] 海外[#2]
面積当たりkm／千km²	11.04	15.40	21.16	23.06	36.87	24.15	21.51
人口当たりkm／百万人	327.9	55.0	178.8	115.2	157.3	72.4	166.9
√面積人口当たりkm／ √千km²·百万人	60.2	29.1	61.5	51.5	76.2	41.8	55.7
法定最高速度:乗用車 自動二輪（km／h）	州による 104～129km	112km	130km	130km	無制限 （推奨130km）	100km （指定速度120km）	出典[#4#5]
料金水準[※1] （現地通貨·現金）	6.8セント／km （2017）	0.17ポンド／km （2022）	9.3ユーロセント／ km （2022）	7.1ユーロセント／ km 平野部	7.9～26.0 ユーロセント／km	高速自動車国道 普通区間	出典[#2]
円換算値 （円／km）[※2]	7.88円	26.9円	12.09円	9.23円	10.3～33.8円	（24.6円／km+150円） ×1.1 （2022）	出典[#2]

※1：普通車、ドイツのみ重量貨物車（1955年～期間制度、2005年～走行距離制）
　　利用者が支払う、割引前の料金水準、英·仏·伊·日は税込み、米·独は付加価値税非課税
※2：為替レート2022年2月　1USドル＝116円、1ポンド＝158円、1ユーロ＝130円

#1：世界の統計2022総務省統計局 (stat.go.jp)
#2：欧米の高速道路政策（2022年版）公益財団法人 高速道路調査会 (express-highway.or.jp)
#3：旬刊高速道路
#4：警察庁第3回 速度規制等ワーキンググループ資料2　siryou2.pdf（npa.go.jp）
#5：警察庁第1回 速度規制等ワーキンググループ資料4　siryou4.pdf（npa.go.jp）

6 海外の高速道路と日本の高速道路②

料金水準の比較

日本の高速道路料金は、諸外国と比べて突出して高いと言われ続けてきましたが、高速道路会社は民営化後、様々な料金割引を導入してきていますので、割引後の料金水準を試算してみます（５項表の料金水準は、利用者が支払う、割引前の料金の水準です）。

図にはネクスコ東・中・西３社の、令和６年４月１日時点におけるETC割引の概要を示します。

【計算上の想定】

『税込消費税率10%、ETC普通車、休日に高速自動車国道の地方部普通区間２００kmを走行、定価料金：（24・6円／km×利用距離＋１５０円）×１・１』

□定価料金＝（２００km×24・6＋１５０）×１・１＝５５７７円＝27・8円／km

□標準料金[注1]＝（１００km×24・6＋１００km×24・6×０・７５[注2]＋１５０）×１・１＝４９００円＝24・5円／km

注１：長距離逓減《ていげん》制は非ETC車も含めた全車に適用されるので、ここでは同制度による逓減後の料金を、高速自動車国道の標準料金と整理しました。

注２：長距離逓減制：１００kmを超え２００km以内の利用分について25%、２００kmを超える利用分について30%の割引（令和６年４月１日現在）

□ETC休日割引後料金＝４９００×０・７[注3]×０・９５２[注4]＝３２６５円＝16・3円／km

注３：休日割引、注４：マイレージサービス：年間１万円利用の場合を想定→５００円還元、１万円／１万５００円）

□定価料金に対する割引率は約40%との結果

□更に最近の円安傾向を考えると（２０２３年８月１USドル＝１４５円、日銀HP）、料金水準の差は相当程度、小さくなってきているものと考えられます。

要点BOX

- ●民営化後、高速道路会社が取り組んだ割引制度
- ●長距離逓減制、ETC休日割引など料金割引はいろいろ

NEXCO東・中・西3社のETC割引の概要

平日

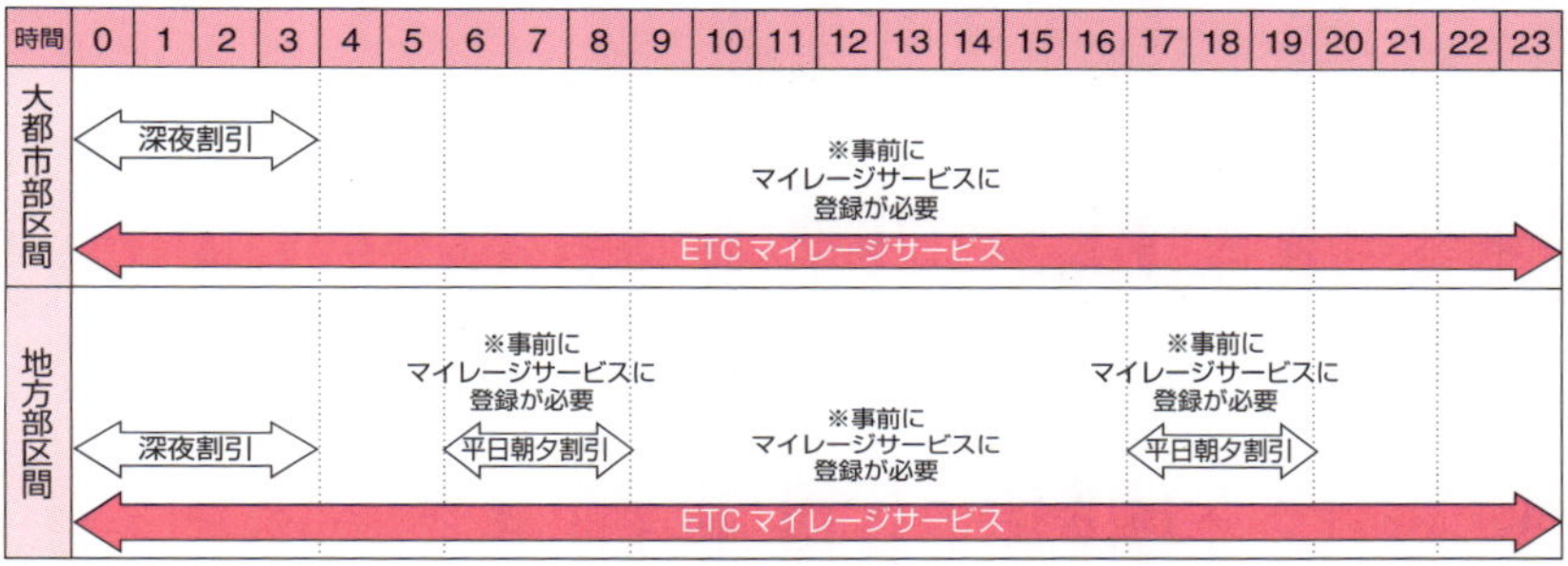

土日祝日

出典：NEXCO中日本HPを基に作成

NEXCO3社共通のETC割引、令和6年4月1日現在

①ETC平日朝夕割引（地方部限定、全車種対応）：平日「朝:6～9時」「夕:17～20時」の間に入口または出口の料金所を通過すると、月毎の利用回数に応じ、30%～50%還元
②ETC深夜割引（全車種対応）：毎日「0～4時」の利用について、30%割引
③ETC休日割引（普通車・軽自動車等限定、地方部限定）：土日祝日限定の、30%割引
④マイレージサービス：ETC利用限定、通行料金10円毎に1ポイント付与。貯まったポイントは、交換単位に応じて還元額と交換。1000P→500円、5000P→5000円等
⑤大口多頻度割引：大口多頻度利用者を対象としたETC限定割引。「車両単位割引」と、「契約単位割引」の2タイプを組み合わせた割引

3社個別の割引

地域限定ETC割引（アクアライン割引等）。その他周遊割引等の各社独自の企画割引。
※割引内容・割引条件等の詳細は、各会社のWebサイトで確認してください。

Column

有料無料と高速道路

1項で述べましたが、高速道路は、法令上は「高速道路株式会社法」において、『高速自動車国道及び、道路法48条の4に規定する自動車専用道路』と定義されています。「高速道路株式会社法」で定義されているからといって、高速道路の全てが高速道路会社の管理する有料道路というわけではなく、その整備の経緯等によって、有料の高速道路と無料の高速道路が混在しています（図）。

また、標識の設置基準を定めた「標識令（別表第一）」、道路交通法に基づく「交通の方法に関する教則（第7章）」においても、高速道路について、上記と同様の定義が定められています。

有料か無料かは、法令上の高速道路の定義には何の関係もないということです。有料無料に係わらず、法令上の高速道路（高速自動車国道及び自動車専用道路）の案内標識は緑色です。また道路構造令においても有料、無料に係わらず、法令上の高速道路は同じ種別の道路に区分されるので、構造的にも見分けはつきません。

なお、高速自動車国道・本四連絡道路・都市高速道路以外の有料の道路は、元々「一般道路事業による道路整備を補完する」との位置づけで整備されてきたことから、「一般有料道路」と区別して呼ばれています。

（野村浩執筆）

有料の高速道路と無料の高速道路

※無料の高速道路も、標識は緑色

北関東道（有料:高速自動車国道）

出典：NEXCO東日本HP

保土ヶ谷バイパス（無料:自専道）

出典：国土交通省HP

第2章

高速道路整備の経緯

7 日本の道路の歴史①

古代・中世

魏志倭人伝に『〜対馬国に到着する〜中略〜その土地は、山は険しく深林が多く、道路は獣のふみわけ道のようである〜』[*8]との記述があり、邪馬台国の頃の日本の道路は「獣道《けものみち》程度」の道だったようです。大化の改新を契機に誕生した中央集権的な律令国家は「日本における最初の幹線道路網」となる、都（中央）と地方を結ぶ七道駅路（東海道・東山道・北陸道・山陰道・山陽道・南海道・西海道の七道）を整備しました（**図**）。古代律令国家が中央集権的に広大な地域を支配するためには、迅速な交通・通信の制度が不可欠で、中央の畿内と地方を結ぶ道路は『人の移動、物資の輸送の他に、迅速な情報連絡機能が重要視されていました』[*9]。長距離でかつ迅速な移動を可能とするためには、道路には、人や馬が休息または交代できる施設が併設される必要があり、この七道駅路には『16㎞おきに駅家（うまや）が設けられ、交代のための馬（駅馬）を常置し、「駅制」が整えられ、急を要する公務出張や、公文書の伝送に用いられました』[*10]。『古代の幹線道路網は駅路と駅家・駅馬がセットになった交通・通信システムと捉えることができます』[*9]。七道駅路は総延長6500㎞、幅員も当初12m、後に9〜6mと広いものでした[*10]。

また、『駅馬の他に各国の郡家（郡役所）に伝馬が常備され、国司の赴任や国内巡行等に利用されました』[*9、10]。鎌倉幕府が成立すると朝廷のある京都と将軍のいる鎌倉、東西二極を結ぶ東海道が主要幹線道路となり、幕府は東海道に「駅制」を敷き、また「いざ鎌倉」という危急の場合に、武士や兵糧を速やかに鎌倉に集めるために鎌倉街道と呼ばれる放射状の道路網を整備しました[*11]。室町〜戦国時代は、全国的な交通政策は行われませんでしたが、織豊時代に入ると、関所の全廃や道路・橋梁の整備等全国規模の交通政策が実施されます[*10]。

要点BOX

- 都と地方を結ぶ七道駅路という道路網。総延長は6500㎞
- 織豊時代に全国規模の交通政策を実施

七道諸国駅路の図

出典：『日本交通史 新装版』(児玉幸多編、吉川弘文館)を基に作成

8 日本の道路の歴史②

江戸時代〜戦前

徳川家康は『幕藩体制を形成・維持するため、江戸を中心とした、五街道（東海道・中山道・甲州道中・日光道中・奥州道中）を幹線とする、道路交通網を確立しようとしました』[＊11]。1601年、家康は東海道に宿駅を設け、伝馬制による宿駅制度を定めたのを始めとし、引き続き江戸と地方を結ぶ主要な五街道の整備に着手しました。五街道は幕府直轄とし、起点が日本橋と定められました。徳川二代将軍秀忠は、『五街道の標準幅員は約9ｍとすること、一里毎に塚（一里塚）を築くこと、並木を植えること』[＊10]を命じました。順次五街道全てに宿駅制度が布かれ、一定間隔で宿駅（宿場）が設置されました。『宿駅には公用の役人の荷物の運送にあたる人足と荷駄用の馬（伝馬）を一定数、常備することが義務付けられました』[＊9、＊10]。1635年、徳川三代将軍家光により参勤交代が制度化され、妻子を江戸に置き、大半の大名は1年毎に、在府・在国を繰り返すことになりました。『参勤交代のための旅行は、多量の物資の輸送を伴い、また江戸での消費生活は商品流通を活発にし、交通の発達を促し、街道の整備が進み、五街道と接続する脇街道等も整備されていきます』（図）[＊12]。以上が、古代から江戸時代までの道路網整備の歴史の概要ですが、いずれも人や馬中心の道づくりでした。

明治に入ると『馬車文化が未成熟で道路網を整備しても、効率的な車両の製造能力・整備能力がなかった』[＊10]ことを背景に、陸路の輸送は鉄道中心の政策がとられました。さらに度重なる対外戦争・関東大震災等の影響もあり道路政策の多くが頓挫し、本格的な道路整備が進められるには、第二次世界大戦後「新道路法の制定、特定財源制度・有料道路制度の導入」等道路づくりを推進する体制が整うまで待つ必要がありました。

要点BOX

- 徳川家康が着手した日本橋を起点とした五街道
- 参勤交代が街道の整備を促す
- 明治時代には陸路は鉄道中心に

主要街道概要図

総延長
- ●五街道:約1,575km
- ●主要脇街道:約3,500km
- ●その他諸街道:約7,000km

出典：国土交通省HP「道の歴史*10」を基に作成

用語解説

脇街道：本街道から分かれ、または本街道と連絡する道路（広辞苑）

9 高速道路計画の沿革

わが国が「高速道路」に取組んだのは、『昭和15年から17年にかけて、当時の内務省土木局が実施した、「重要道路整備調査」がその先駆』[*13]とされています。昭和18年、『北海道から九州を縦横断する総延長５４９０㎞の全国自動車国道計画』[*10]が出来上がり、土木局は、昭和18～19年にかけて、ルート選定、地形測量、設計等の調査を進め、建設予算を要求することとしましたが、省議において『戦局の苛烈化のおりから狂気の沙汰であるとする議論まで出て認められず』[*13]、結局、日の目を見ることなく終戦を迎えました（図）。

終戦時の道路は『戦争中、軍事的に使用度の高い所以外はほとんど、荒れるにまかされていた』[*13]ため惨憺《さんたん》たる状態で『舗装はもとより、基礎地盤の栗石や砂利のほとんどないままの路面は自動車の重量を支えられず、轍《わだち》は軟弱な路面に潜り込むだけ』[*9]でした（10項図２、３）。

一方、戦後極端な窮乏状態から出発した日本経済は、米国の対日援助と昭和25年6月に勃発した朝鮮戦争の特需を機に急激に変化し、本格的な復興期を迎えることになります。経済活動の活発化に伴い自動車による貨物輸送も急激に増加し、脆弱な道路網が障害となり生産の増大に輸送力が追いつかない状況になりました。

このような状況の中で、昭和26年建設省は、『東京―神戸間の高速道路調査』を再開しました[*13]が、当時のわが国にとって、道路整備推進の最大の課題は「必要な財源をいかに確保する」か、ということで①揮発油税の道路目的財源化、②本格的な有料道路制度の採用、③財源に裏打ちされた道路整備五ヶ年計画に基づく計画的整備の推進、④日本道路公団の設立による有料道路制度の一層の強化と活用、といった、様々な制度が導入されていきます。

要点BOX

- 昭和15年に高速道路の調査が始まった
- 総延長5490㎞の全国自動車国道計画は頓挫
- 昭和26年東京-神戸間の調査が再開

全国自動車国道網計画図

区間名	延長(km)	区間名	延長(km)
東京～清水	151.1	青森～直江津	570.0
清水～名古屋	245.0	吉岡～秋田	200.0
名古屋～神戸	158.3	直江津～敦賀	300.0
神戸～福岡	527.0	長野～名古屋	226.0
福岡～長崎	138.6	舞鶴～米子	232.0
東京～青森	700.0	米子～下関	332.0
野辺地～大間崎	90.0	岡山～米子	128.0
東京～直江津	270.0	広島～浜田	112.0
名古屋～敦賀	140.0	函館～稚内	540.0
大阪～舞鶴	100.0	大泊～安別(樺太)	250.0
敦賀～舞鶴	80.0	合計	5490.0

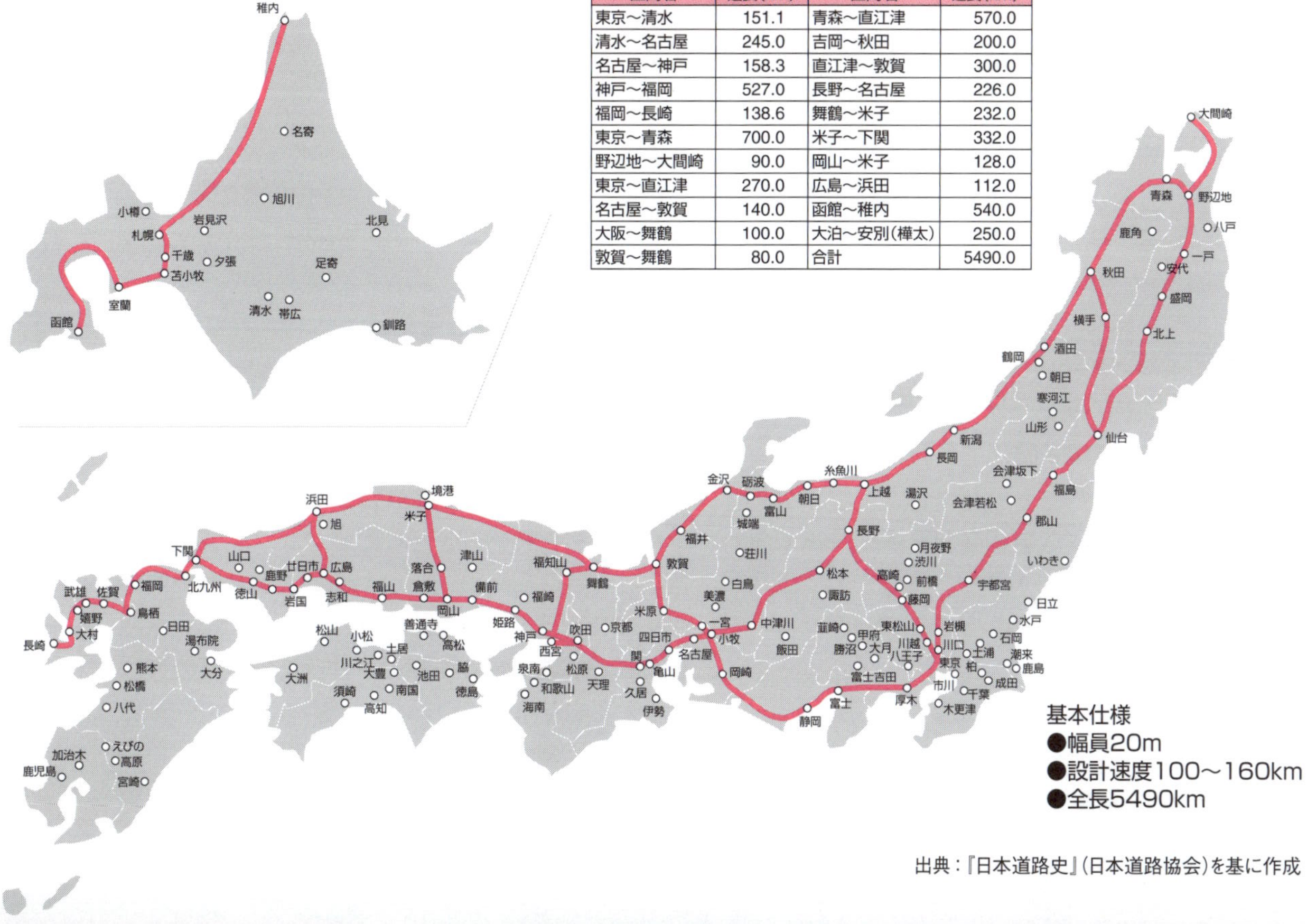

基本仕様
- 幅員20m
- 設計速度100～160km
- 全長5490km

出典：『日本道路史』(日本道路協会)を基に作成

10 高速道路時代の幕開け

ワトキンス報告書の衝撃

日本政府が名神高速道路の調査のために招いた世界銀行のワトキンス調査団が昭和31年8月報告書を政府に提出しました[*9]（**図1**）。

同報告書はその冒頭に『日本の道路は信じがたいほど悪い。世界の工業国にして、これほど完全にその道路網を無視してきた国は、日本の他にはない』と痛烈な批判を掲げ、直ちに認識を新たにして道路整備の拡充を図るべきことを勧告しました[*13、14]（**図2、3**）。

『この報告書はわが国の高速道路整備の必要性を広く内外に認識させるとともに、以降のわが国の道路整備を飛躍的に進展させる原動力になりました』[*14]

このような状況下で、高速自動車国道を迅速に整備するために有料道路制度を活用することとされ、さらに国内の資金需給も逼迫《ひっぱく》していたため、東名・名神高速道路の資金の相当部分を世界銀行から借り入れることになりました。

ワトキンス調査団の招聘《しょうへい》も『世界銀行からの、借款を取り付けるためには、高速道路の必要性や採算性など総合的な分野での権威ある調査が必要になったため』[*14]でした。

こうして、昭和32年10月、建設大臣より日本道路公団に対し名神高速道路（小牧～西宮）の施行命令が出され、高速道路整備が始まりますが、昭和41年には「全国の都市および農村から概ね２時間以内で到達すること」を目標とした、全国７６００kmの高速自動車国道網の計画が決定され、全国に整備が展開されていきます。現在では、「全国の都市・農村地区から概ね1時間程度で高速道路の利用が可能となること」を目標とした、「１４０００kmの高規格幹線道路網計画」が定められています（昭和62年6月30日閣議決定、第四次全国総合開発計画）。

要点BOX

- ワトキンス調査団の緻密な調査が高速道路の必要性を証明し、道路整備を加速させた
- 現在の計画は高速道路まで概ね1時間で到着

図1 ワトキンス報告書

“The roads of Japan are incredibly bad. No other industrial nation has so completely neglected its highway system”
「日本の道路は信じがたいほど悪い。世界の工業国にして、これほど完全にその道路網を無視してきた国は、日本の他にない。」*13

提供：高速道路調査会

図2 昭和30年頃の道路状況

出典：『高速道路50年の歩み』*13

図3 昭和32年頃の1級国道20号塩尻峠付近

出典：『日本道路公団三十年史』

11 名神高速道路建設の頃

山科工区における自動車走行試験

名神高速道路の建設に着手する頃の日本の道路の状態は前述したように極めて悲惨な状態でしたが、一方、日本の国産車の性能も、今では想像もできませんが時速100㎞という高速走行に耐えられるのか、本気で心配されるといった状況にありました。

名神高速道路の建設工事が最盛期を迎えた昭和36年春、モデル試験施工区間として先行して建設を進めていた京都市郊外の山科工区が完成したことから、道路関係者と自動車関係者の協力による自動車走行試験が約130日間にわたり行われました。その目的は、はたして国産の自動車が高速走行に十分耐えうるかどうか、また高速道路の設計や施工に問題がないかといったことを検討するためのものでした。内容は、『各種国産車が高速走行した場合の、性能試験の他、交通騒音試験・タイヤの横すべり試験・人間工学関係の試験等、多種多様』なものでした[*13]。

その結果は『概ね自動車の面からも道路の面からも高速走行が可能であることを証明するもの』[*13]でしたが、米国車や欧州車は問題なく走ることができたものの、『日本車は時速100㎞の高速走行に耐えられず、故障が相次ぎました』[*15]。

また名神高速道路開通時には、自動車の性能の問題に加え、ドライバーが高速走行に不慣れだったこともあり、『開通後10日間でオーバーヒート等573件の故障車が発生し立往生しました』[*16]。

これらの事態を国内の各自動車メーカーは重大な問題と捉え、高速でも安定走行できる車の研究開発を加速させていくことになります（図1、2、3）。名神高速道路の開通は、その後、日本の自動車メーカーが世界的な名声を得る足がかりとなりました。

要点BOX

- ●国産車が高速走行に耐えられるかという課題
- ●130日間の自動車走行試験
- ●日本車の性能向上を加速させるきっかけに

図1 トヨタ自動車の公開走行テスト

『1964（昭和39）年9月、3代目コロナ（RT40型）が誕生した。この車はそれまでの教訓を生かし、海外市場でも通用する高性能、高品質の車であった。～略～1964年8月、新型コロナ（RT40型）の量産第1号車が元町工場でラインオフし、同年9月に全国一斉に発売した。この発表を待つかのように全国各地の発表会、試乗会には20数万人が押し寄せ、大変な人気となった。

この年日本で初めての本格的な高速道路である名神高速道路が開通[※注]、ハイウェー時代に突入した。そこで新型コロナのキャンペーンとして、開通したばかりの名神高速道路における連続10万km高速走行を企画した。3台のコロナがスタートを切ったのは、新型コロナ発表直後の1964年9月14日であった。テレビ、ラジオを動員して走行状態を放送し話題渦巻くなか、58日間で10万kmを完全走破した。こうした快挙などにより、高速時代をひらく新型コロナという高性能イメージは急速に浸透していった。～以下略～』

※筆者注：名神の初めての開通は、1963年の栗東～尼崎で、翌1964年には延伸開通し9月6日には一宮～西宮間が開通していました。

出典：トヨタ自動車株式会社HP「トヨタ自動車75年史」から抜粋転載

図2 コロナ連続10万km高速走行公開テスト（1964年）

提供：トヨタ自動車株式会社

図3 コロナ（RT40-D型）

提供：トヨタ自動車株式会社

12 出口案内標識の体系と夜間走行視認実験

昭和36年5月、（財）高速道路調査会の標識分科会（委員長：伊吹山四郎、土木研究所道路部長）が発足し、高速道路の標識についての研究を開始し、同38年６月報告書を提出しました。

検討においては、米英独伊４ヶ国の事例を参考とした他、夜間視認実験等の実験も行っています[*17]。

○出口案内標識の体系

運転者が余裕をもって進路変更できるように、２km手前と１km手前に予告標識を設置し（東名からは、０・５kmも追加）、出口の減速車線の始点に行動点[注1]標識を設置することとしました（図）。

注1：運転者が標識を判読し、次の動作を開始する道路上の位置。

表示内容については、２つの地名を繰り返し案内する米国方式を採用し、また道路地図に記載され有用な情報である出口番号を表示内容に加えました[*17、18、19]。

なお、高速道路同士が接続するＪＣＴ部など分岐構造が複雑な箇所は大型図形板が使われています。

○高速走行時の夜間・標識視認実験

山科試験工区に実物大の標識を設置し、被験者として京都市内の大学自動車部員の参加を得て夜間、時速60km、80km及び１００kmで運転しながら標識を読ませ、試験車の距離送り装置に記録し視認距離を測定しました。

この結果に基づき標識に用いる漢字の大きさは、「行動点又は消失点[注2]に達する以前に、運転者が標識の内容を読みかつ理解できるのに十分な大きさとして」、「文字高50cm」と決定されました[*17、18、19]。

注2：標識が運転者の視野から消え始める位置。

要点BOX

- 出口の2km手前から予告標識を設置
- 実験結果をもとに夜間でも判読できる文字の大きさを決定

出口案内標識の体系

●本線分岐部
・出口の文字とIC番号、IC名称を表示

●行動点
・出口の文字とIC番号、IC名称。行先地名、接続道路を表示

●500m手前、1km手前予告
・出口及び出口までの距離とIC番号、IC名称。行先地名、接続道路を表示

●2km手前予告
・IC番号、IC名称、距離を表示

●ICから高速道路に流入した地点
（東名川崎ICから静岡方面に流入した地点）
・次のIC、さらにその次のIC各々のIC名称、距離を表示
・最下段に遠方の大都市の名称とその中心点までの距離を表示

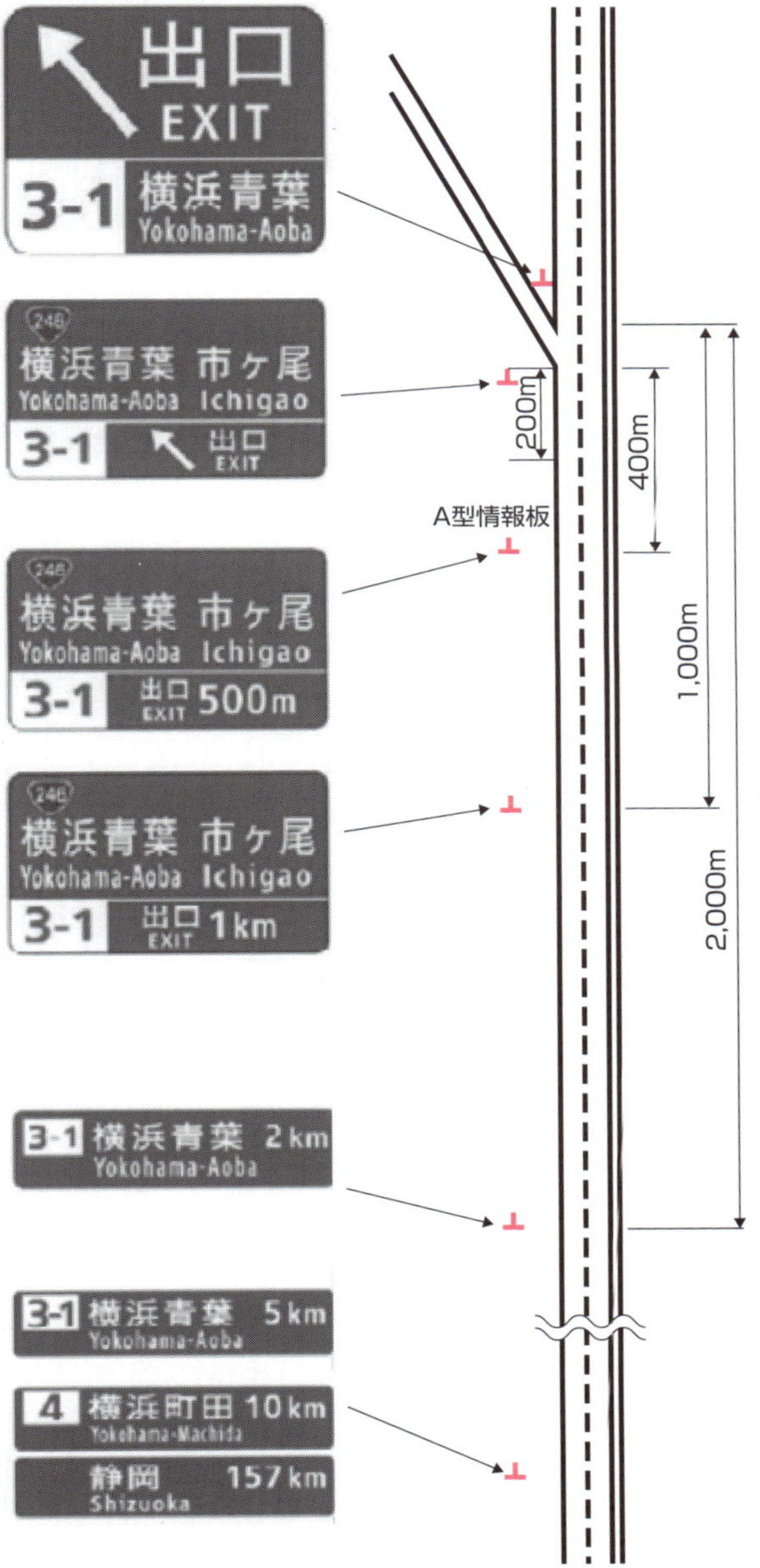

出典：国土交通省HP「高速道路の案内標識と表示内容（NEXCO東日本）」*20を基に作成

13 案内標識の地色、デザイン、公開試験

案内標識の検討②

案内標識の地色は欧州系の青、米国の緑の２色に絞り込まれましたが、いずれを採用するかはきわめて情緒的な難問で、前記、夜間高速走行実験時に、偶然ヘッドライトに照射された青色反射シートが、参加者全員に緑と誤認されるという事象が発生しました（緑のシートは明るい緑に）。

標識は昼夜に関係なく同色に見えることが望ましいことから、この偶然の発見により、青色は否定され、案内標識の地色には緑色が採用されました。案内標識のデザインは新進グラフィックデザイナー３名を加えて検討されました。最後にデザイナー提案の３案（A～C）と分科会案（D）の４案に集約して、決定のための公開試験を実施することとなり、この４案の実物大標識を、東村山市の工業技術院自動車試験コースに設置し、学識経験者・有名芸能人・一般運転者計２４０名の参加を得て、公開試験が実施されました。試験後に行われたアンケートで、最も高い評価を得たデザイナー案のC案を基調として、これに若干の修正を経て、わが国初の高速道路案内標識として、名神栗東～尼崎に設置されました[*17、18]。

この時採用された和文フォントは、文字の正確性よりも遠方からの視認性を重視し、「字の画を直線的に造形・画やハネ等を独自の判断で省略」した独特なもので公団フォントと呼ばれてきました。設置以来40年以上、視認性に問題は生じませんでしたが、市販の文字フォントが多く開発されてきていること、独自に開発された文字で各標識メーカーが独自に文字を制作しているためフォントの統一感に欠けてきていることや、一部の字は誤字であると指摘される等の課題もあり、平成22年7月、正確でかつより視認性の良い標識を目指しレイアウトが見直され、現在は「ヒラギノフォント」が採用されています（図1、２）。

要点BOX

- ●標識の地色は、欧州系は青色、米国は緑色
- ●夜間走行実験で青色が緑色に誤認された
- ●現在はヒラギノフォントを採用

図1 案内標識のレイアウトの見直し

出典：より視認し易い道路案内標識を目指した標識レイアウトの変更について（NEXCO東・中・西日本）道路行政セミナー2011.3[*21]

図2 公団フォントと一般フォントの違い

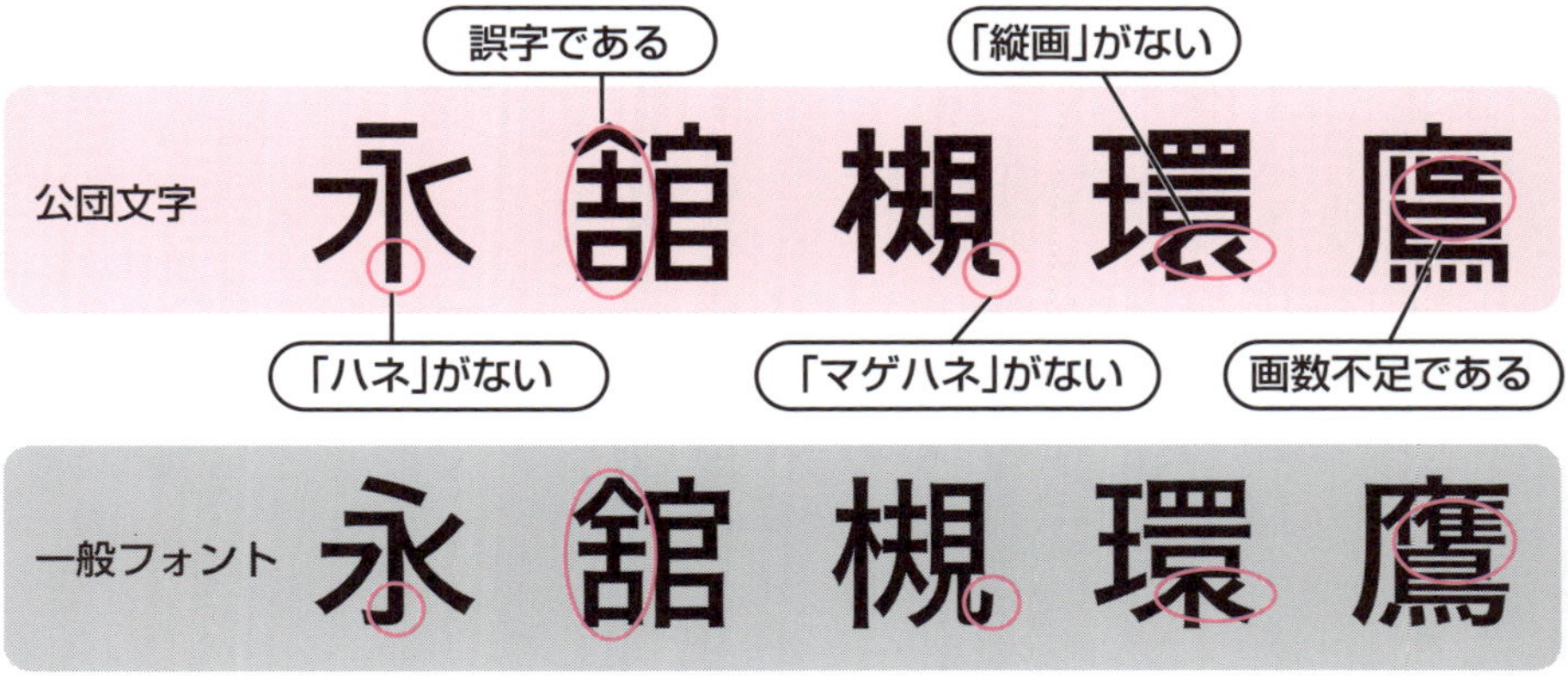

出典：より視認し易い道路案内標識を目指した標識レイアウトの変更について（NEXCO東・中・西日本）道路行政セミナー2011.3[*21]

14 世銀からの借款と高速道路の線形

高速道路の線形の検討

世銀からの借款については前述しましたが、当時の世銀にとって、大規模道路事業への融資は異例のことであり、また、わが国がまだ高速道路建設の経験をもたなかったこと等から、世銀側の審査は大変厳しいもので、借款交渉の中で、『名神高速道路建設の必要性は認めるが、世界銀行融資対象事業としての適格性を欠く面がある』[*13]と判断され、建設費の節減策等について、海外の技術専門家による検討を求められました。この時、線形[注]関係の専門家として招請されたのが、西ドイツのX・ドルシュ氏です。ドルシュ氏は、道路の線形設計の方法論に革命的な変革をもたらすことになります[*13]。注：『道路の中心線が3次元空間において立体的に描く形状を道路の線形と言い、平面的に描く形状を示した平面線形と、縦断的に描く形状を示した縦断線形に分解されます[*1]』

ドルシュ氏のもたらした線形設計手法は、それまでの、『直線を優先させ、直線と、円の間に、緩和曲線を補助的に用いる』[*17]という手法に対して『平面線形の主要素としてクロソイド曲線を採用して、滑らかにし、透視図を使って、平面線形と縦断線形を互いに調和させる』[*13]というものでした。この設計手法は、クロソイド曲線を平面線形の主要素として多用することにより、曲線主体の地形に適合した自由な設計を可能にするもので、『長時間の高速走行に対する安全性や快適性に優れているばかりでなく、周辺の地形に調和した、流れるように美しい線形の設計を可能とする、景観や経済性の面でも優れた画期的な手法で、これにより我が国における高速道路の特徴的な景観が形作られていくことになります』[*13]（図1、2）。

この新しい設計手法が全面的に採用された、東名高速厚木〜小牧では、直線5％、円49％、クロソイド曲線46％の比率となっています[*13]。

要点BOX

- ●世銀の求めにより招請されたドルシェ氏
- ●クロソイド曲線を主要素とした設計
- ●自由で美しい線形の設計を可能とした

図1 クロソイド曲線について

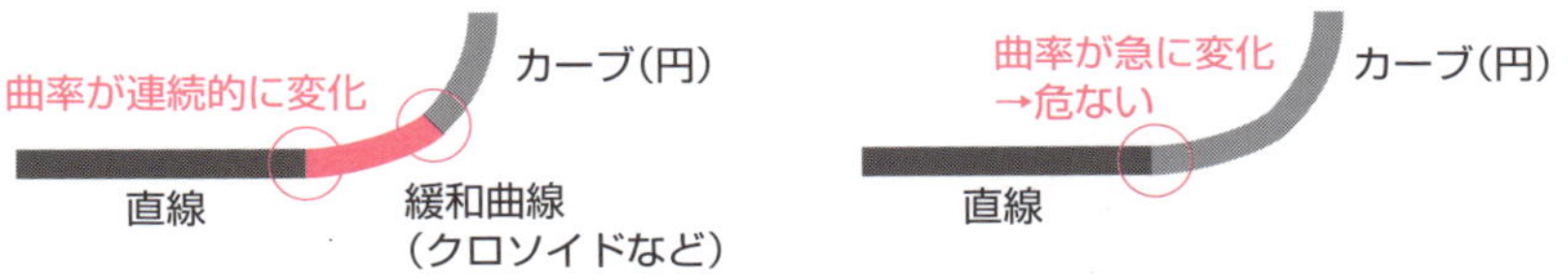

出典：株式会社ベンドHP「学びTimes」を基に作成

クロソイド曲線を主要素とした滑らかな線形

出典：『高速道路50年の歩み』[*13]

曲線を局所的に円弧とみなした時の半径Rが曲率半径で、その逆数1/Rが曲率です。曲率は曲線の曲がり具合を表す量で、曲率が大きい程急な曲がりとなります。道路の直線区間と円の区間を直接つなげると接続点で曲率が不連続に変化し(0⇒1/R)、運転者はハンドルを一気に切る必要があり、交通安全上問題が生じるので、直線と円の間に、曲がり具合の変化率を緩和する緩和曲線を挿入します。緩和曲線の代表的なものが、クロソイド曲線で、『クロソイド曲線は車が等速で走行しているとき、ハンドルを一定の速さで回した場合に車が描く曲線です。クロソイド曲線を挿入することにより、一定の速さでハンドルを回すことで、高速でも曲線部を、無理なく運転ができる線形になります』[*23]。クロソイド曲線を日本で初めて道路に使ったのは、国道17号三国峠において緩和曲線として用いられたものです[*17]。

三国峠クロソイド曲線記念碑

提供：NEXCO東日本

図2 クロソイド曲線の数学

クロソイド曲線では曲率(1/R)が曲線長Lに比例して一様に増大します。直線(R=∞⇒1/R=0)、から曲線半径R[m]の円曲線に曲線長L[m]のクロソイド曲線を接続する時、1/R=αL(α:比例定数)が成り立ちます。ここで$1/\alpha=A^2$とおくと、$RL=A^2$(一定)、と表すことができ、この式を、クロソイドの一般式といい、A(単位m)をクロソイドのパラメーターと称します[*1]。

Column

名神開通時の「最高規制速度100km/時をめぐる議論と攻防」

日本車が高速走行に耐えられるか疑問視され、ドライバーも高速運転に不慣れという状況の中で以下の議論が進められました(以下参考図書『名神高速道路維持管理のあゆみ』(日本道路公団)[*22]より抜粋転載)。

『名神高速道路の開通から１年ちょっと前の昭和37年４月に、高速道路調査会に委員会を作り、そこで高速道路の走行方法をどうするかという委託研究を行った。委員は運輸省、警察庁、建設省、道路公団に学識経験者を含めた構成であった。当時の道路と交通の現状からみて突然名神のような非常に高級な道路が出現した時に起こる問題には、大勢の人が関心を持っており、色々な意味で危惧があったわけである。特に重要な規制速度については設計速度が１２０kmから80kmであることから、私たちは「１２０kmを想定して道路を造っているので、最高速度はそのくらいでいいではないか」とこの委員会で主張した。(筆者注：運転者も車両も時速１００kmを超える速度は未経験であることから、時速１２０kmは時期尚早と判断されたが、時速１００kmに対してさえ否定的意見があったとのこと[*17])。たまたま昭和37年４月にアメリカ連邦道路局が議会に提出した「Federal Role in Highway Safety」という報告書によると、「遅い車も事故率は高い。非常に速い車も事故率が高い。事故率が低いのは昼間では90kmから１１５kmの自動車である。夜間では75kmから１０５kmが一番事故率が低い」とある。それを根拠にして、とにかく、遅ければいいというものではない。一番安全な速度というのは、80kmから１００kmぐらいのところではないかと説明し、結局、最高速度を１００km、最低速度を50kmとする結論に持ち込んだ。なおこれは、将来自動車性能が向上し、運転者が高速交通に慣れた段階で再検討することを前提としたものであった。』

(野村浩執筆)

名神開通時の交通管理隊

名神高速道路では、アメリカの有料道路で行われているパトロール方式を採用したため、開通当初は非常電話が設置されていなかった。

出典：『高速道路五十年史』

第3章

高速道路が果たす役割と整備効果

15 フロー効果・ストック効果とB/C（費用便益比）

整備されたインフラがもたらすもの

インフラ（社会資本）の整備効果にはフロー効果とストック効果があります。『フロー効果は、公共投資の事業自体によって生産、雇用や消費といった経済活動が派生的に創り出され、短期的に経済全体を拡大させる効果』とされています。『ストック効果は、整備された社会資本が機能して、長期的にその地域の生産性や安全性を向上させたり、生活環境を改善するなどの効果』[*24]で、インフラそのものが発揮する効果と言えます（図）。

次にB／C（費用便益比）ですが、B／Cは『公共事業の効果を金銭に置き換えて、その妥当性を評価するための指標です。ある事業において、一定期間の総便益額Bを総費用Cで割った値で、通常1・0以上であれば、総便益が総費用より大きいことから、その事業は妥当なものと評価されます』[*25]。通常便益としては、インフラ整備の目的である、ストック効果のみを対象として、フロー効果を含めていません。高速道路では国土交通省の「費用便益分析マニュアル」[*26]を基に、費用便益比を算定しています（概要を以下に示します）。

□検討年数50年、社会的割引率4％
□総費用＝整備費＋維持管理費＋更新費
□総便益＝①走行時間短縮便益＋②走行経費減少便益＋③交通事故減少便益
□費用と便益は社会的割引率を用い現在価値化

道路の整備の効果としては、①から③の便益の項目以外にも、沿道環境の改善、災害時の代替路確保、交流機会の拡大等々、多岐多様に渡る効果が存在しますが、マニュアルでは、現時点における知見により、十分な精度で計測が可能でかつ金銭表現が可能である、この3便益に絞り込んで便益を算出することとしています。ある意味大変保守的な評価とも言えます。

要点BOX

- ●インフラはフロー効果とストック効果の2つ
- ●効果を金銭に置き換えて評価するのがB/C
- ●金銭換算可能な3便益でB/Cを算定

インフラのストック効果とフロー効果

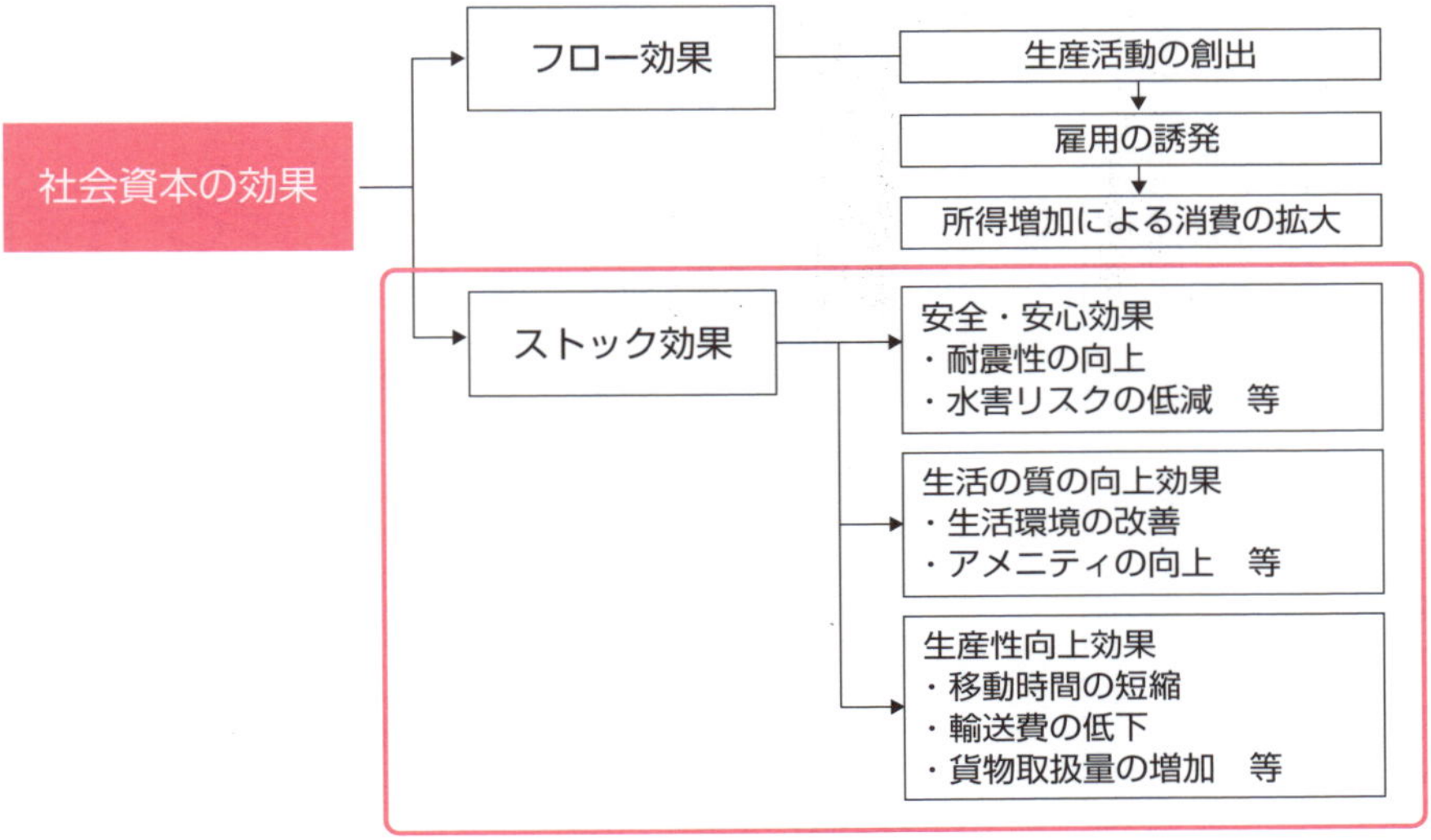

出典：国土交通省HP「インフラストック効果」[*24]を基に作成

□高速道路は「地域と地域」、「人と人」を繋ぐだけでなく、多様な「繋ぐ」を創出し、この「多様な繋ぐ」が地域に多様な価値（ストック効果）をもたらします。

□本章では、高速道路が地域にもたらした新たな価値（ストック効果）と地域の変化について具体的な事例をご紹介します。

□また高速道路のもたらす効果（影響）には利用者にとっては交通利便性の向上といったプラスの効果であっても、地域の産業・商業から見た場合、必ずしも、正の効果ばかりではなく、マイナスの側面もあることに、留意が必要です。

□例えば観光面では『便利に早く移動できるようになった分、日帰り客が急増し宿泊施設などには、必ずしも良い結果を産まない』といったことや、『高速道路がストローのような役割を果たし、地方の消費力を大都市が吸い上げてしまい、その結果地域の商業が打撃を受ける等「ストロー効果」と呼ばれる現象』も指摘されています[*27]。

16 高速道路ネットワークの多重性（リダンダンシー）

震災時に発揮された代替機能

2011年3月11日14時46分に発生した三陸沖を震源としたマグニチュード9・0の地震により、ネクスコ東日本が管理する高速道路も20路線約870㎞に及ぶ区間で交通の支障となる損傷が発生する等大きな被害を受け、東北道（川口JCT〜青森IC間）をはじめ最大約2300㎞が通行止めとなりました（**図1、2**）。ネクスコ東日本は、復旧を『第一段階（緊急復旧）：土のう等により緊急車両の通行を確保』、『第二段階（応急復旧）：一般車両が制限付きで安全に走行できる路面レベルを確保』、『第三段階（本格復旧）：高速道路本来のサービスレベルの路面を確保』の3段階方式で行うという「復旧戦略」に基づき、グループ一丸となり復旧工事に取り組みました。

その結果、震災発生から約20時間後の3月12日11時には緊急交通路を確保し、自衛隊の車両等の利用が始まり、被災地域への物資の輸送等が可能となりました。また、13日後の3月24日には一般の車両も通行できる状態に応急復旧する等、被災地を救う「命の道」として貢献しました*28。

被災の規模に対し、短時間で応急復旧できましたが、被災から応急復旧が完了するまでの間、被災した東北道・常磐道を利用した復興のための物資の輸送に大きな支障が生じることになりました。その間、関越道、中央道、北陸道、日本海沿岸東北道等の高速道路網が、太平洋側の代替ルートとして大きく機能し、首都圏・中京圏・関西方面から被災地への物流を担う等、震災からの地域の復興を支え続けました。この代替機能は、高道路ネットワークが持つ「多重性：リダンダンシー」と呼ばれています。東日本大震災の経験は、豪雨災害等、自然災害が激甚化する中、災害に強い国土を考える上で、ネットワークとしての高速道路の重要性を改めて私たちに示すものでした。

要点BOX

- ●東日本大震災では最大2300㎞が通行止めに
- ●迅速な工事で20時間後には緊急交通路を確保
- ●代替ルートを活用し復興を支え続けた高速道路

図1 2011年3月11日の通行止め状況

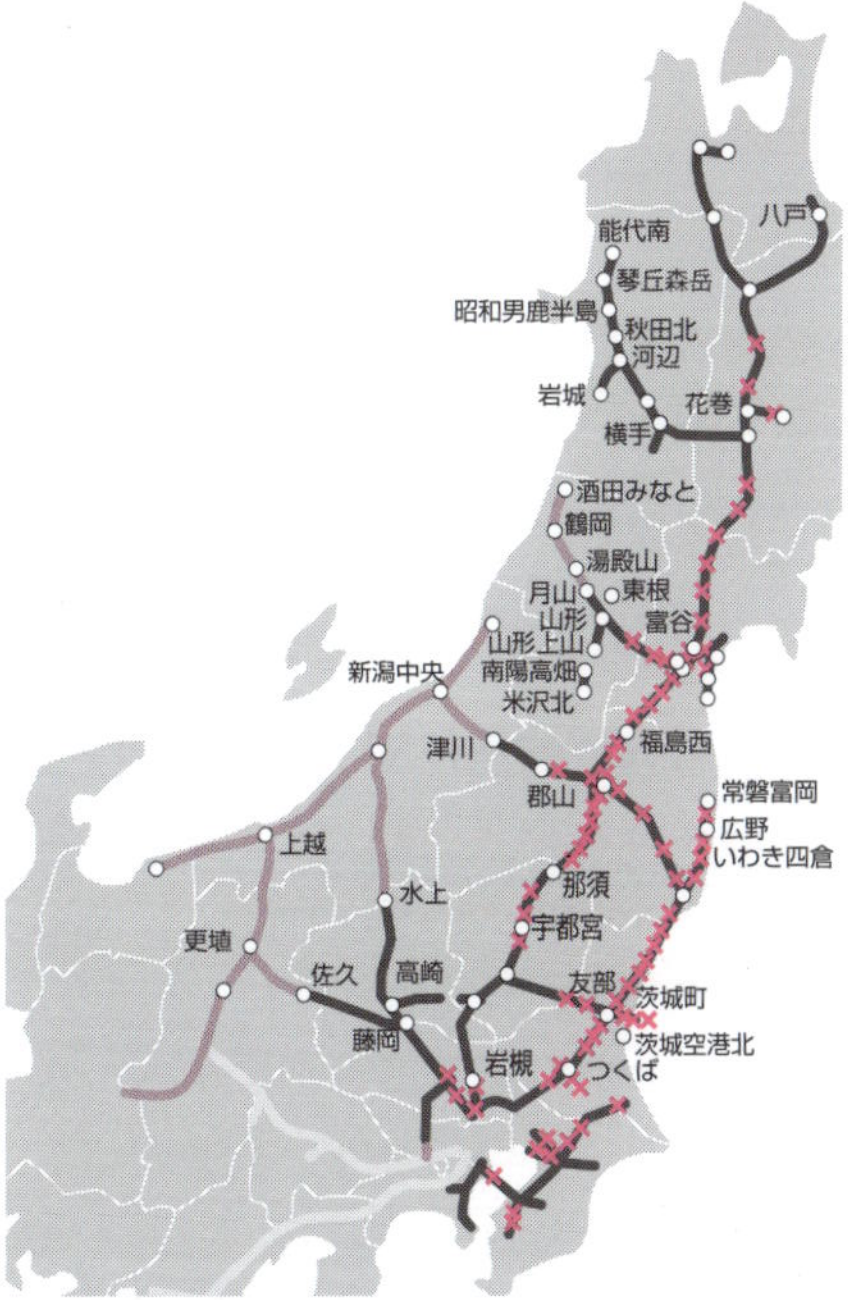

震災による通行止め延長　約2,300km

交通の支障となる被害を受けた路線・区間
20路線・約870km

提供：NEXCO東日本

図2 被災地への輸送路の確保

高速道路

緊急交通路
（一般車両通行止め）
に指定された区間（3/17 時点）

震災後にリダンダンシー機能を
発揮したルート

震災前の物流ルート

出典：NEXCO東日本HPを基に作成

『（前略）彼らは、道路とは、国家にとっての動脈である、と考えていたように思われる。だからこそ、一本や二本の街道を通したぐらいでは充分と思えず、街道網を張りめぐらせていったのではないか。血管の中を通って体のすみずみにまで血液が送られてこそ人間は生きていけるのだから（後略）』

出典：『すべての道はローマに通ず-ローマ人の物語X24頁』塩野七生著、新潮社

17 地域医療（救命救急）と高速道路①

救命と時間の関係

救命救急は時間との戦いと言われています。**図1**は心臓が止まってから、救急隊が電気ショックを行うまでの時間経過と救命の可能性を示したものです[*29]。このグラフから「①時間の経過により救命のチャンスは低下する」、また「②その場に居合わせた人による応急手当・救命措置（心肺蘇生ＡＥＤによる電気ショック）の実施が救命のチャンスを高める」ことが読み取れます[*30]。

○**心肺蘇生**：『胸骨圧迫によって止まってしまった心臓の代わりに心臓や脳に血液を送り続けることはＡＥＤによる、心拍再開の効果を高めるためにも、脳の後遺症を少なくするためにも、重要で、救急隊に引き継ぐまで、絶え間なく胸骨圧迫を続けることが大切』[*29]とされています。

○**ＡＥＤ（自動体外式除細動器）**：突然の心停止は「心室細動」によることが多いとされています[*29]。『ＡＥＤは、心臓が痙攣《けいれん》して血液を全身に送れない状態（心室細動）になった場合に、電気ショックを行うことで心室細動を取り除く医療機器です。平成16年（２００４年）7月から一般の人でもＡＥＤを使用することができるようになり、駅や公共施設をはじめ様々な場所に設置されています』[*31]（**図2**）。

○**黄金の1時間**：『重症外傷では、受傷から決定的治療（definitive treatment：手術や止血術など）を開始するまでの時間が1時間を超えるか否かによって生死が分かれると報告されていて、この最初の1時間をgolden hour（ゴールデンアワー）と呼び、外傷患者の治療上重要視されています。外傷患者の救命率を改善するために最も効果的と考えられるのは、重症度・緊急度の高い患者を、短時間で適切な医療機関へ搬送すること』[*32]です。

搬送時間の短縮という面で、高速道路は地域医療において、大きな役割を果たしています。

要点BOX

- 搬送時間短縮における高速道路の役割
- 心肺蘇生に効果的なＡＥＤはＳＡやＰＡへの設置が進む

図1 救命の可能性と時間経過

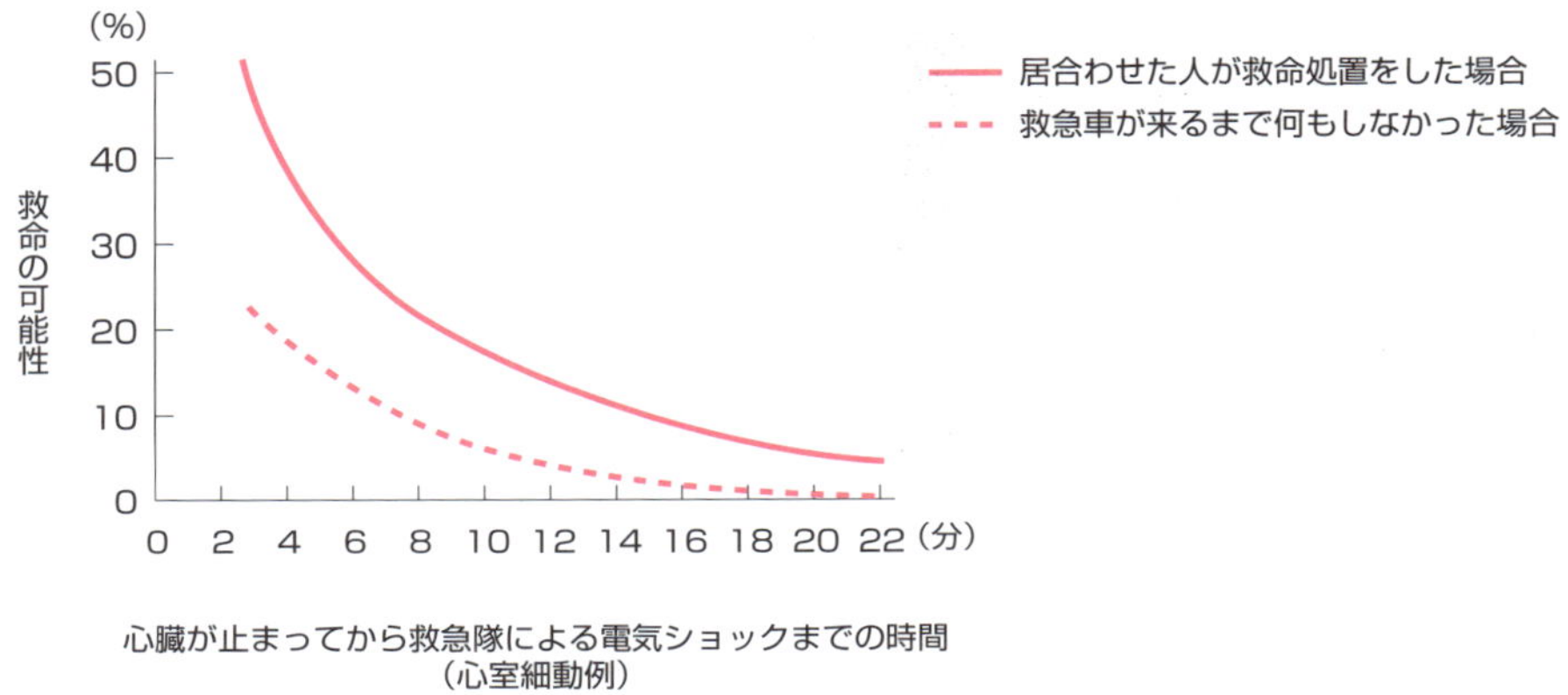

救命の可能性は時間とともに低下しますが、救急隊の到着までの短時間であっても、現場で救命処置をすることで高くなります。

[Holmberg M:Effect of bystander cardiopulmonary resuscitation in out-of-hospital cardiac arrest patients in Sweden.Resuscitaion 2000:47(1):59-70.より引用・改変]

出典：『救急蘇生法の指針2020市民用』*29（日本救急医療財団心肺蘇生法委員会監修）を基に作成

図2 高速道路休憩施設のAED

提供：NEXCO東日本

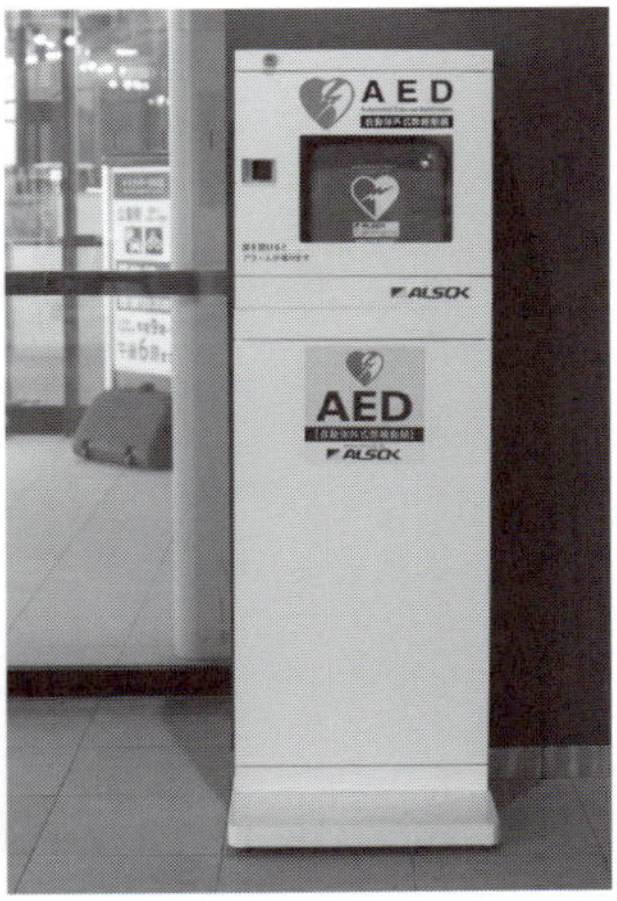

提供：首都高速道路株式会社

高速道路においても、サービスエリア、パーキングエリアにAEDが設置されております。

18 地域医療（救命救急）と高速道路②

事例1：高速道路整備による、第三次救急医療機関へのアクセス性の向上

富津館山道路の開通により、第三次救急医療機関である「君津中央病院」に60分で到達可能な人口が約8万人増加するなど、沿線地域の救急医療環境が大幅に改善されました[*33]（図1）。

○沿線消防関係者の声

『富津館山道路の開通により搬送する病院の選択肢が広がりました』（安房郡市広域消防本部）。『一般道は狭隘《きょうあい》でカーブが多いことから患者・同伴者によっては車酔いすることがあります。高速道路であれば安定した状態での搬送が可能です』（君津市消防本部）。

事例2：地域と連携した救急車退出路の整備による、第三次救急医療機関へアクセス性の向上

高速道路のすぐそばに救急病院（高度医療施設）があるにもかかわらず、インターチェンジからは遠い…。これを解消するために、高速道路会社と地域が連携して、山形道と第三次救急医療機関である「山形県立中央病院」を直接結ぶ救急車専用の出口（救急車退出路）を全国で初めて整備。退出路の整備により、新たに30分で到達可能な人口が5万人（寒河江市、東根市等）、60分で到達可能な人口が1万人（尾花沢市、大石田町等）増加した他、隣県宮城県の川崎町等からの搬送も可能になる等、地域の救急医療環境が大幅に改善されました[*33、34]（図2）。

○周辺自治体消防関係者の声

『宮城県川崎町からの搬送の場合、発生場所や仙台市の渋滞状況なども踏まえ、山形県立中央病院へ救急搬送することもあり、山形道により安全に迅速に搬送できています』

要点BOX

- ●高速道路を救急搬送に使うことで病院の選択肢が増えた
- ●高速道路に救急車専用出口の設置

図1 事例1：富津館山道路整備により、第三次救急機関60分圏域拡大

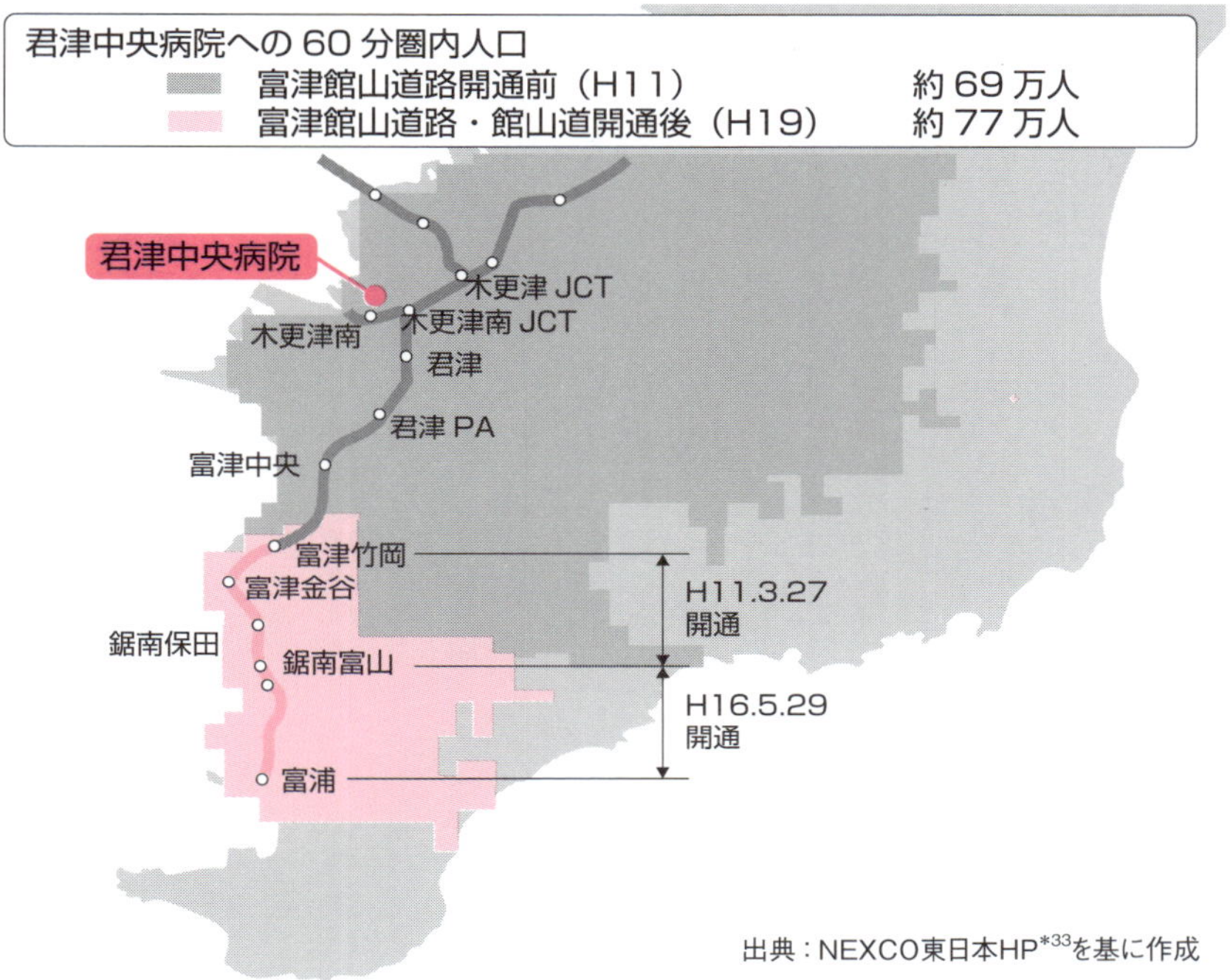

出典：NEXCO東日本HP[*33]を基に作成

図2 事例2：地域と連携した救急車退出路の設置による第三次救急機関へのアクセス強化

従来の搬送ルートと救急車退出路利用の搬送ルート

出典：国土交通省HP[*34]

山形自動車道救急車退出路

出典：国土交通省HP[*34]

用語解説

三次救急医療機関：生命危機が切迫している重傷・重篤患者に対する医療を確保（東京都福祉保健局HP）

19 高速バスによる交通利便性の向上①

東京湾アクアラインの効果

東京湾アクアライン開通当初、東京都・神奈川県と千葉県を結ぶアクアライン経由の高速バスが4路線開業しました。木更津地域では、バスターミナル（木更津金田、袖ケ浦）と合わせて駐車場が地域によって整備され、パークアンドバスライド[注]が進展したこともあり、平成9年の開通以来、20年間でアクアラインを経由し都心方面と千葉房総地域を結ぶ高速バスは、利便性の高い交通手段として定着しました。開通当初に比べ、発着地点が大きく拡大、また平成27年7月時点で、1日当たりの便数も476便と約4倍に増加しています[*35]（図1、2）。

注：『郊外や都心周辺部のバスターミナルやバス停周辺などに駐車場を整備し、マイカーからバスへの乗り継ぎを図るシステム。都心部への交通手段としてバスが選択利用されることで都心部の交通混雑緩和、自動車事故防止、駐車需要の抑制などに役立ちます』[*36]。

木更津バスターミナルからの所要時間は東京八重洲バスターミナル約45分、品川駅東口約50分、横浜駅東口約45分、川崎駅前約50分と、東京・横浜・川崎が、アクアラインによって通勤・通学圏になっています（所要時間は令和5年4月時点の各バス会社の時刻表[*37]から計算した値を5分単位に丸めた概略値です）。

アクアラインによって東京・神奈川方面が通勤圏になったため、低廉良質な住宅を求めて、木更津地域へ移住する方々が増加してきています（図3、4）。少子高齢化・人口減少の趨勢《すうせい》の中、木更津地域の人口は増加傾向で、木更津市では、平成26年4月に33年ぶりに小学校（市立真舟小学校）が開校しています[*35]。

要点BOX

- ●アクアライン開通で高速バスが4路線開業
- ●パークアンドバスライドは利便性をより高める
- ●通勤・通学圏が広がることで移住者が増加

図1 主要バス発着点の拡大

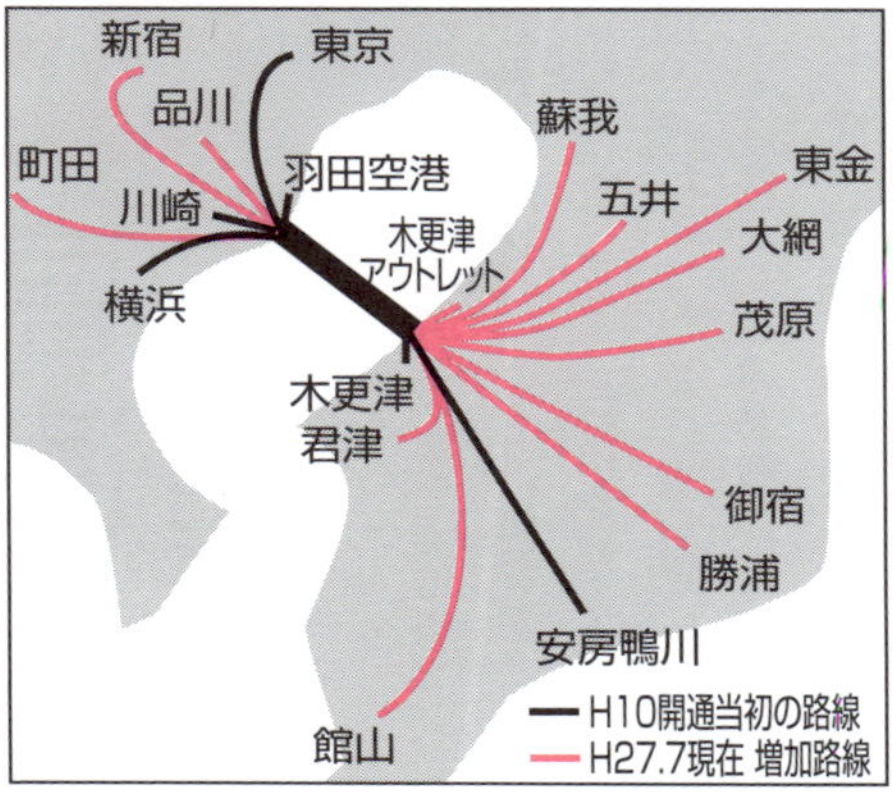

出典：「高速バス時刻表」（株式会社交通新聞社）を基に作成

図2 高速バス便数の推移

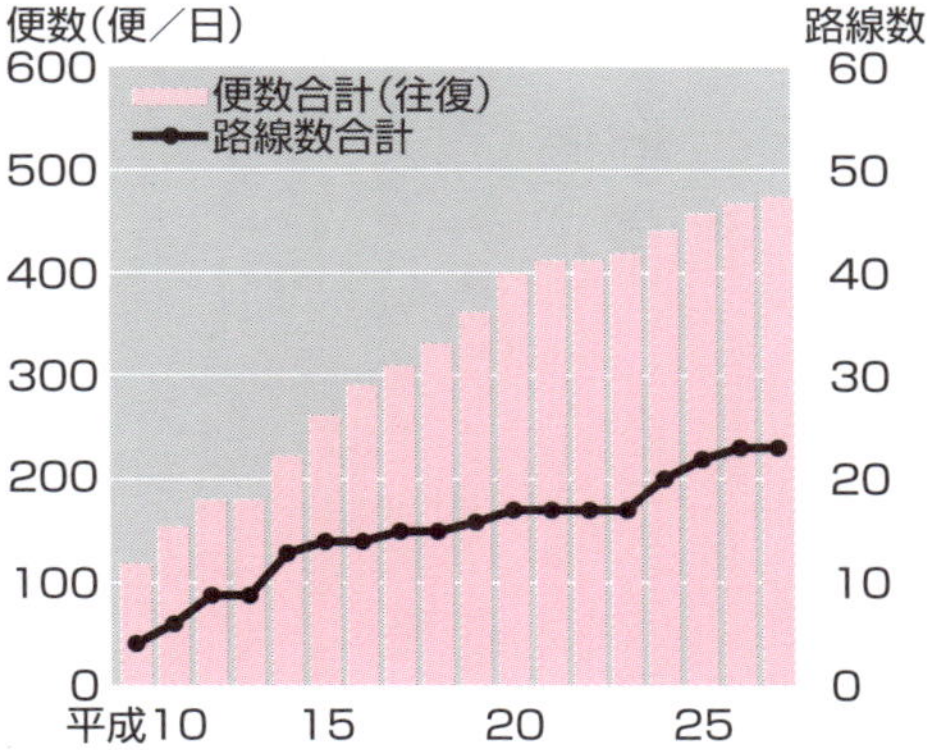

※平成27年度は、平成27年7月現在
※便数は1日当たり、片側多い方で集計

図3 木更津市の人口推移

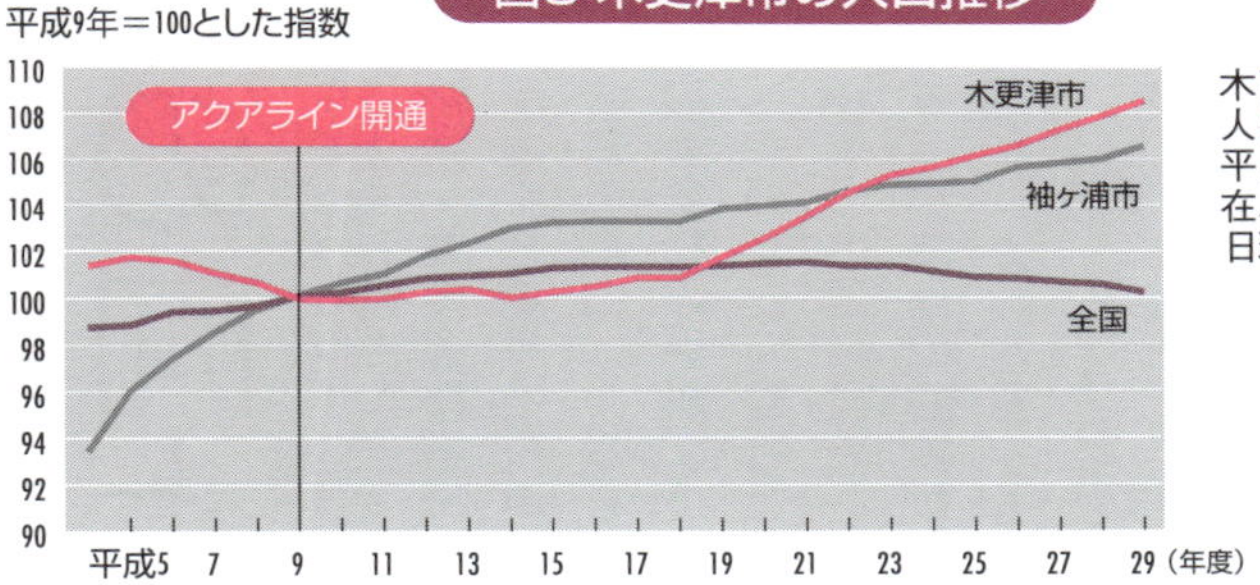

木更津市及び袖ケ浦市の人口は4月1日現在、全国は平成25年まで3月31日現在、平成26年以降は1月1日現在（外国人を含まない）

出典：住民基本台帳を基に作成

図4 木更津市への転入者数（平成25年）

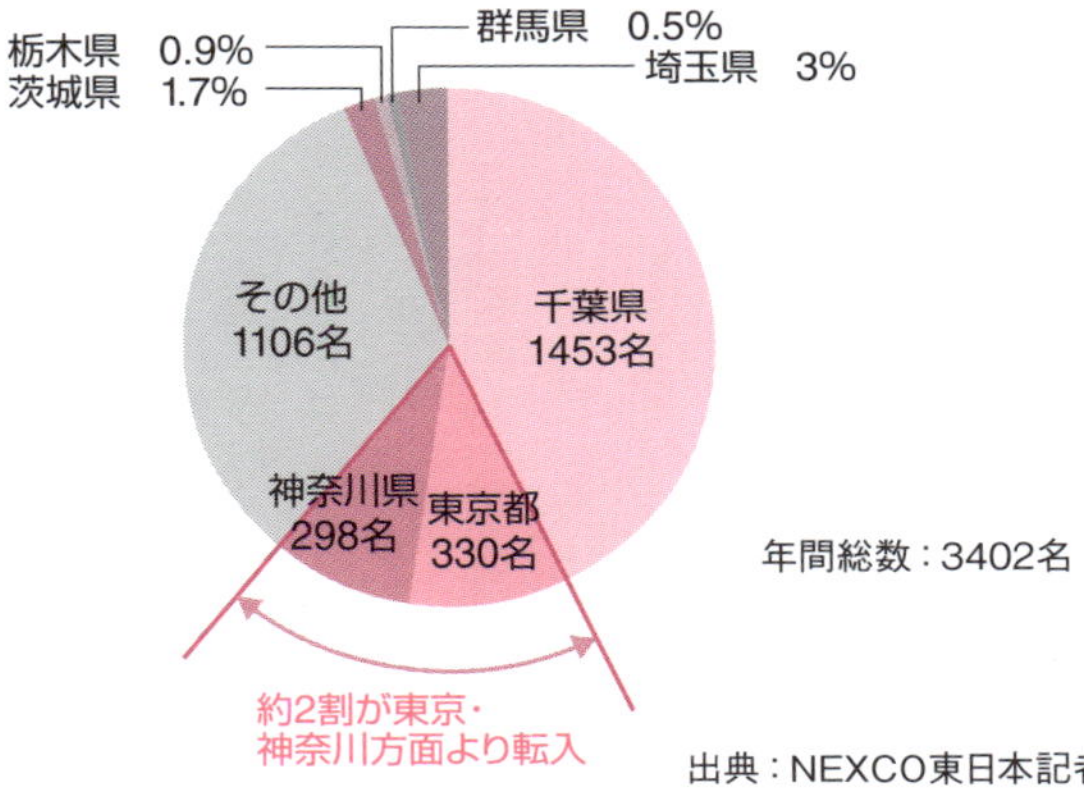

出典：NEXCO東日本記者発表資料を基に作成*35

20 高速バスによる交通利便性の向上②

岐阜県白川村の事例（東海北陸道）

『白川村は日本有数の豪雪地帯でもあります。例年12月から3月にかけて降雪があり、積雪は2～3mにおよびます。白川郷がかつて「陸の孤島」、「秘境」と呼ばれていたのも、単に山深い地域にあるだけではなく、この豪雪によって冬期は周辺地域との交流が遮断されてしまっていたことにあります』（白川村ＨＰ[*38]）

世界遺産である白川郷はかつて、「陸の孤島」と例えられるほど交通が不便な地でした。白川村には高校がなく、村外へ通学するか下宿する必要がありました。東海北陸道が全線開通するまで、『白川村から通学可能なのは、隣県富山の南砺総合高校平高校1校のみ』（平成20年7月8日岐阜新聞[*39]）で、『高校進学とともに多くの学生が村外に下宿せざるを得ない状況』でした[*40]。

平成12年特急バス高山線（金沢～白川郷～高山）が開設されましたが、冬季運休の季節運行で、1日往復2便というものでした。路線は金沢から北陸道・東海北陸道により五箇山ＩＣへ至り、更に国道156号で白川村・荘川を経由して国道158号で高山に入るものでした。国道158号には旧清見村の手前に小鳥峠（標高1002m）があり冬季の交通の難所となっていました（図1）。平成16年の中部縦貫道（飛騨清見～高山西）の開通により、小鳥峠の難所が解消され、高山線が通年運行となりましたが、1日往復2便のままでした[*39、41]。

平成20年7月の東海北陸道の全線開通（飛騨清見～白川郷）により白川村と高山市が高速道路「東海北陸道・中部縦貫道」で直結され、白川村～高山の所要時間が1時間40分から、最短50分と大幅に短縮し、更に往復1便が増便されて、高速バスの利便性が向上、白川村から高山市内の高校への通学が可能になり、下宿による経済的負担も緩和されました[*39、41、42]（図2、3）。

要点BOX

- 陸の孤島と呼ばれた白川郷をつないだ東海北陸道
- 生活圏が拡大され、経済的負担も軽減された

地域の声

『2008（平成20）年 7 月に東海北陸自動車道が全線開通し、村外への通学･通勤などが便利になりました。これまでは高校進学とともに多くの学生が村外に下宿せざるを得ない状況でしたが、自宅から通学できる範囲も広がり、10代の若者が村内で過ごす時間も増えました』

（第2次白川村地域福祉計画[*40]より）

図1 位置図

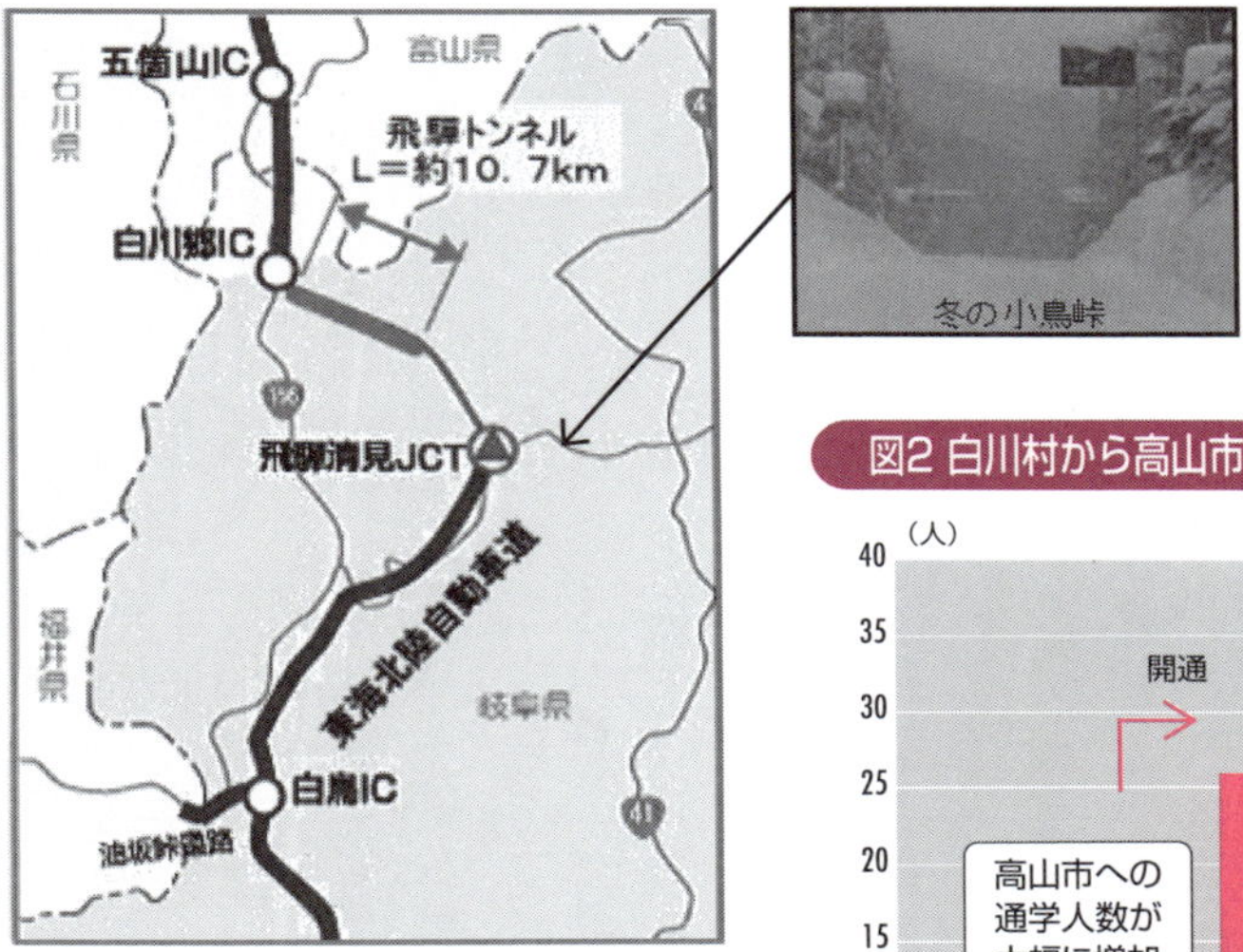

出典：NEXCO中日本、国土交通省HP[*39]

図2 白川村から高山市への通学人数の推移

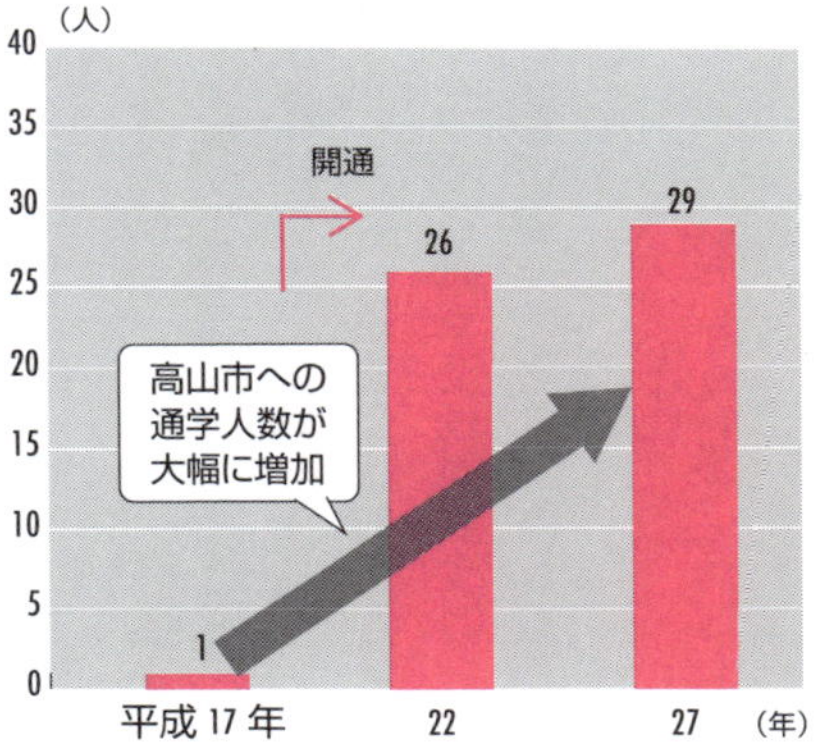

出典：NEXCO中日本HP[*42]を基に作成

図３ １ヶ月当たりの費用比較

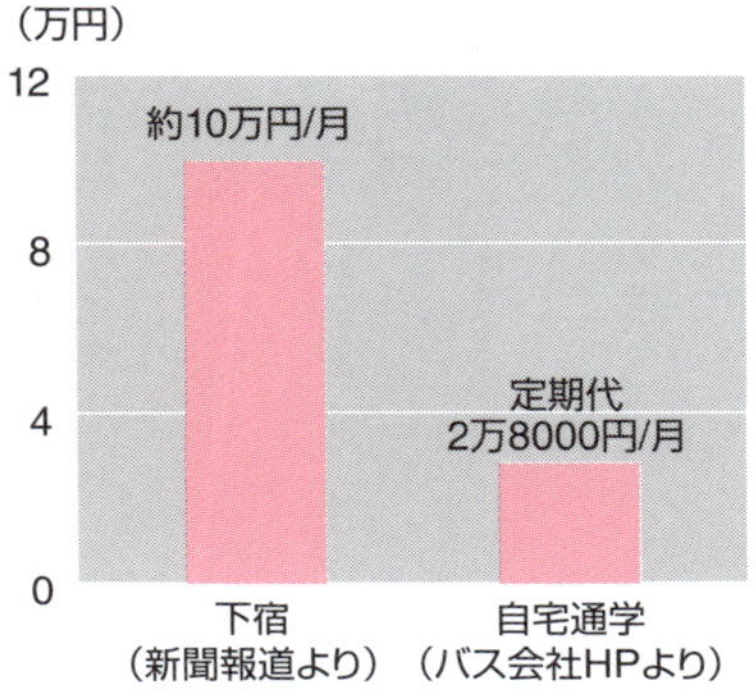

出典：国土交通省[*39]を基に作成

白川郷発着路線バスの運行時刻表

2021.10/1～

□白川郷発6:43⇒高山バスセンター着7:50

□高山バスセンター発19:00⇒白川郷着19:57

□クラブ活動に参加しても、通学は可能。

□なお、令和3年10月現在、高山～白川郷の間で、1日に10往復の高速バスが運行されています。

出典：白川村役場HP

21 環状道路とその機能①

首都圏の環状道路計画と期待される機能

環状道路とは、都心の中心地域から市街地へ、さらに周辺都市に向かって放射状に延びた道路をリング状に連絡する道路のことを言います[*43]。

○首都圏の3環状・9放射道路構想[*44、45、46]

首都圏においては、昭和38年（1963年）に3環状9放射の道路交通ネットワークが計画されました。

3環状道路は、都心から半径約8㎞の圏域を連絡する中央環状線（首都高速中央環状線）、半径約15㎞の圏域を連絡する外環道（東京外かく環状道路）、及び半径約40～60㎞の圏域を連絡する圏央道（首都圏中央連絡自動車道）により構成されています。東名高速、中央道、関越道、東北道等、放射方向の高速道路は整備が進みましたが、環状方向の道路の整備が遅れていました。その結果、都心に用のない通過交通が都心部に集中し、慢性的な渋滞が発生する状況となりました（**図1**）。

○環状道路に期待される4つの機能（図2）[*43、46]

①通過交通の抑制：都心部に用のない通過するだけの交通の流入を抑制し混雑を緩和

②分散導入：郊外から都心部へ流入する交通を分散させて、導入することにより交通を円滑化

③周辺地域間のスムーズな移動：わざわざ遠回りすることなく、直接的に地域間の移動が可能

④非常時の迂回機能：災害や事故などで一部区間の不通があっても速やかに迂回路の確保が可能

「都心環状線を利用する交通量の約6割が、都心に用のない通過交通」です。3環状道路が整備されれば、通過交通の迂回が促進され、都心に流入する自動車交通が減少し、混雑していた都心部の都市機能の再生に繋がることが期待されています。

要点BOX

- 首都圏の3環状9放射道路構想
- 環状方向の道路の整備は遅れ渋滞の原因に
- 環状道路への期待は大きく、整備が待たれる

図1 3環状の概要

首都圏の環状道路

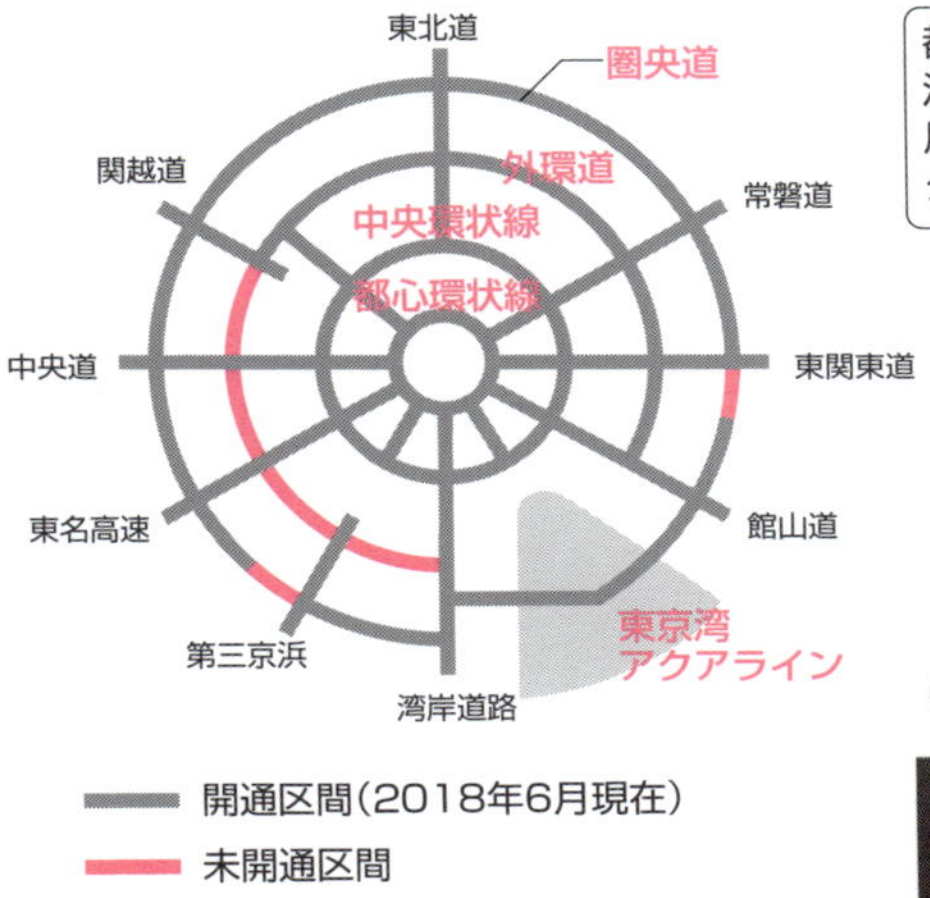

都心環状線を利用する交通の内訳

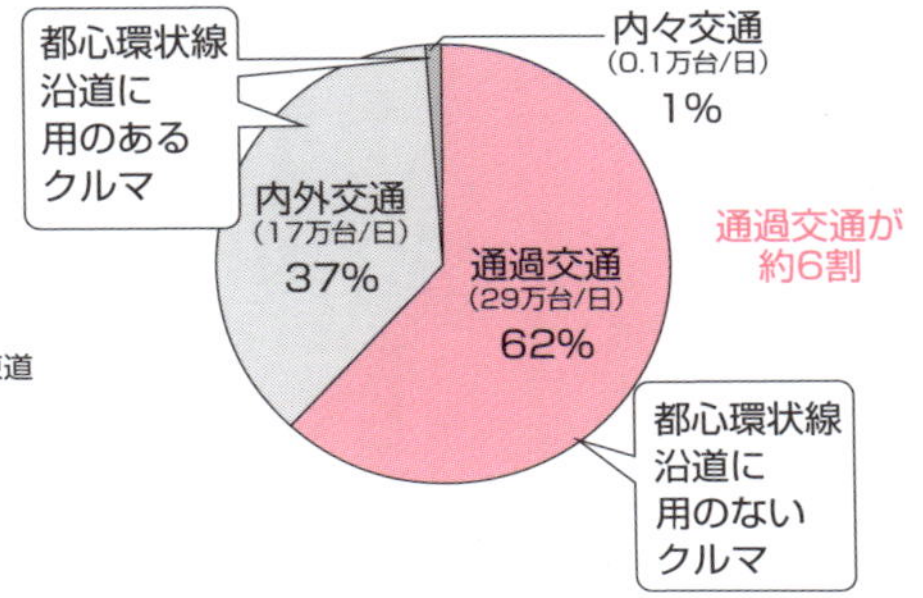

首都高速都心環状線（神田橋JCT）の状況

出典：国土交通省HP[*46]を基に作成

図2 環状道路の4つの機能

通過交通の抑制

通過交通の都心部流入を抑制する

分散導入効果

郊外から都心部への交通を分散誘導する

地域間移動

周辺地域間の移動が直接できる

非常時の迂回機能

災害や事故等で一部区間の不通があっても速やかに迂回できる

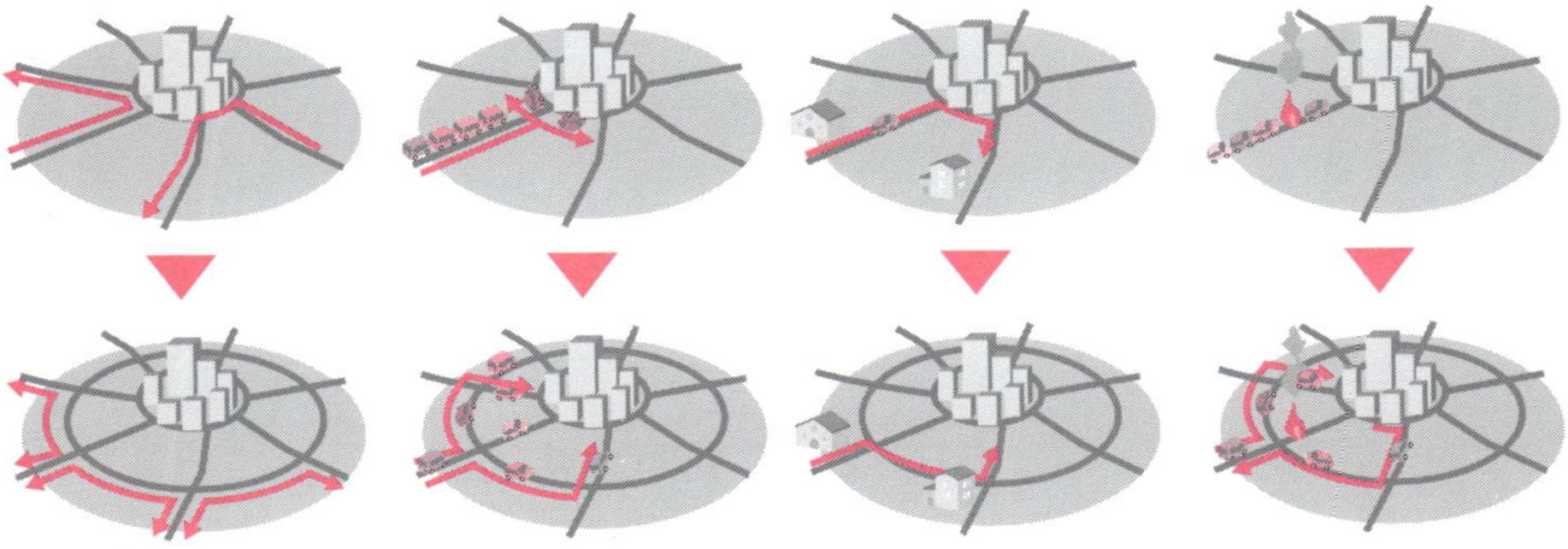

出典：NEXCO東日本記者発表資料「圏央道の東金JCTから木更津東IC間が開通します」を基に作成

22 環状道路とその機能②

首都高速中央環状線の整備効果

首都高速中央環状線は首都圏の３環状の内、最も内側に位置する環状道路で、総延長は首都高湾岸線大井ＪＣＴ～同湾岸線葛西ＪＣＴに至る47㎞です[*47]（図１）。平成27年３月７日の品川線（３号渋谷線～湾岸線）の開通により、３環状で初めて全線開通しました。

以下、首都高速道路㈱が公表した、中央環状線の整備効果[*48、49]から、一部を抜粋して紹介します。

○中央環状線の整備効果

①都心に集中する交通の分散が図られました（**図２、３**）

□中央環状線内側の利用交通量は約５％減少し、渋滞損失時間は約５割減少[注]しました。注：渋滞は、利用交通量がある閾値（交通容量）を超えると発生する現象です。例えば、交通量が交通容量を１％でも超過すれば、渋滞が発生しますが、この場合ピーク時の交通量が１％減少すれば、渋滞ゼロ、１００％減となります。

□中央環状線内側において、渋滞が大幅に緩和されたことにより、主に渋滞に起因して発生する、追突事故件数が約４割減少する等、走行安全性が向上しました。

②並行する一般道から交通の転換が図られました（**図４**）

□今回開通した区間に並行する山手通り、環七通り、環八通り等から、中央環状線への交通の転換が図られました。その結果、混雑している時間帯での所要時間の１～３割の短縮が観測されています。

□山手通り及び並行する区道（桐ケ谷通り）の大型車交通量が11％減少する等、大型車交通の減少により、生活道路における自転車走行の安全性向上等も図られています。

要点BOX

- ●中央環状線内側の渋滞損失時間は約5割減少
- ●中央環状線内側の追突事故件数は約4割減少

図1 中央環状線路線図

出典：国土交通省HP[*47]

図2 開通後3ヶ月の渋滞損失時間変化

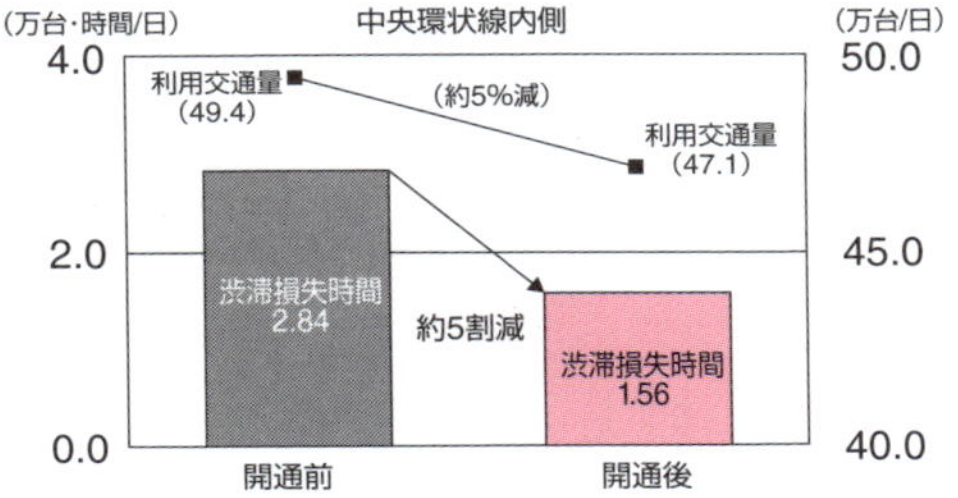

使用データ　車両感知器による平日平均データ

開通前：平成26年3月10日（月）～平成26年6月6日（金）
開通後：平成27年3月10日（火）～平成27年6月5日（金）
※GW期間等の特異日は集計から除く

出典：首都高速道路株式会社プレスリリース「中央環状線（高速湾岸線～高速3号渋谷線）開通後3ヶ月の整備効果について」[*48]

図3 開通後3ヶ月の事故発生件数変化

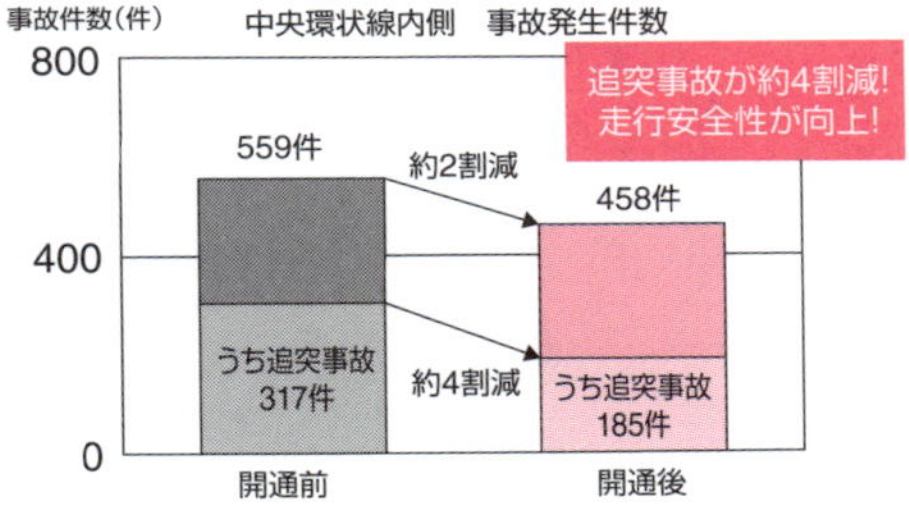

使用データ　事故統計による平日平均データ（首都高速道路株式会社調べ）

開通前：平成26年3月10日（月）～平成26年5月30日（金）
開通後：平成27年3月10日（火）～平成27年5月29日（金）
※GW期間等の特異日は集計から除く

出典：首都高速道路株式会社プレスリリース「中央環状線（高速湾岸線～高速3号渋谷線）開通後3ヶ月の整備効果について」[*48]

図4 一般道の交通量変化

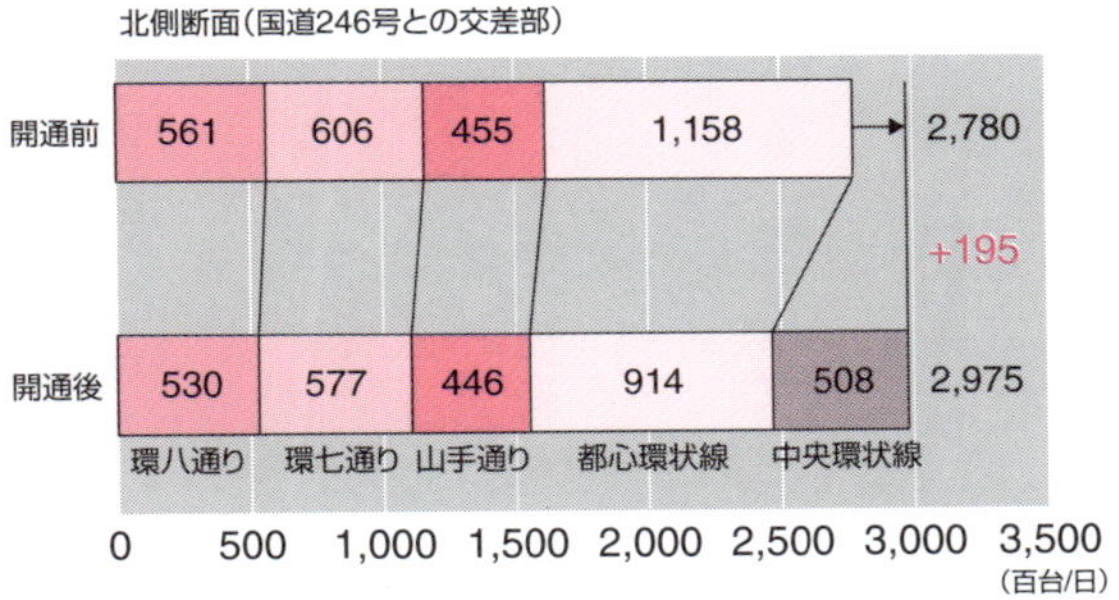

使用データ
［一般道路］実測調査の結果
開通前：平成26年4月17日（木）
開通後：平成27年4月9日（木）
［首都高速］車両感知器による平日データ
開通前：平成26年4月平均
開通後：平成27年4月9日（木）

出典：首都高速道路株式会社プレスリリース「中央環状線（高速湾岸線～高速3号渋谷線）開通後1ヶ月の整備効果について」[*49]

23 環状道路とその機能③

圏央道の整備状況とその整備効果

○圏央道の整備状況（図1）

圏央道（首都圏中央連絡自動車道）は、首都圏の3環状の内、最も外側に位置する環状道路で総計画延長は横浜横須賀道路の釜利谷ＪＣＴ（神奈川県）から館山道木更津ＪＣＴ（千葉県）の約３００kmです。

平成８年３月の青梅ＩＣ～鶴ヶ島ＪＣＴ（関越道）の開通を皮切りに、順次延伸開通し、令和４年度末時点で全延長の９割に相当する２７０kmが開通済です。

○整備効果①都心通過交通の抑制（図2）

平成26年6月の相模原愛川ＩＣ～高尾山ＩＣ間の開通により、圏央道によって東名・中央道・関越道が結ばれ、都心経由の広域交通（東名⇔関越道）が圏央道経由へ転換しました。

圏央道の開通前は、首都高速や環状8号線等、都心経由が約9割（約２０００台／日）となっていましたが、開通後は、圏央道へ交通が転換し、都心経由が約2割（約９５０台／日）と、大幅に縮小される結果となりました。

○整備効果②工場や物流施設の集積（図3）

圏央道が順次開通し、沿線には工場や物流施設が多数集積しています。

圏央道沿線市町村の1年当たり工場立地面積は20年前の約6倍に、圏央道が早期に開通した（中央道～関越道間）では、平成21～26年の5年間で製造品出荷額が約1・4倍に増加しました。

圏央道の東名海老名ＪＣＴ～東関道大栄ＪＣＴの開通によって、圏央道沿線地域は、東名・中央道・関越道・東北道等6つの高速道路と結ばれました。これにより都心を通過せずとも全国各地へアクセスが可能になる等、利便性が飛躍的に向上したことが以上の結果につながったものと考えられます。

要点BOX

- ●圏央道は計画約300kmのうち9割が開通済み
- ●圏央道によって都心経由の交通が大幅に減少
- ●工場・物流施設が集積し経済効果も

図１ 圏央道全体概要＊50

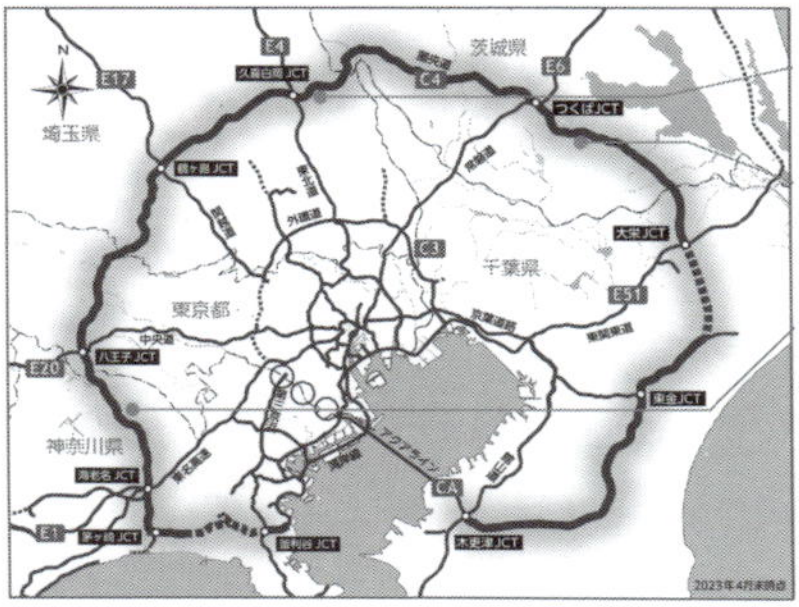

出典：国土交通省HP

図３ 企業立地状況＊51

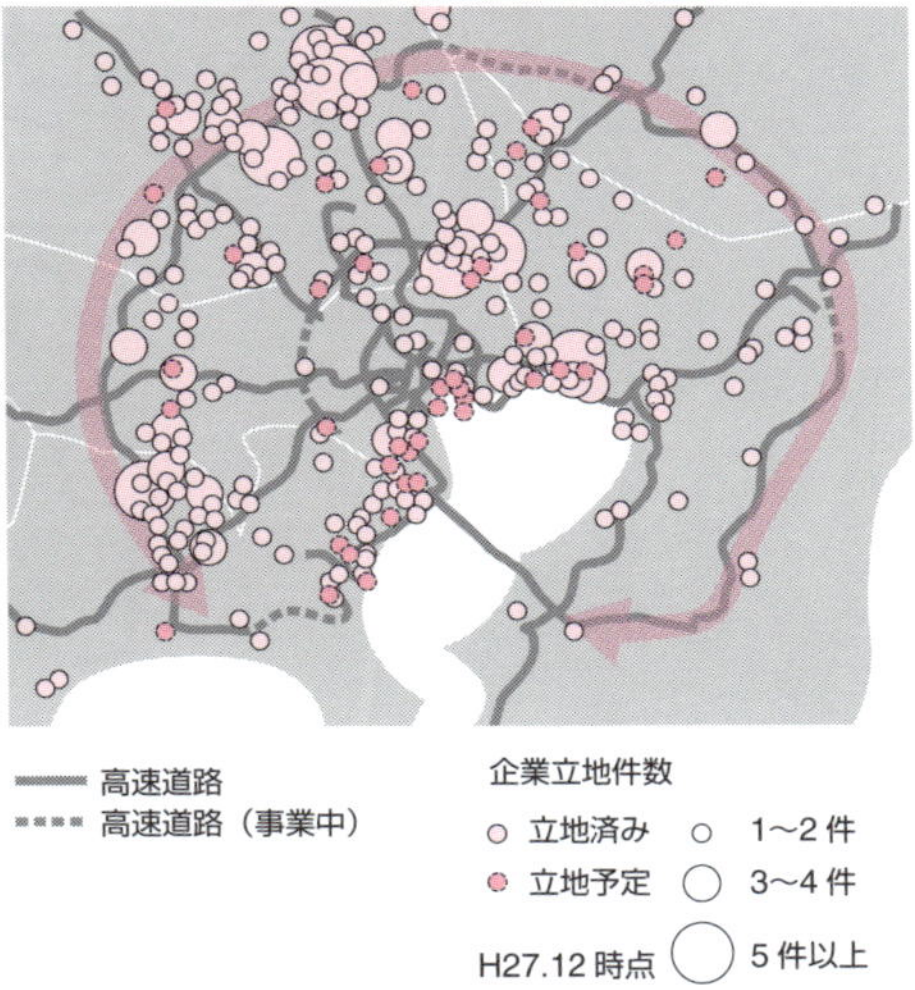

国土交通省調べ（平成22年以降に竣工（予定）の物流施設及び工場を対象に作図）を基に作成

製造品出荷量の伸び率＊51

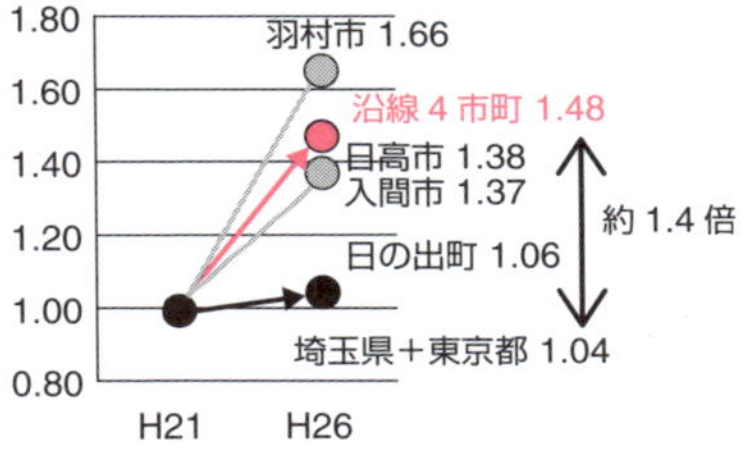

出典：工業統計調査を基に作成

図２ 都心通過交通の迂回＊50

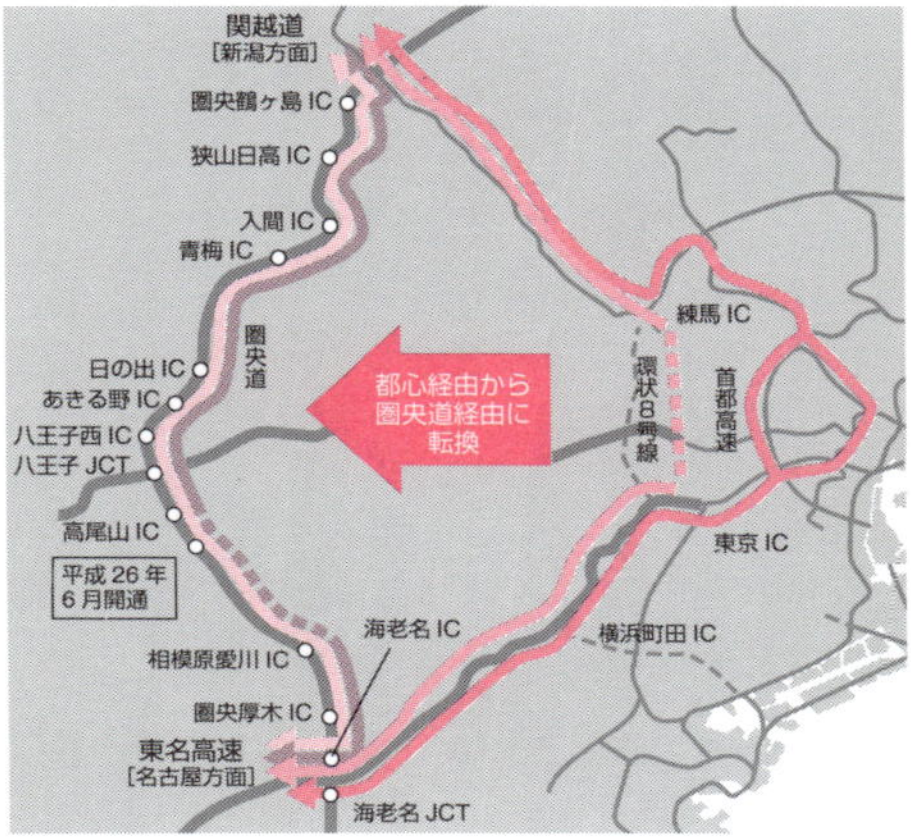

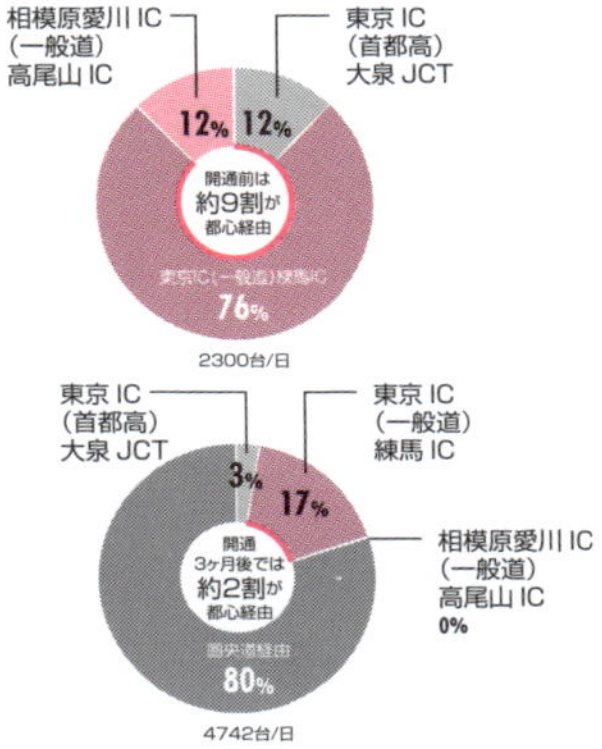

都心経由が約9割から約2割に減少

出典：国土交通省HPを基に作成

圏央道沿線市町村※の新規工場立地面積（1年当たり）＊51

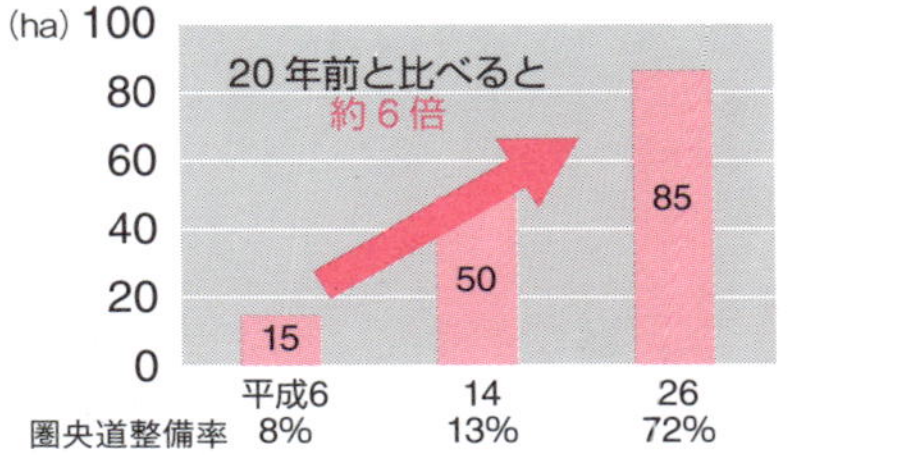

※圏央道が通過する市町村を対象とした

出典：工場立地統計調査を基に作成

24 高速道路を活かした地域づくり①

長野県伊那谷地域：高度医療ネットワークの構築

昭和51年９月の中央道（伊北～駒ヶ根）の開通により、長野県伊那谷地域の伊那市（人口６・６万人）・駒ヶ根市（同３・３万人）・飯田市（同９・８万人）の３市が高速道路で結ばれました*[52]。この３市にはそれぞれ公立病院がありますが、地方の中小都市が単独で高度な総合病院を持つことは困難です。伊那谷地域ではこの３病院が連携して、伊那市の伊那中央病院ではガン、駒ヶ根市の昭和伊南総合病院では脳外科、飯田市の飯田市立病院では心臓病の分野でそれぞれ専門医をおき、高度の医療施設を整備して機能分担を図っています。

この３市が中央道でつながったことにより、この３病院は伊那谷地域（総人口34万人）全体をカバーする大規模総合病院として機能しています（図１）。伊那谷地域の住民は、中央道を利用することにより、１時間以内に目的の診療科目のある病院に行くことが可能となりました*[53、54、55]。さらに、伊那谷地域と木曽地域を結ぶ伊那木曽連絡道路（地域高規格道路）が、平成18年２月の権兵衛トンネルの開通により、その核心部分が完成、現道の国道３６１号における、車両通行不能区間（権兵衛峠１５２２ｍ・姥神峠１２８０ｍ）が解消され通年の通行が可能となり、また木曽町⇔伊那市の所要時間も90分⇒45分と大幅に短縮しました（図２）。

木曽谷の医療体制は、総合病院が１つという現状ですが、伊那木曽連絡道路の核心部分の開通により、中央道を経由して木曽谷の人々も、伊那谷の高度医療ネットワークを利用できるようになり、木曽地域から伊那中央病院への外来患者が増加している他（図３）、『医療機関の間でも、診療科目の相互補完が可能になり、医師派遣などの連携が開始され、合同消防訓練の実施、事故・災害時の協力体制が構築される等、地域住民の安全・安心が高まった』*[56]とされています。

要点BOX

- 中央道によって伊那谷地域の３つの病院が大規模総合病院として機能する
- 伊那木曽連絡道路が周辺地域からの利用促進

図１ 伊那谷地域の高度医療ネットワーク

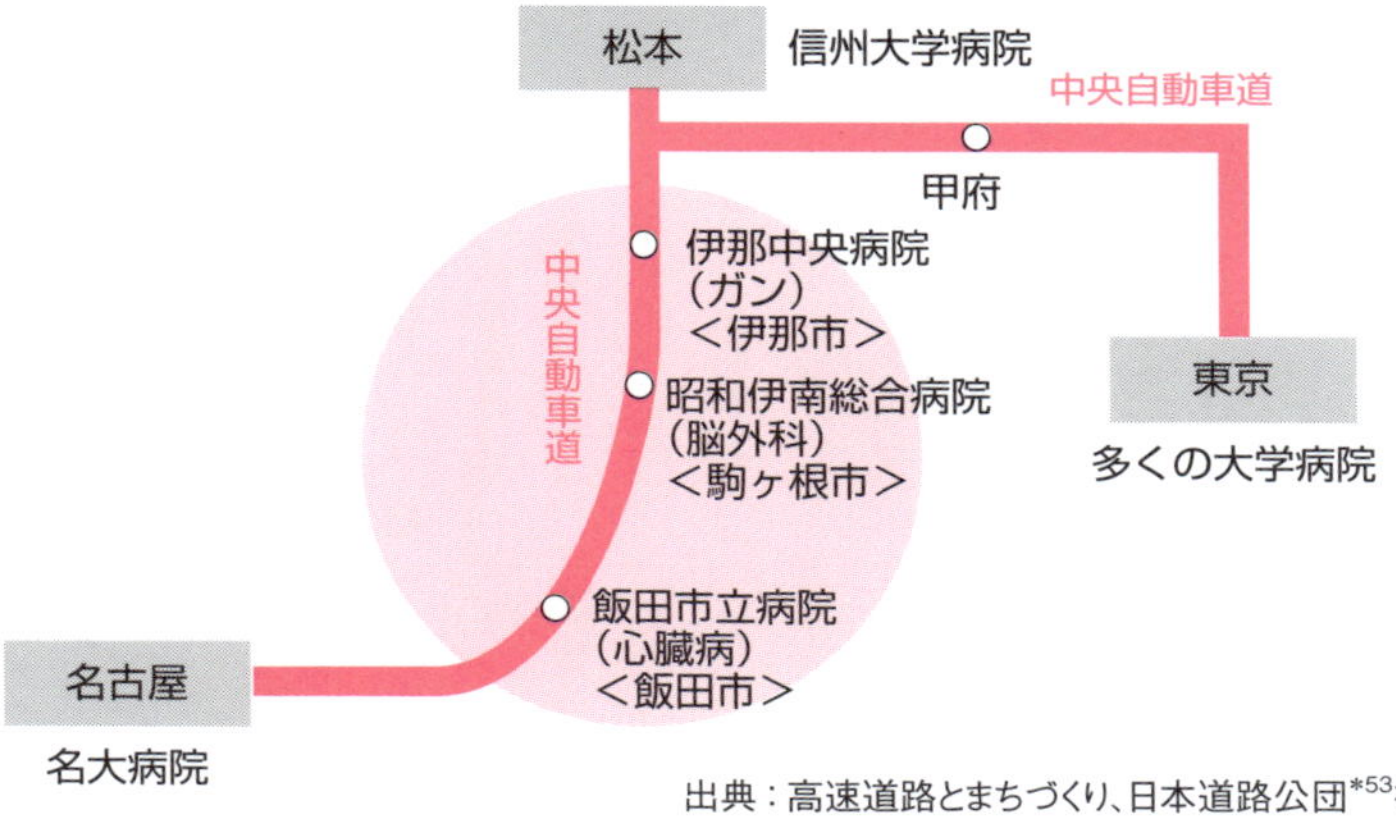

出典：高速道路とまちづくり、日本道路公団[*53]を基に作成

図２ 伊那木曽連絡道路概略図

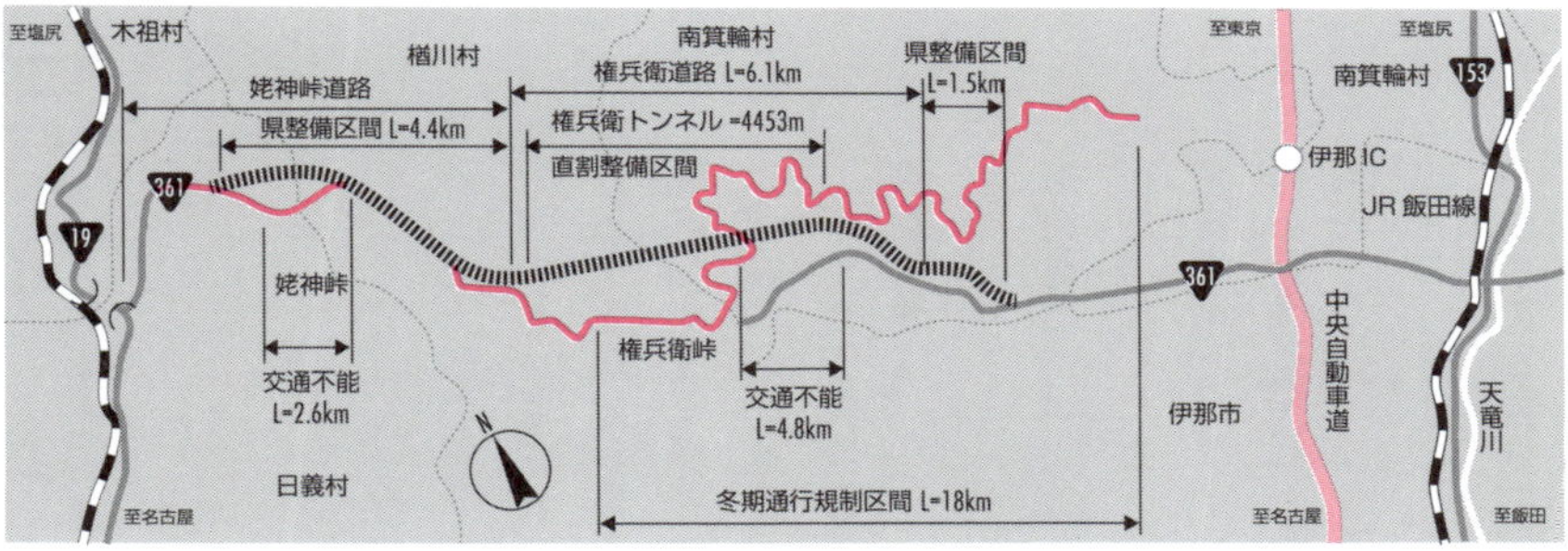

出典：国土交通省HP[*54]

図３ 木曽在住で伊那中央病院への外来患者数の推移

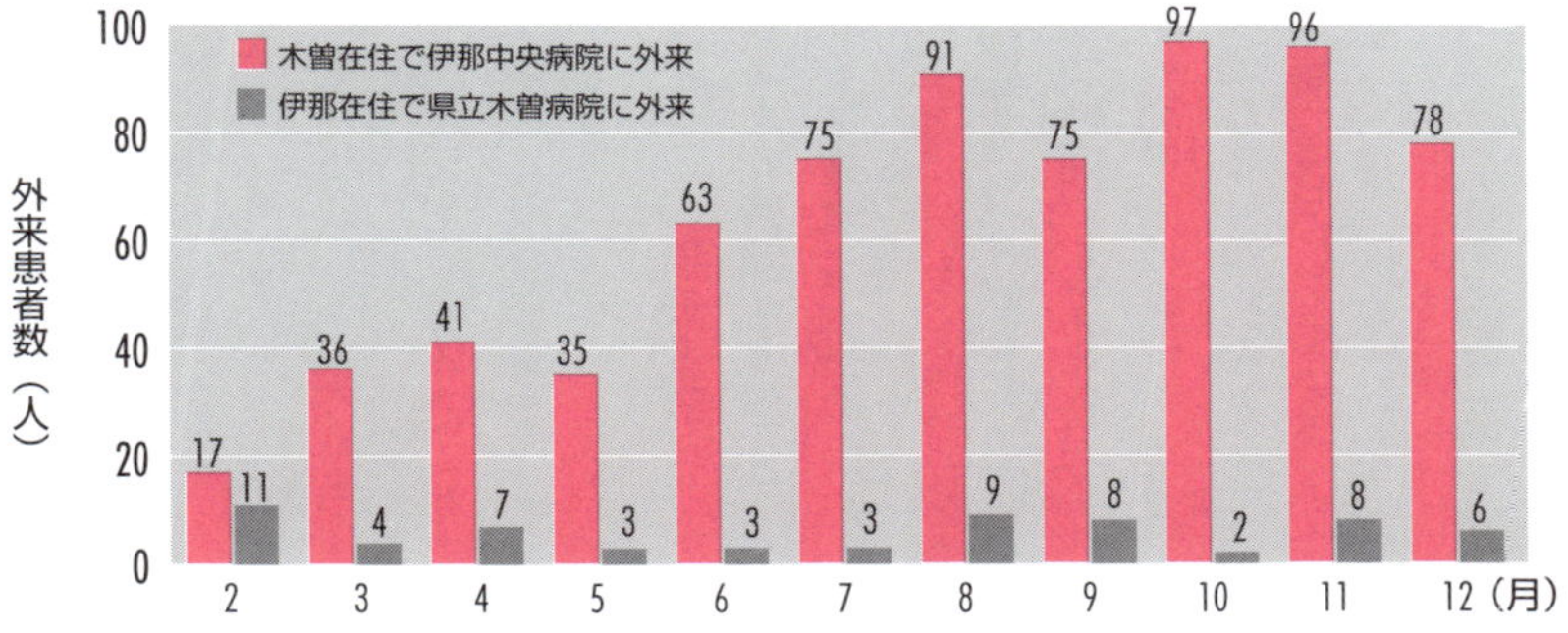

※飯田国道事務所ヒアリング（伊那中央病院及び県立木曽病院）対象
期間平成18年2月～12月

出典：国土交通省HP[*54]を基に作成

25 高速道路を活かした地域づくり②

岩手県北上市：工業振興

北上市は岩手県のほぼ中央に位置し東北新幹線で東京から約2時間半の距離にあり、南北方向の東北道と東西方向の秋田道が接続する高速道路網の結節点で、高速道路により太平洋側と日本海側の重要港湾の釜石港・秋田港とも繋がる交通の要衝です[61]（図1）。昭和29年黒沢尻町と近郊6村が合併して旧北上市が誕生、当時の主な産業は農業で雇用の場が少なく、長男が家を継ぎ、二男三男は職を求めて首都圏へと転出していく状況で、北上市は人口流出の防止と定住人口増加のため企業誘致による工業振興をまちづくりの柱に据え、各種施策を集中していきます。平成3年に和賀町・江釣子村が合流し現在の北上市となり、現在では8ヶ所の工業団地、流通基地、産業業務団地を有し、令和元年度末現在の誘致企業が241社となる等東北有数の工業集積都市へと発展しています[57]（図2）。このことは単に地理的優位性によるものだけでなく、立地した企業へのフォローアップ等、北上市の先進的で独自の取組によるところが大きいと評価されています。以下に具体の取り組み事例を紹介します[58、59]。

□昭和14年工業振興は人材育成からと、黒沢尻町は当時の町の歳出の約2倍に当たる費用を負担し黒沢尻工業高校を誘致、今では貴重な人材の供給基地に

□昭和36年岩手県で初めて土地開発公社を設立し、市独自の工業団地を造成。早い時期に土地を先行取得したため、低廉な用地の提供が可能に

□産業支援センターを設置、高価な各種精密測定器を安価に開放、立地企業の計測・測定を支援（図3）

□北上市の寄付により、岩手大学金型技術研究センターの新技術応用展開部門が立地、地元企業の技術支援や人材育成の新たな拠点として機能

要点BOX

- まちづくりの一環で企業誘致。工業集積都市へ
- 工業高校の誘致、独自の工業団地の造成、技術支援等あらゆる角度からサポートする

図1 北上市の位置図

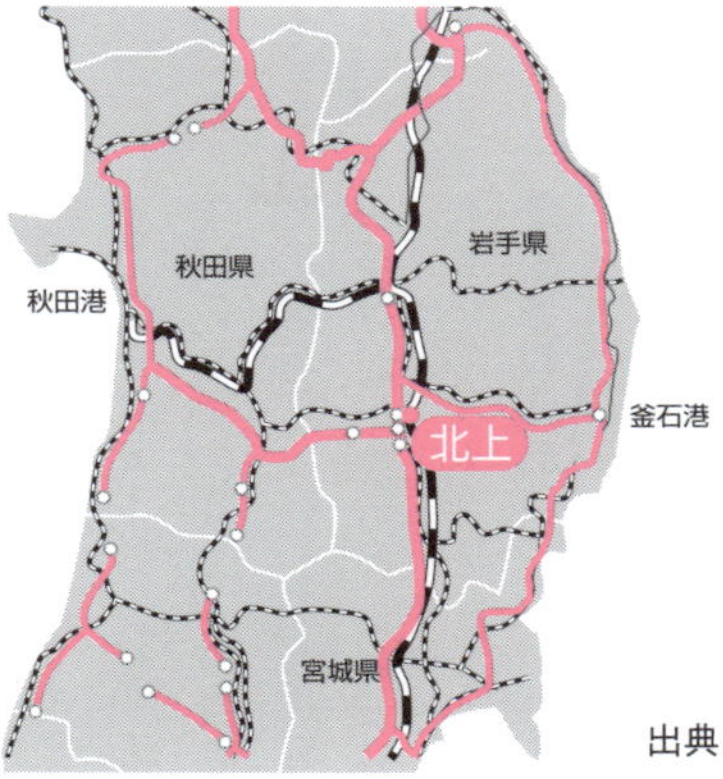

出典：北上市HP[*61]を基に作成

図2 北上市製造業、事業所数・製造品出荷額推移

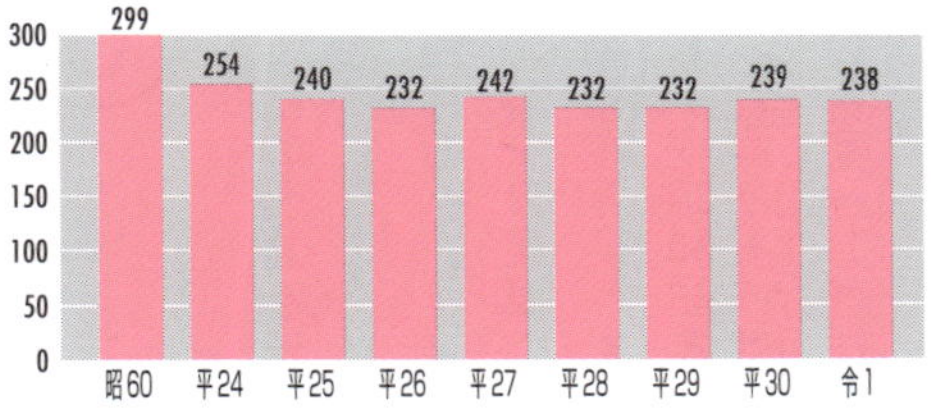

平成30年のデータによると、北上市は事業所数239（県内3位）、従業者数14,957人（同1位）、製造品出荷額4,139億円（同2位）（いわての統計情報[*62]）

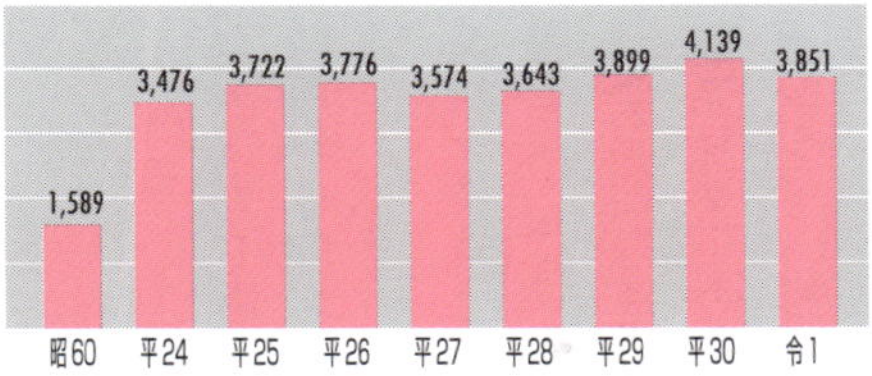

出典：北上市HP[*61]

図3 北上市産業支援センターにおける貸し出し測定機器の例

○北上市産業支援センターでは、中小企業の保有が困難である、高価な各種精密測定器を安価に開放、必要な際は、テクノコーディネーターが測定補助をする等、企業の計測･測定を支援

○貸し出し価格の例（市内企業）：走査電子顕微鏡940円/時間、三次元座標測定機1,040円/時間、真円度測定機310円/時間　等

真円度測定機

電子顕微鏡

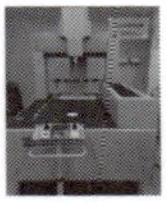

三次元座標測定機

提供：北上市産業支援センター[*60]

26 高速道路を活かした地域づくり③

長野県原村：村おこし・ペンション村

長野県原村は八ヶ岳と諏訪湖の間に広がる自然豊かな高原（標高９００～１３００ｍ）に位置し、新宿から特急「あずさ」でも中央道を車でも約2時間半の距離にあります（**図1**）。「昭和の高度経済成長期には、国民の所得の向上、労働時間の短縮による余暇時間の増等により、観光需要が大きく増加し」[*63]その受け皿が求められる一方、『農山漁村から都市部に向けて若者を中心とした人口移動が起こり、農山漁村において、いわゆる過疎問題が発生』[*64]しました。長野県も豊富な観光資源を活用し、過疎に対応することを急務と考え、昭和37年、県企業局による観光施設事業を開始し、観光のための社会基盤の整備を進めました[*65]。県企業局は地元の土地の無償提供を前提に、地元が開発費を負担しなくて済む開発計画を打ち出し、原村においても、村有地約１１０haを無償で提供し、県企業局が別荘地の開発を行い、合わせて八ヶ岳の西麓を走る八ヶ岳鉢巻道路が整備されました[*53、66、67]。しかし、当時原村は知名度が低く、別荘の売れ行きは今一つでした[*53]。そこで、全国随一の規模のペンション村を誘致、ペンション開発を専業とする業者が用地（10ha強）を一括購入して、昭和48年に着工し、全国初の洋風建てのペンション村が建設され、観光リゾートの村として知名度も上がりました。ペンション村は一時90棟にもなり、新手の保養施設として別荘と共存し、交通のアクセスも良く、原村の林間保養が都会の人々に魅力のあるものとなりました[*53、66]。原村には現在60軒を超すペンションがありますが、一時期のペンションブームのピーク時（平成4年）には38万人あった観光客が、平成22年には18万人まで減少し、宿泊施設を活用した滞在型観光が課題となっていて、エコツーリズムの推進等の取り組みが行われています[*68、69]（**図2**）。

要点BOX

- ●過疎問題から観光事業に注力
- ●アクセス道路を整備し利便性が向上
- ●現在はエコツーリズムを推進

図1 原村の位置図と人口推移

出典：高速道路とまちづくり、日本道路公団[53]

人口推移

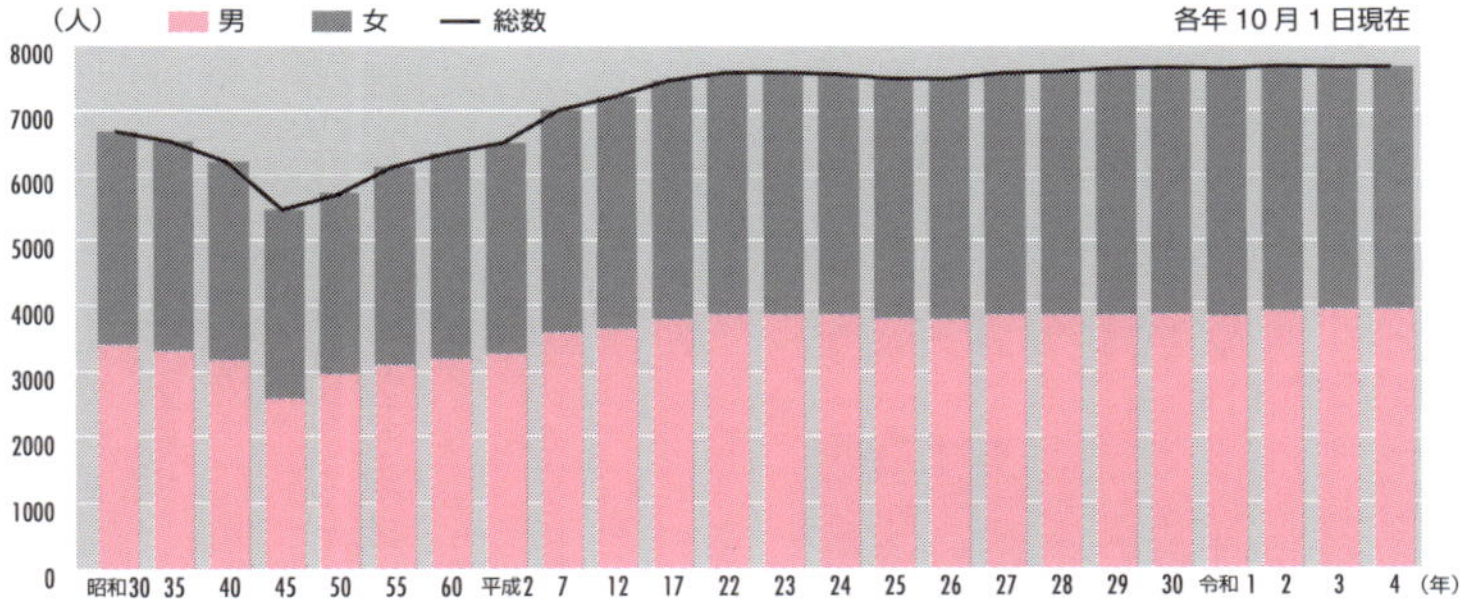

出典：原村の概要：人口・世帯（国勢調査及び毎月人口異動調査）[71]を基に作成

図2 原村観光客数・観光消費額

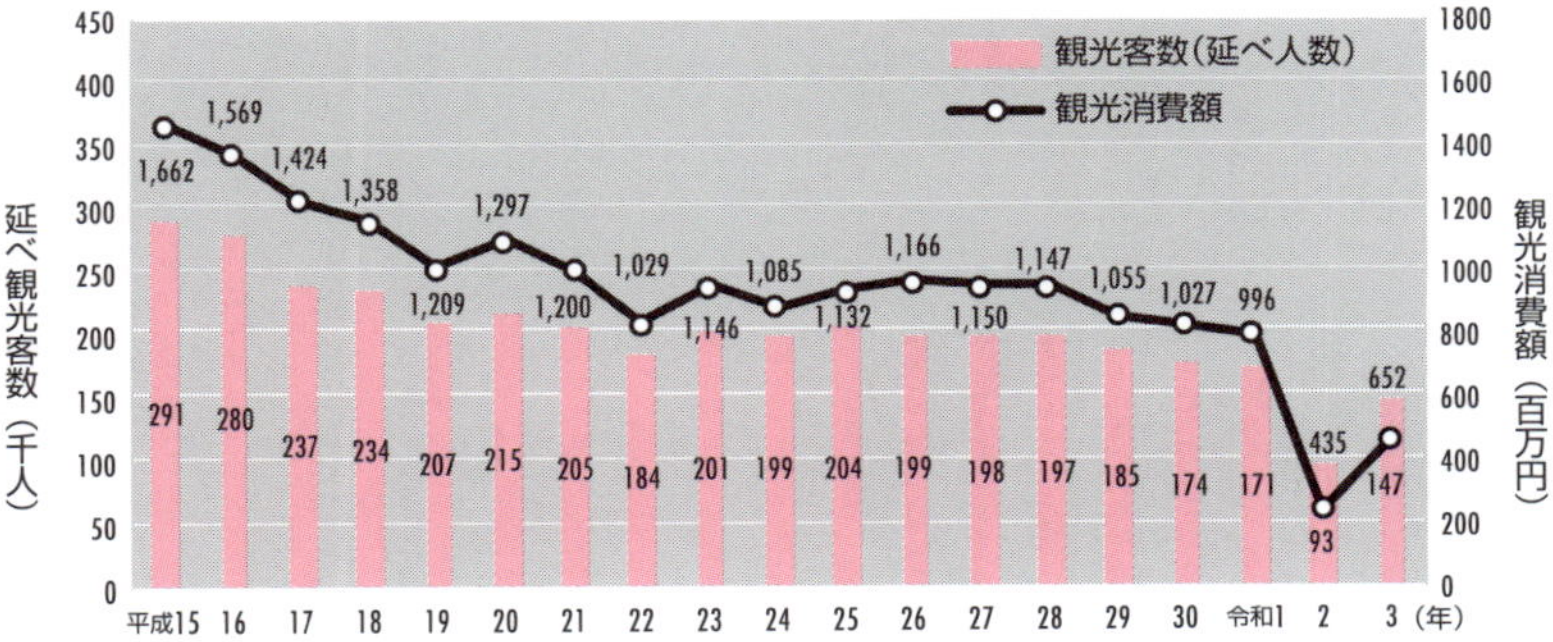

出典：第5次原村総合計画[69]、令和3年度版原村の統計[70]を基に作成

用語解説

エコツーリズム：自然環境や歴史文化を対象とし、それらを体験し、学ぶとともに、対象となる地域の自然環境や歴史文化の保全に責任を持つ観光のあり方

Column

東日本大震災において高速道路の早期復旧を可能とした要因について

16項で述べたように、東日本大震災ではネクスコ東日本が管理する高速道路も20路線、約870㎞に及ぶ区間で交通の支障となる損傷が発生する等大きな被害を受けましたが、発災から13日後の3月24日には一般の車両も通行できる状態に応急復旧が完了しています。

写真は常磐道水戸～那珂における盛土の被災状況と復旧状況を示したものですが、この写真がSNSで世界中に拡散され、復旧の速さに世界中の注目を集めました。このように迅速な復旧が可能となった要因について、ネクスコ東日本は次のように分析しています

○ネクスコ東日本グループの強い使命感（DNA）

○過去の震災の経験や毎年実施している防災訓練での真剣な取組み

○災害対応の組織体制と役割分担の明確化

○緊急復旧・応急復旧・本格復旧の3段階による復旧レベルの考え方

○施設設備は、的確な復旧優先度をサポートする信号トリアージ機能が効果を発揮、土木構造物は現場技術者の的確な判断

○緊急復旧は備蓄材料の有効活用、応急復旧は地元会社からの材料等の供給・連携

○上記が一体となった短期集中のプロジェクトマネジメント

（出典：ネクスコ東日本講演会資料）

（野村浩執筆）

常磐道 水戸～那珂（上り線）における被災状況と復旧の状況

被災状況　3/11　16:00頃

復旧完了　3/17　19:00頃
被災から6日で復旧

提供：NEXCO東日本

第4章

高速道路の設計速度と規制速度

27 道路の区分と設計速度、幾何構造①

高速道路の設計速度の規定

道路の平面線形、縦断線形と横断構成[注]の3要素が一体となって構成する立体的な構造を幾何構造といいます[1]。注：車道、路肩、中央帯等の要素によって構成される道路の横断面の全体構成(図)。

高速道路の持つ『自動車が、高速で安全・円滑・快適に通行できる』という通行機能[4]の良否は、幾何構造に大きく依存します。幾何構造を始めとした、「道路の構造の一般的技術的基準」は、道路法第30条に基づいて「道路構造令」において定められています。ここで「一般的技術的基準」とは、『道路の通常の機能を確保し、通常の自然的・外部的条件に対応する技術的基準』[4]ということを意味しています。従って一般的な道路の機能とは異なる機能を必要とする道路や、通常の自然的・外部的条件と異なる条件にある道路については、構造を個別に検討する必要があります。

道路構造令では、最初に「道路の別」と「道路の存する地域」により、道路を種別に分類することとし、完全出入制限が実施される「高速自動車国道」及び「自動車専用道路」と、「その他の道路」(いわゆる一般道路)では、道路に求められる機能が異なるため、別の種として区分しています[4]。

また、「道路の存する地域」についても「地方部」と「都市部」では、交通のトリップ長、建築物の密集度等が異なり、道路に求められる機能が異なるため区分し、これらの区分を組み合わせることにより、道路の種別を第1種から第4種にまで分類しています。第1種は都市間高速道路、第2種は都市高速道路に該当します。

さらに、同じ種別の道路においても「道路の種類」、「地域の地形」、「計画交通量」によって、道路に求められる機能が異なるため、1級から最大5級の級別に区分して、設計速度等の規定を定めています(表1～3)[4、6]。

要点BOX

- ●高速道路の通行機能と幾何構造の密接な関係
- ●道路の種級区分に応じて設計速度が定められている

高速道路の横断構成

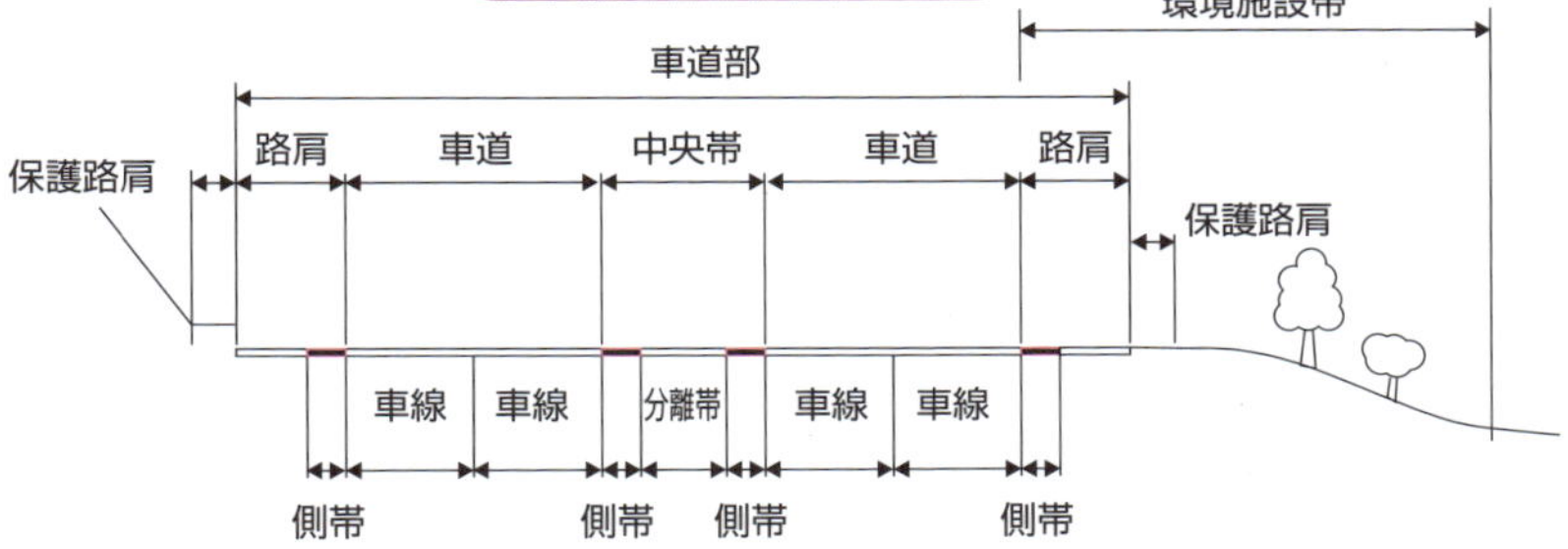

出典：『NEXCO設計要領第四集 幾何構造』を基に作成

表1 道路の区分

道路の存する地域 ＼ 高速自動車国道及び自動車専用道路又はその他の道路の別	地方部	都市部
高速自動車国道及び自動車専用道路	第1種	第2種
その他の道路	第3種	第4種

※都市部：市街地を形成している地域又は市街地を形成する見込みの多い地域をいう。
※地方部：都市部以外の地域をいう。

表2 高速道路の種級区分

種別	道路の種類	道路の存する地域の地形	計画交通量（単位：1日につき千台）			
			30以上	20以上 30未満	10以上 20未満	10未満
第1種	高速自動車国道	平地部	第1級	第2級		第3級
		山地部	第2級	第3級		第4級
	高速自動車国道以外の道路	平地部	第2級		第3級	
		山地部	第3級		第4級	

種別	道路の種類	大都市の都心部以外の地区	大都市の都心部
第2種	高速自動車国道	第1級	
	高速自動車国道以外の道路	第1級	第2級

表3 高速道路の設計速度（単位：1時間につきキロメートル）

区分	第1種				第2種	
	第1級	第2級	第3級	第4級	第1級	第2級
設計速度	120	100	80	60	80	60
	100	80	60	50	60	50又は40

※地形の状況その他のやむを得ない場合においては、高速自動車国道である第1種第4級の道路を除き、下段の値とすることができる。

出典：表1～3は『道路構造令の解説と運用』（日本道路協会編、日本道路協会）を基に作成

28 道路の区分と設計速度、幾何構造②

道路構造令では、道路の種級・設計速度に応じて、横断構成、最小曲線半径・視距・最急縦断勾配等、幾何構造の要素が規定されています（**表1、2**）。設計速度・種級による線形・道路構造の相違を章末のコラムに写真とグラフで示しましたので参考にしてください。

設計速度は、道路の区分に応じ27項の表3の規定値としますが、地形の状況、その他特別の理由により、やむを得ない場合においては、高速道路である第1種第4級の道路を除き、同表下段に示す特例値とすることができます*4。

○**設計速度の意味***4：設計速度は①道路の構造面から見た場合と、②車両の走行面から見た場合で、次のように定義することができます。

①構造面から見た場合『自動車の走行に影響を及ぼす道路の物理的形状を設計し、これらを相互に関連づけるために定められた速度』

道路の幾何構造を検討し、決定するための基本となる速度で、安全な走行に関係する線形要素（曲線半径、勾配、視距等）は設計速度と直接的な関係を有します。

②車両の走行面から見た場合『天候が良好で、かつ交通密度が低く、車両の走行条件が、道路の構造的な条件のみに支配されている場合に、平均的な技量を持つ運転者が安全にしかも快適性を失わずに走行できる速度』

例えば設計速度が80km／hの道路では、天候が良く、交通密度が小さければ、普通の運転者は少なくとも80km／hの速度で安全にしかも快適に走行することができます。しかし、幾何構造の要素は自動車の走行安全性に余裕をもたせてあり、線形等の条件が良ければ、80km／hを超える速度でも安全に走行することも可能です。

要点BOX

- 設計速度には特例値がある
- 道路の種級区分に応じて幾何構造の技術基準が定められている

表1 高速道路の横断構成

		車線の幅員(m)		中央帯の幅員(m)[注1]		路肩の幅員(m)[注2]					
						左側路肩			右側路肩		トンネル④
		標準値	特例値①	規定値	特例値②	規定値	望ましい値	特例値③	規定値	望ましい値	
第1種	第1級	3.50	3.75	4.50以上	2.00	2.50以上	3.25	1.75	1.25以上	1.75	1.00
	第2級										
	第3級	3.50	―	3.00以上	1.50	1.75以上	2.50	1.25	0.75以上	1.00	0.75
	第4級	3.25	―				1.75				
第2種	第1級	3.50	3.25	2.25以上	1.50	1.25以上	1.75	―	0.75以上	1.00	―
	第2級	3.25	―	1.75以上	1.25					0.75	

注1:車線の数が4以上である第1種・2種の道路には、トンネルの区間等上下線が独立して設けられている場合を除き必ず中央帯を設けるものとする。
注2:道路には車道に接続して路肩を設けるものとする、ただし、中央帯又は停車帯を設ける場合においては、この限りではない。
①第1種第1級及び2級の道路は交通の状況に応じて必要な場合は3.75mとできる。第2種第1級の道路は、やむを得ない場合においては3.25mに縮小できる
②長さ100m以上のトンネル、50m以上の橋梁その他やむを得ない箇所については、特例値まで縮小できる
③長さ50m以上の橋梁若しくは高架の道路その他やむを得ない箇所については、特例値まで縮小できる
④トンネル部については路肩の幅員を、表のトンネルの欄の値まで縮小できる

出典:『道路構造令の解説と運用[*4]』を参考に筆者が作成

表2 高速道路の設計速度と線形要素

設計速度(1時間につきkm)		120	100	80	60	50
視距(m)[注]	規定値	210以上	160以上	110以上	75以上	55以上
最小曲線半径(m)	望ましい値	1,000以上	700以上	400以上	200以上	150以上
	規定値	710以上	460以上	280以上	150以上	100以上
	特例値	570以上	380以上	230以上	120以上	80以上
最急縦断勾配(%)	規定値	2以下	3以下	4以下	5以下	6以下
	特例値	5以下	6以下	7以下	8以下	9以下

注:視距:視野が他の車両によって妨害されない場合に、車道上の1点から乗用車の運転者が見ることのできる車道の長さ[*1]。

【諸規定の性格】[*4]
1.基本となる規定
◎最低値を定め、それ以上の値を採用できる規定
◎標準とする値を定めて、その前後の値を採用できる規定
2.特例規定
◎やむを得ない場合に採用できる、特例の規定

出典:『道路構造令の解説と運用[*4]』を参考に筆者が作成

29 新東名・名神高速道路の構造規格

将来を見すえた幾何構造

建設大臣の諮問機関である道路審議会基本政策部会は、平成2年8月「第二東名・名神高速道路」について、『第二東名・名神は、東名・名神と一体となって21世紀の我が国の基幹をなす路線であり、後世の貴重な遺産となることに鑑み、将来においても高く評価されるように、十分なゆとりを有する道路とし、より安全かつ快適な高速交通を確保するとともに、東名・名神との適切な交通機能を分担し、高い信頼性を確保することが求められている』との認識に基づき『第二東名・名神高速道路計画の基本的な考え方』を示しました[*75]。その概要を以下に示します。

□車線数：東名・名神高速道路と一体となって将来の交通需要に対応するために標準車線数は基本的に6車線とすることが適当と考えられる。

□設計速度：当面大都市圏間では120km／h、大都市圏内では100km／hとすることが適当と考えられるが、重要な路線であることを考慮し、従来の高速道路に一般的に採用しているよりもゆとりある幅員、緩やかな線形を採用することが必要である。

□一方、諸外国の設計速度、規制速度、アウトバーンの走行実態等から見て、今後さらに走行性、安全性等に関する調査研究の蓄積等の条件が整えば、乗用車類については140km／h程度、貨物車類については100km／h程度の走行の実現性があり、これらの速度での走行時の安全性についても十分配慮しておく必要がある。

この提言を受け、建設省は第二東名・名神[注]を『A規格：大都市圏間（将来条件が整えば、140km／hの走行が実現可能となる区間）、B規格：大都市圏周辺部、C規格：大都市圏中心部』の3地域に区分し構造規格を定めています[*74]（**表1、2、図**）。

注：開通後、新東名・新名神と統一して呼ばれています。

要点BOX

- 重要路線とした交通機能の検討
- 新東名・新名神の標準車線数は6車線
- 140km／hも想定して安全性に配慮

表1 第二東名・名神高速道路　地域区分

道路の存する地域	規格	設計速度（km/h）	道路の区間
大都市圏間	A	120	伊勢原市付近～豊田市付近、四日市付近～城陽市付近
大都市圏内周辺部	B	120	横浜市付近～伊勢原市付近、城陽市付近～神戸市
大都市圏内中心部	C	100	東京都～横浜市付近、豊田市付近～四日市市付近

表2 第二東名・名神高速道路の構造規格※4

			第二東名・名神A	第二東名・名神B	第二東名・名神C	現東名	現名神	道路構造令
			大都市圏間	大都市圏内周辺部	大都市圏内中心部	120㌔/時区間	120㌔/時区間	120㌔/時
横断構成	左側車線（m）		3.75	3.75	3.75	3.60	3.60	3.75注1
	中央車線（m）		3.75	3.75	3.75	3.60	3.60	3.75注1
	右側車線（m）		3.75	3.50	3.50	3.60	3.60	3.75注1
	中央帯（m）		7.50	6.00	4.50	4.50	4.50	4.50以上
	左側路肩（m）	土工部	3.25以上	3.25以上	3.25以上	3.25	2.75（1.75）注1	2.5（1.75）注2
		橋梁高架				3.00		
		トンネル				0.75注3	0.75注3	1.00注3
視距（m）			400以上	290以上	210以上	210以上	210以上	210以上
最小曲線半径（m）			3,000以上	1,800以上	1,100以上	1,000以上	580以上	710以上（1,000以上）注4
最急縦断勾配（%）			2.0以下	2.0以下	3.0以下	2.0以下	2.0以下	2.0以下

注1：特別の場合
注2：長さ50m以上の橋もしくは高架の道路、又は地形の状況その他の特別の理由にによりやむを得ない箇所の特例値
注3：トンネルについての特例値
注4：望ましい値

最小曲線半径・視距の構造令の規定値と第二東名・名神の規格値

○第二東名・名神の構造が、現構造令と比べて、緩やかな線形となっていることが、読み取れます
○A規格は、将来の140km/h走行に、十分対応できる構造となっています（A規格は設計速度140 km/hとしてプロット）

①最小曲線半径（望ましい値）～設計速度

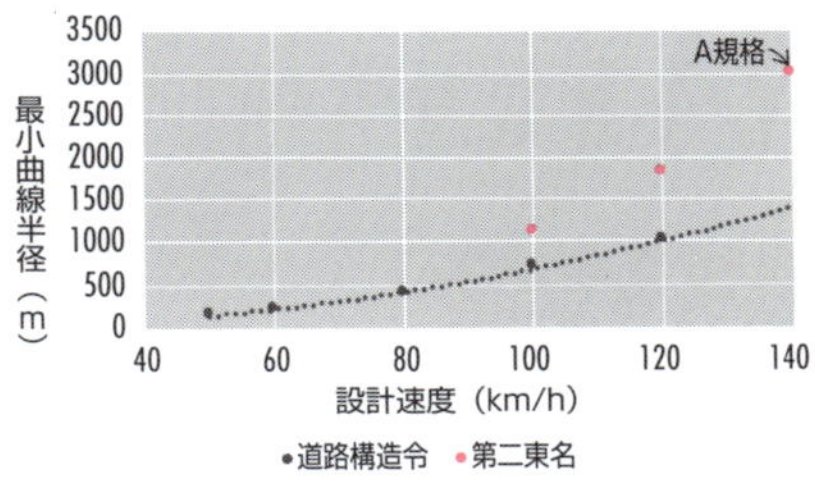

②視距（規定値）～設計速度

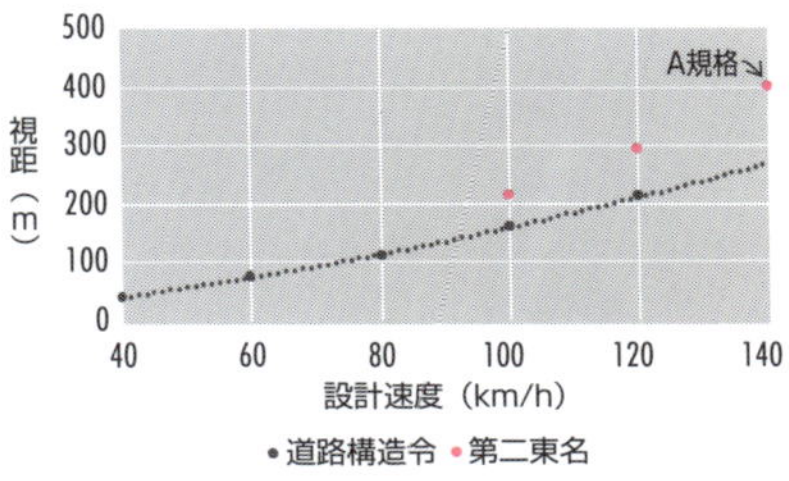

30 最高速度規制

法定速度と指定速度

最高速度規制については、道交法で車両別に定められているいわゆる、表に示す『法定速度』[*77]と、都道府県公安委員会が「○交通事故の抑止（交通の安全）○交通の円滑化○道路交通に起因する障害の防止（交通公害その他）」を目的[*78]に、「道路交通法4条1項」に基づいて、道路標識や道路標示によって指定する最高速度である、『指定速度』があります。

指定速度は一般に「規制速度」や「制限速度」と言われることもあります。原則として、指定最高速度が法定最高速度に優先されます、高速自動車国道以外の高速道路（自動車専用道路）は一般道と同じ扱いで法定最高速度は60㎞／hです。

また、高速自動車国道については、道交法で「車種によらず最低速度が50㎞／h」と定められていますが、一般国道等の自動車専用道路には最低速度は法定されていません（ただし、公安委員会が標識によって最低速度を指定している場合があります、図）。

高速自動車国道も自動車専用道路も、自動車専用なので、道路運送車両法の自動車に該当しない「総排気量50cc以下の普通自動車（ミニカー）や総排気量125cc以下の自動二輪車」（車両法では原動機付自転車に区分）は通行できません。この他に高速自動車国道では法定最低速度の規定があるので構造上50㎞／h以上の速度の出ない自動車や、他車をけん引しているため50㎞／h以上の速度で走行することのできない自動車は高速自動車国道を通行できません。

最高速度規制は警察庁が定める「交通規制基準」に基づいて実施されていますが、平成31年に、新東名及び東北道の一部区間で制限速度が120㎞／hに引き上げられました。その考え方等を警察庁交通局の資料に基づいて、経緯も含めて、次項以降で紹介します。なお、令和6年4月1日の道路交通法の改正により、大型車の最高法定速度は90㎞／hに改められました。

要点BOX

- 最高速度規制は法定速度と指定速度がある
- 高速自動車国道は50㎞/h以上出せない車は通行できない

高速自動車国道等における法定速度

<table>
<tr><th colspan="2"></th><th>高速自動車国道※1</th><th>自動車専用道路</th><th>(参考)一般道路</th></tr>
<tr><td rowspan="3">普通自動車</td><td>四輪</td><td>100km/h</td><td rowspan="10">60km/h</td><td rowspan="11">60km/h</td></tr>
<tr><td>三輪</td><td rowspan="2">80km/h</td></tr>
<tr><td>牽引自動車</td></tr>
<tr><td rowspan="2">中型自動車</td><td>専ら人を運搬する構造又は特定中型※2以外のもの</td><td>100km/h</td></tr>
<tr><td>上記以外のもの※3</td><td>90km/h</td></tr>
<tr><td rowspan="2">大型自動車</td><td>専ら人を運搬する構造のもの</td><td>100km/h</td></tr>
<tr><td>上記以外のもの※4</td><td>90km/h</td></tr>
<tr><td colspan="2">大型特殊自動車</td><td>80km/h</td></tr>
<tr><td>大型自動二輪車</td><td>400ccを超えるもの</td><td rowspan="2">100km/h</td></tr>
<tr><td rowspan="2">普通自動二輪車</td><td>400cc以下125ccを超えるもの</td></tr>
<tr><td>125cc以下50ccを超えるもの</td><td colspan="2" rowspan="2">通行禁止</td></tr>
<tr><td colspan="2">原動機付自転車</td><td>30km/h</td></tr>
</table>

※1：本線車道に限る。本線車線が道路の構造上往復の方向別に分離されていないもの（令第27条の2）を除く。
※2：車両総重量が8t以上、最大積載重量が5t以上、乗車定員が11人以上の中型自動車。
※3：8トン以上の中型貨物自動車。
※4：大型貨物自動車。

出典：警察庁交通局「高速自動車国道等における最高速度規制について」*77（平成28年8月）及び大阪府警察HP「高速自動車国道における大型貨物自動車等の法定速度の引き上げについて」を基に作成 （令和5年4月現在）

わが国における自動車の分類は、行政目的によって分類の仕方が異なり、道路運送車両法（車両法）と道路交通法（道交法）による分類があります。登録をはじめとする統計や車検などの整備関係は車両法に、運転免許等は道交法にそれぞれ基づいています。なお、道路法における自動車は車両法第2条第2項に規定されています。（自動車検査登録情報協会 (airia.or.jp)を参照）

最高速度規制標識と最低速度規制標識

最高速度規制標識	最低速度規制標識

出典：警察庁HP「交通の方法に関する教則」

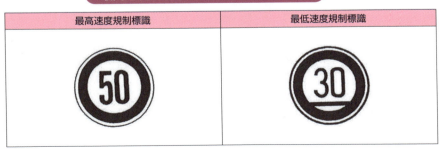

31 高速道路の最高規制速度の見直し①

構造適合速度の概念の導入

警察庁は「規制速度決定の在り方に関する調査研究報告書(平成21年3月)」を受け、高速道路等(高速自動車国道及び自動車専用道路)の規制速度決定に際しては『従来のIC間単位で設定されている設計速度を基本にするのではなく、各道路構造要素から導かれる「構造適合速度」を目安として設定』することとし、平成22年8月高速道路の新たな速度規制基準を策定しています[*77、79、80]。

構造適合速度：道路構造要素(曲線半径、片勾配、視距、合成勾配、縦断勾配、車線幅員、路肩幅員)に対し、構造令の規定値から逆引きして導かれる設計速度。地点・区間毎の各道路構造要素から導かれる「個別適合速度」の最小値が、構造適合速度となります(**図1**、**表**)。新たな交通規制基準では、『算出した構造適合速度を最大限尊重しつつ、交通事故発生状況、渋滞状況等の現地状況を踏まえて、上限100㎞/hの範囲内で規制速度を決定する』こととされました(注：本線車道が分離4車線以上の場合。分離2車線の場合は上限80㎞/hの範囲内、非分離2車線の場合は70㎞/h以下)[*77、79、80]。

構造適合速度を導入した新たな交通規制基準については、「警察庁交通局速度規制等ワーキンググループ検討結果(案)[*80]」において、『高速道路については、同じ設計速度区間内でも、余裕を持った線形等の条件を有した区間があることから、従来よりもきめ細かに速度規制を決定するため、地点・区間ごとの道路構造要素に着目したものとなっている』とその意図が示されています(**図2**)。なお、同検討結果(案)には新たな速度規制基準に基づき高速道路の速度規制の見直しを行った結果、平成25年11月時点で、20区間(約300㎞)で規制速度の引き上げが実施されたと記載されています。

要点BOX

●新たな速度規制基準は、各道路構造要素から導かれる「構造適合速度」を目安として設定

図１ 個別適合速度（視距）イメージ

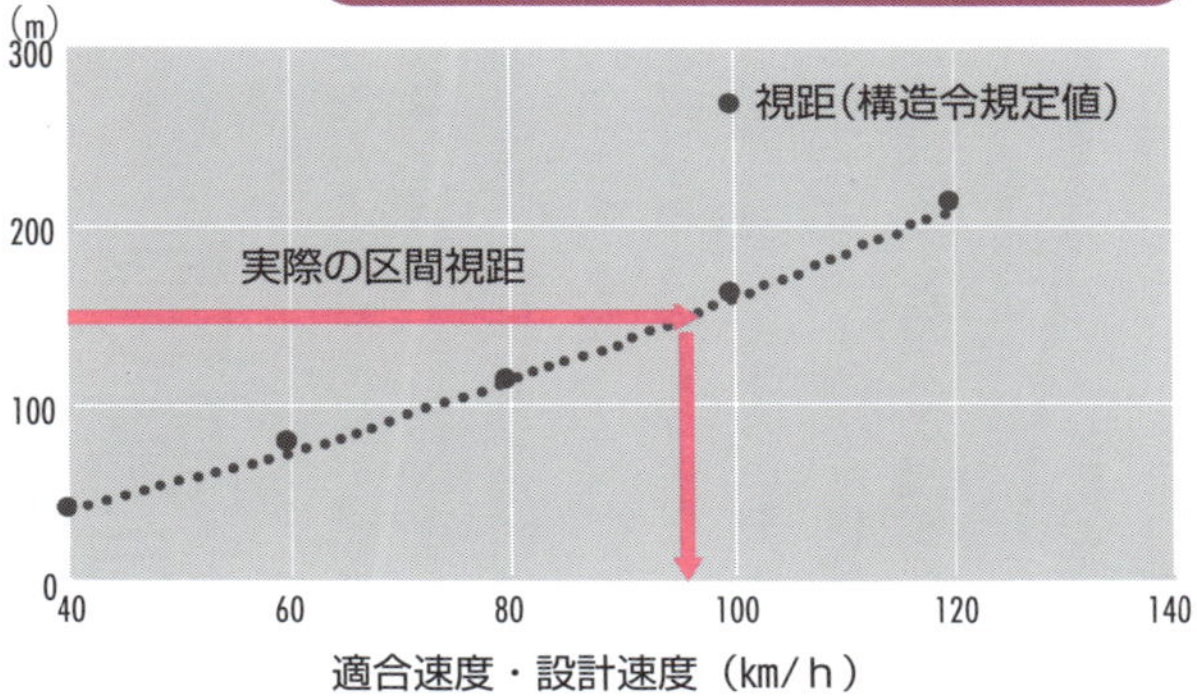

道路構造令の規定値を基に著者作成

個別構造適合速度（視距）

視距	個別構造適合速度
210m以上	120km/h
160m以上～210m未満	100km/h
110m以上～160m未満	80km/h
75m以上～110m未満	60km/h
55m以上～ 75m未満	50km/h
40m以上～ 55m未満	40km/h
30m以上～ 40m未満	30km/h
30m未満	20km/h

・出典：警察庁交通局「高速自動車国道等における最高速度の規制について」*77（平成28年8月）を基に作成

図２ 構造適応速度の設定

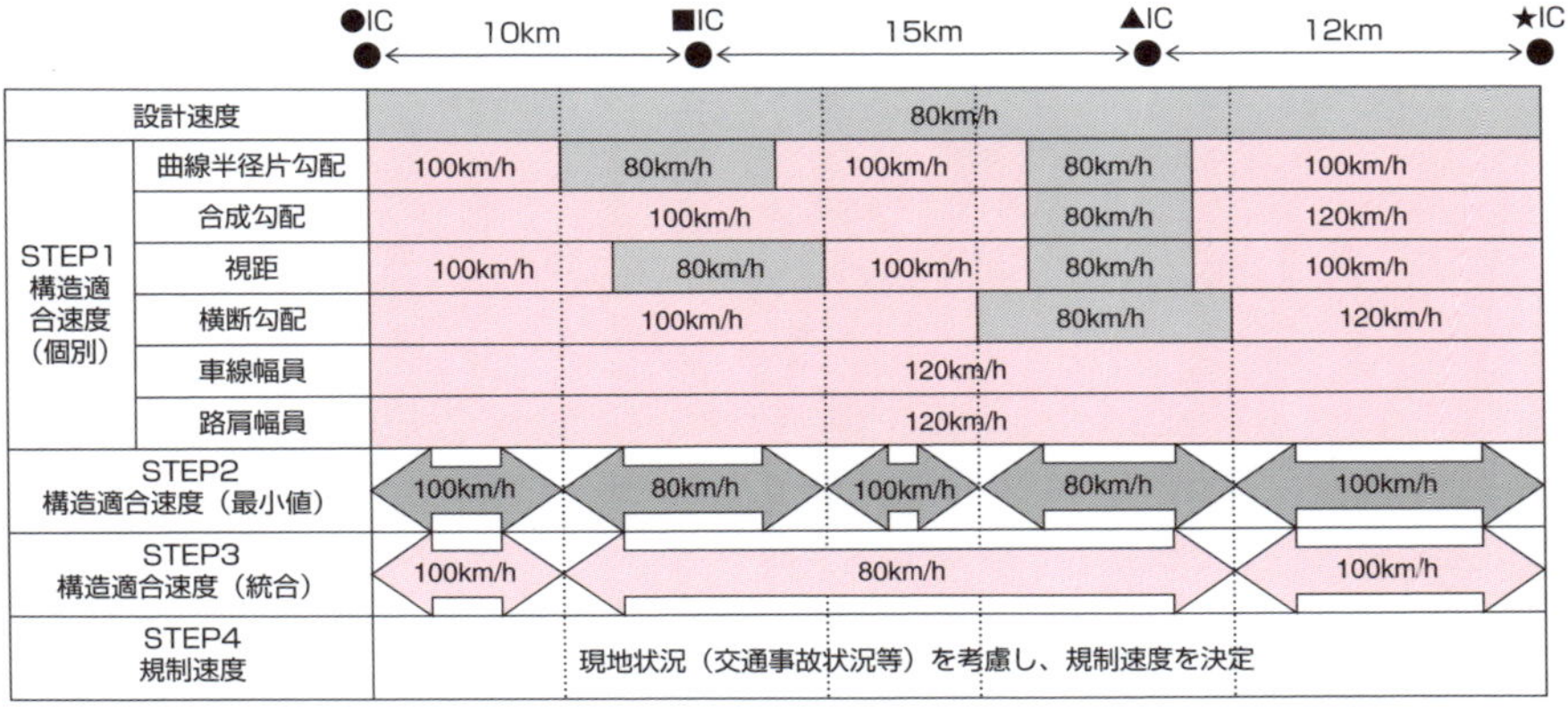

注:STEP3の「構造適合速度（統合）」はSTEP2において設定した「構造適合速度（最小値）」のうち、前後の「構造適合速度（最小値）」が低い区間（図中80km/h区間）に挟まれる、比較的延長の短い区間（図中中央100km/h）を前後区間と統合したイメージを示す。

出典：警察庁規制速度決定の在り方に関する調査研究報告書要旨*79を基に作成

32 高速道路の最高規制速度の見直し②

最高規制速度120km／hの導入

平成28年3月「高規格の高速道路における速度規制の見直しに関する調査研究委員会」において「高規格の高速道路における速度規制の見直しに関する提言」が取りまとめられました。

提言では『構造適合速度が120km／時の高規格の高速道路で、交通事故の発生状況や実勢速度等に関する一定の条件を満たす区間については、100km／時を超える速度への規制速度の引上げは可能である』とされました[*81]。

上記提言を受けて、平成29年11月1日に新東名高速道路の新静岡IC～森掛川IC区間及び同年12月1日に東北自動車道の花巻南IC～盛岡南IC区間において、規制速度を110km／hへ引き上げる試行が開始されました。1年強の試行を経て平成31年3月には新東名及び東北道において120km／hに引き上げる試行が開始されました。以上の試行を踏まえ、令和2年8月、交通規制基準が改正[*82]され、上記2区間を皮切りに、高速道路の最高速度規制120km／hが正式に導入されることになりました（図1、2）。

最高規制速度引上げの条件（交通規制基準（第35）[*82]より要約抜粋）：構造適合速度が120km／hで次の条件を全て満たす区間については、上限120km／hの範囲内で規制速度を決定する（分離4車線以上の本線車道が対象）。

①設計速度が120km／hである
②実勢速度が100km／h以上である
③死傷事故率が高くない
④一定の距離において速度規制の連続性が確保される（原則20km以上）
⑤道路や交通の状況に照らし、交通流の安全・円滑上の支障がない

要点BOX

- 平成29年からの2区間での試行を経て、令和2年に最高速度規制120km/hが正式導入
- 一定の要件を満たす区間について適用

図1 最高速度規制120km/hが導入された区間の標識

令和5年10月1日現在

○法定最高速度は変更されていません

○都道府県公安委員会が標識によって、最高速度を指定しています

○標識は、最高速度が120km/hに引き上がる車両用と、最高速度を80km/hのまま据え置く車両（大型トラック等）用の2種類が設置されています

提供：NEXCO中日本

図2 2023年8月時点で120km/h規制が適用されている区間

東北道

岩槻 IC ～佐野藤岡 IC

花巻南 IC ～盛岡南 IC

東関道

四街道 IC ～成田 IC

新東名

御殿場 JCT ～浜松いなさ JCT

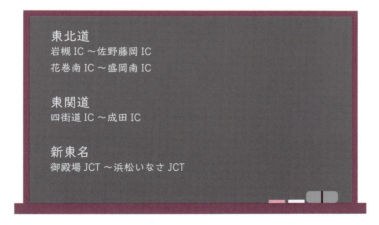

グラフと写真で見る！
設計速度と高速道路の線形

設計速度が高い程、見通し距離が大きく、緩やかな線形となるよう道路構造令では規定されています。

（野村浩執筆）

設計速度～線形要素構造令規定値

①設計速度～視距(m)

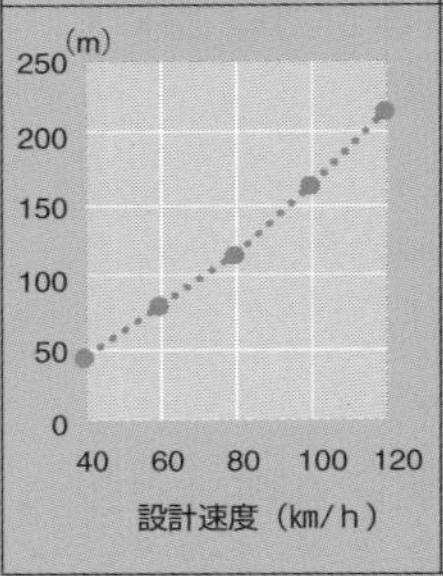

②設計速度～最小曲線半径(m)

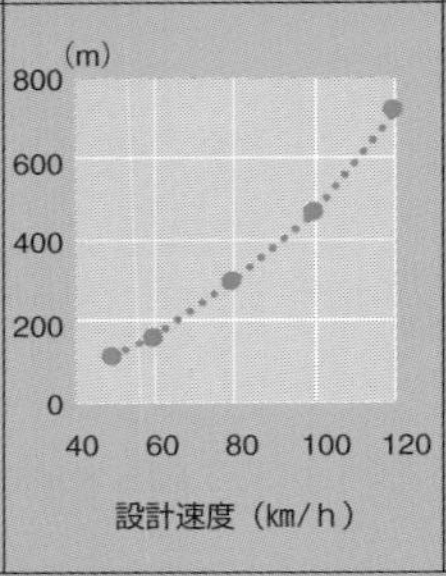

③設計速度～最急縦断勾配(%)

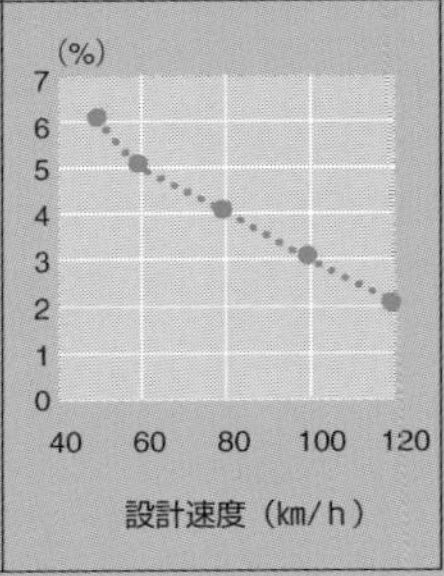

設計速度と道路の構造

新東名　浜松SA付近	東北道　羽生PA付近	道央道　旭川～鷹栖IC付近
第1種第1級　設計速度120km/h（140km/h対応区間）	第1種第1級　設計速度120km/h	第1種第2級　設計速度100km/h

提供:NEXCO中日本	提供:NEXCO東日本	提供:NEXCO東日本

東名　大井松田～御殿場	東京外環　川口東～草加	首都高速都心環状線　谷町JCT周辺
第1種第3級　設計速度80km/h	第2種第1級　設計速度80km/h	第2種第2級　設計速度40～60km/h

提供:NEXCO中日本	提供:NEXCO東日本	提供:首都高速道路株式会社

第5章

道路関係四公団の民営化

33 道路関係四公団の民営化

経緯と目的、そして概要

道路関係四公団（日本道路公団、首都高速道路公団、阪神高速道路公団、本州四国連絡橋公団）の改革は、小泉内閣が進めていた特殊法人改革の柱として「民間にできることは、民間に」とのスローガンのもと、平成13年12月19日に閣議決定された、「特殊法人等整理合理化計画」において、民営化の方針が示されました。

道路関係四公団民営化推進委員会、政府・与党協議会等における議論を経て改革の具体的な枠組みが決定されました[*83]。

○民営化が必要とされた3つの理由

①返済期間が順次先送りされる等、不採算路線の建設に歯止めがかからなかった

②一方的な命令の仕組みの下で、高コスト体質であった

③ファミリー企業との関係が不明朗・不透明であった（小泉総理大臣国会答弁）[*84]

○民営化の目的[*85]

①約40兆円に上る有利子債務を確実に返済

②真に必要な道路を、会社の自主性を尊重しつつ早期にできるだけ少ない国民負担で建設

③民間ノウハウ発揮により、多様で弾力的な料金設定や多様なサービスを提供

○民営化の概要[*87]

平成17年10月1日、新たに6つの高速道路株式会社と独立行政法人日本高速道路保有・債務返済機構（以下機構）が設立され、道路関係四公団は廃止されました。

これにより、道路関係四公団が行っていた業務は、会社と機構にそれぞれ承継されることとなりました（**図1、2**）。

要点BOX

- ●小泉純一郎政権時代の構造改革
- ●債務の確実な返済、多様なサービスの提供に向け民間ノウハウに期待

図1 民営化の概要

日本道路公団

首都高速道路公団

阪神高速道路公団

本州四国連絡橋公団

【会社】高速道路の建設・更新、管理、料金徴収

（※経営安定化時西日本会社と合併）

東日本高速道路株式会社

中日本高速道路株式会社

西日本高速道路株式会社

首都高速道路株式会社

阪神高速道路株式会社

本州四国連絡高速道路株式会社

【機構】高速道路の保有・債務償還

独立行政法人　日本高速道路保有・債務返済機構

出典：『高速道路機構ファクトブック2023』（日本高速道路保有・債務返済機構）*87

図2 高速道路会社の事業エリア（イメージ）

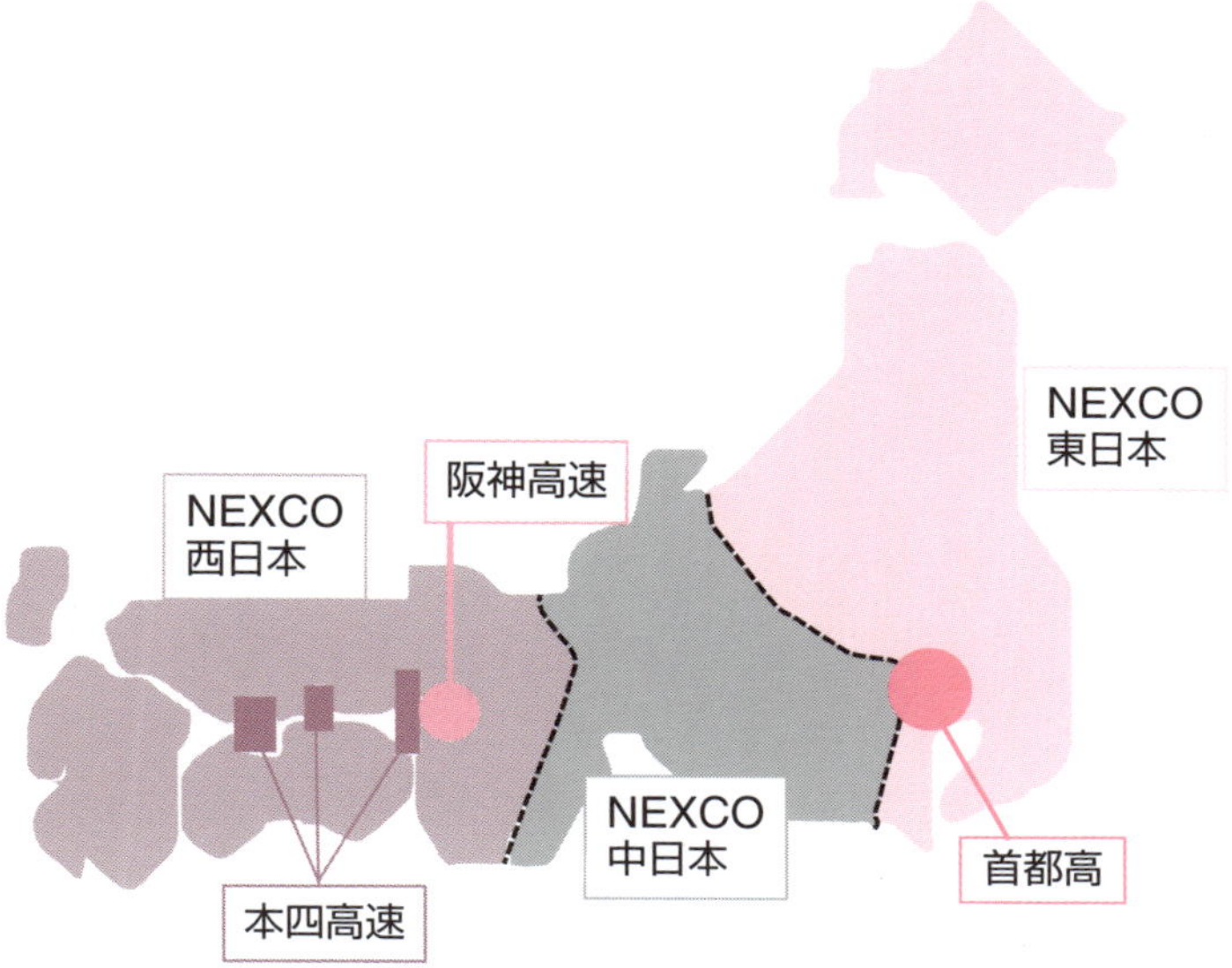

出典：独立行政法人日本高速道路保有・債務返済機構の資料を基に作成

34 民営化の基本的枠組みのポイント

平成15年12月 政府与党申し合わせ

(i)**民営化の目的**（前項に記載）

(ii)**会社**

①道路関係四公団の業務を引き継ぐ複数の会社を、特殊会社として設立する。会社は有料道路事業として、道路の建設・管理・料金徴収を行う

②会社間の競争性を高め、コスト意識の向上や地域の実情に即したサービスの充実を図るため、道路公団を承継する会社は地域ごとに3社に分割して設立する

③会社は、将来株式の上場を目指すものとし、その時期・方法等については、民営化後の経営状況等を見極めた上で判断する

(iii)**機構**

①高速道路等に係る債務の早期かつ確実な返済を行うため、機構を、独立行政法人として設立する。機構は民営化から45年後に解散する

②機構は民営化から45年後には、債務を確実に完済し、その時点で高速道路等を道路管理者に移管し、無料開放する

(iv)**料金の性格**

①高速道路等は、国民共有の財産であり、料金の設定に当たっては、会社の利潤を含めないものとする。注：この料金の性格に対しては、「利益が出ないような民間会社はありえない[*97]」等、様々な意見がありました

(v)**新規建設における会社の自主性の尊重**

①従来の高速国道に関する、施行命令、首都高速・阪神高速に関する基本計画指示という、国からの一方的命令の枠組みは廃止する。新たな高速道路等の建設については会社の自主的な経営判断に基づく申請によることとし、国土交通大臣がその許可を与える際の要件は、予め法律に定める。

図1、**2**に民営化の基本的枠組みを踏まえた事業実施スキームとそのポイントを示します[*85、87]。

要点BOX

- 料金に会社の利潤を含めない
- 機構は民営化から45年後に解散する
- 建設については会社の経営判断

図1 会社と機構による高速道路事業の実施スキーム

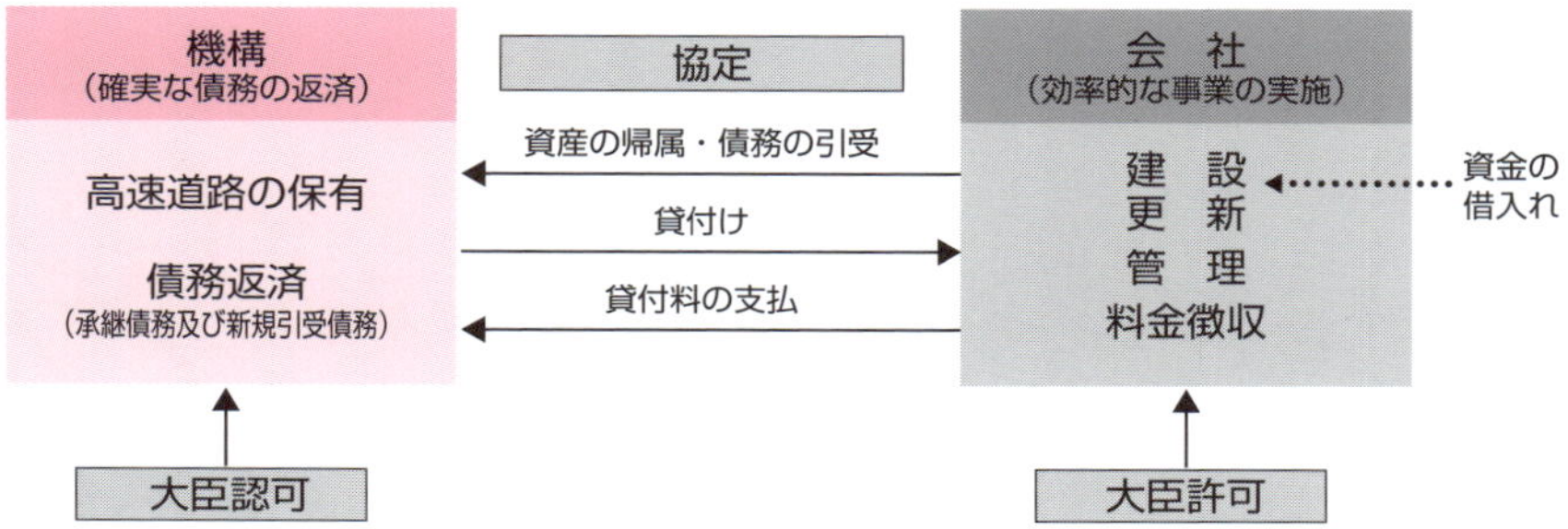

出典：『高速道路機構ファクトブック2023』（日本高速道路保有・債務返済機構）*87

図2 事業実施スキームのポイント

1）会社は**機構と協定を締結**し、協定に基づき、機構から高速道路を借り受け、料金収入から貸付料を支払う

【協定締結の単位】

○全国路線網（p.2-3 高速道路のカテゴリー分類①都市間高速道路に相当）

○地域路線網（同②都市高速道路に相当）

○一の路線（同③バイパス型高速道路に相当）

2）機構は会社からの**貸付料により長期債務を返済**する

3）**新規路線の建設**については、**会社が主体的に判断**し、民間等から資金を借り入れて、建設し、完成後、資産と債務を 機構に引き継ぐ⇒「施行命令方式」から会社の主体的判断による「協定と申請・許可」方式へ転換

4）**料金の徴収期間**は、**民営化後４５年※以内**とする

⇒償還期限が移動する仕組みを断ち切り、期限を法定し、延長するためには法改正が必要な仕組みとした

5）**料金には会社の利潤を含めない**

⇒貸付料＝{計画料金収入―計画管理費}

※令和5年5月31日の法改正により、令和97年9月30日まで延長される（48項に詳述）

35 リスク分担とインセンティブ

リスク負担の明確化

事業実施スキームにおいて、高速道路等は国民共有の財産であり「料金には会社の利潤を含めない」とされたため、①「会社経営が交通量変動に対して脆弱で、経営が不安定になりやすく、事業スキームそのものが破綻する懸念がある」、②「経営の効率化等の誘因が働きにくい」といった問題・矛盾が事業スキームに内包されることとなり、機構と会社の協定において、2つの仕組みが導入されています。

①変動貸付料制度（1％ルール、図1）[*87]

年度毎の貸付料の額は、機構と会社の協定において、「貸付料＝計画料金収入−計画管理費」となるように定められていますが、会社経営の不安定化を回避し、償還確実性を向上させるため、『各年度の計画収入を基準にして1％[注]を上回る実績収入があった場合には、その超過相当額分を貸付料の増額として機構が会社から受け取り、反対に下回った場合は、貸付料を減額する』変動貸付料制度（1％ルール）が採用されています。料金収入の変動に対する会社のリスク負担は最大で、計画料金収入の1％となります。

また、開通の前倒し等会社の努力で収入が増えた場合は、計画料金収入の1％を超えない範囲で、会社の利益となります。注：一の路線（バイパス型の高速道路）については、個別道路毎に、率が設定されています。

②インセンティブ助成制度（図2）[*86]

高速道路会社に対して、コスト縮減や新技術開発を積極的に促すために、『新設・改築・修繕工事の費用が、助成対象基準額を下回った額のうち、会社の経営努力による削減と認められる部分の1／2』を機構が助成する、インセンティブ助成制度が採用されています。費用が協定で定めた債務引受限度額を上回った場合は、上回った額が会社のリスク負担となります。

要点BOX

- ●変動貸付料制度でリスク分担
- ●助成制度により会社のコスト縮減へのインセンティブを確保

図１ 変動貸付料制度の概要

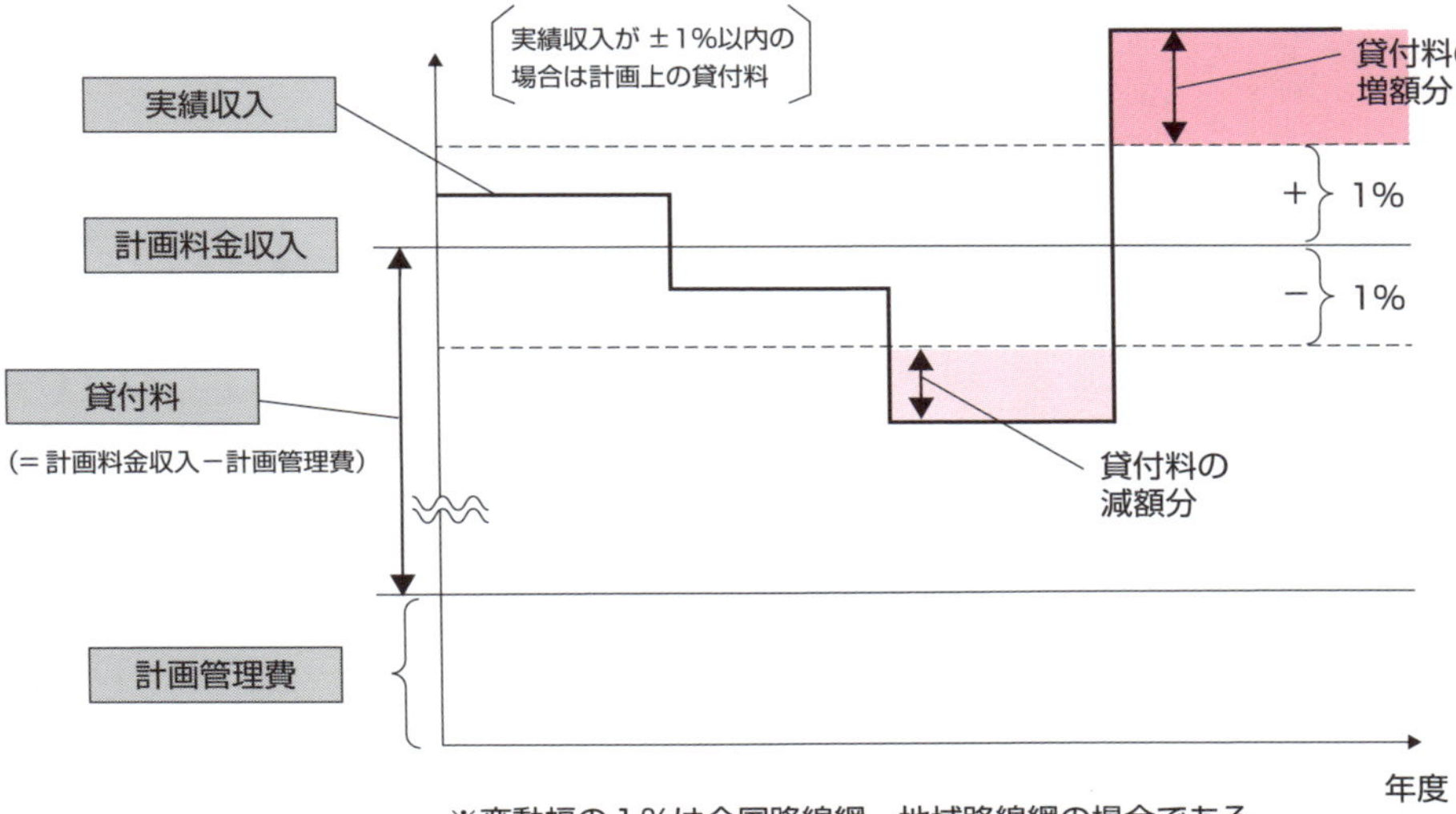

※変動幅の１%は全国路線網、地域路線網の場合である。
※線の幅等は実際の数字の規模を表すものではない。

出典：『高速道路機構ファクトブック2023』（日本高速道路保有・債務返済機構）*87

図２ インセンティブ助成制度の概要

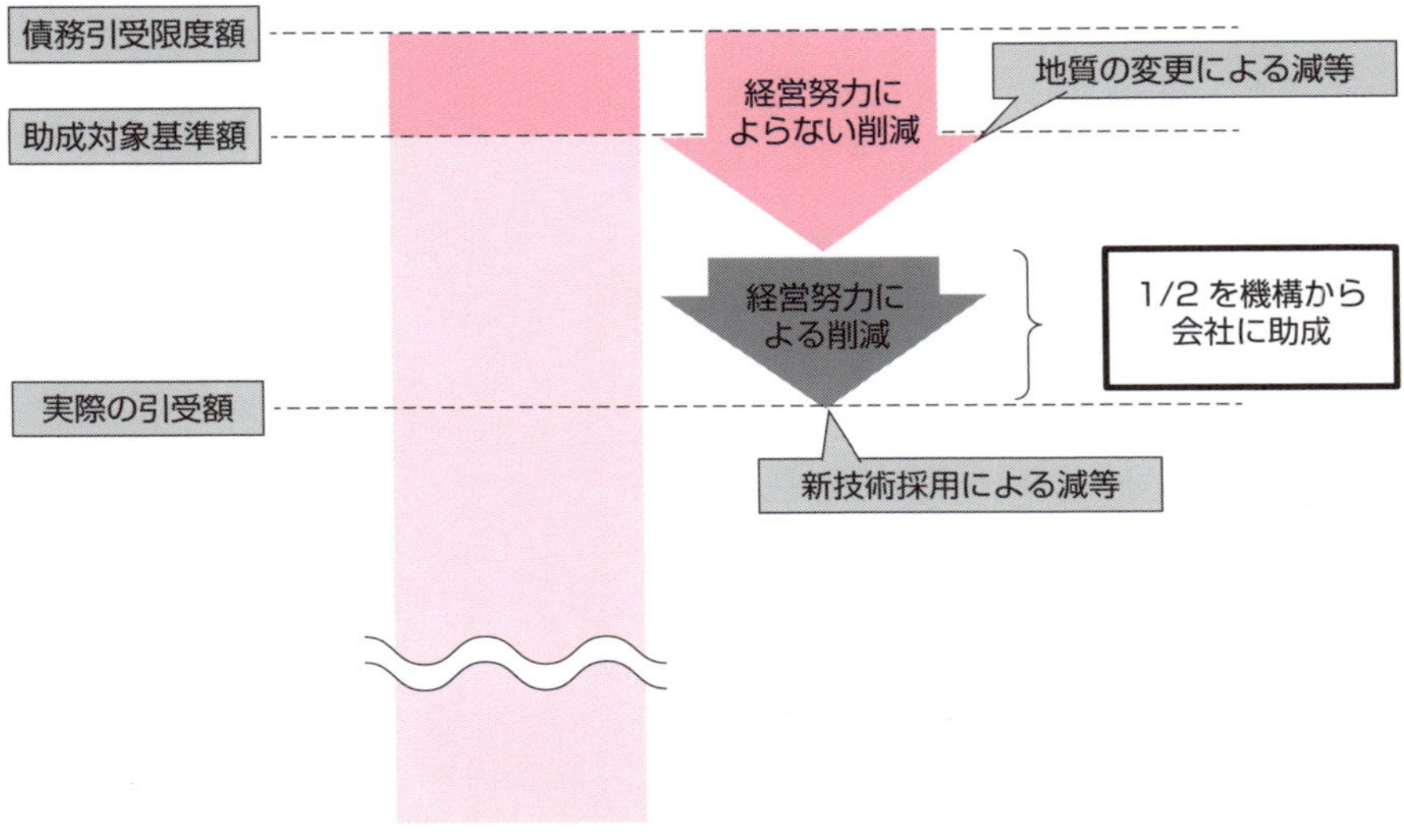

※債務引受限度額を超過した部分⇒会社のリスク負担

出典：国土交通省HP*86

36 高速道路料金と固定資産税の課税問題

固定資産税非課税の経緯

通常、固定資産を保有し、それを有償貸付けする場合には固定資産税の課税対象となりますが、機構が保有する高速道路資産に係る固定資産税は一定期間非課税とされています。これは『平成17年10月の道路関係四公団の民営化時、高速道路株式会社及び機構が事業の用に供する不動産の取得及び固定資産については、有料道路は無料開放されること及び料金に利潤を含めないこと等から、非課税措置を講ずることとされたもの』です[*98]。

現状の制度では高速道路料金に利潤を含めた場合、高速道路資産が固定資産税の課税対象になるものと思われます。その場合、税額の規模はどの程度になるのか、機構のデータを用いて概略試算してみます（表１、２）。令和４年度において機構が保有する高速道路総資産の内有形固定資産分は40兆８０００億円、これに固定資産税の標準税率１・４％を乗じると固定資産税額は約５７００億円と試算されます。これは、令和４年度における高速道路会社６社の料金収入総額２兆６９００億円の21％に相当し、高速道路資産が固定資産税の課税対象となり、その全額が会社負担となれば、計算上は、約2割、高速道路料金を値上げせざるを得ないことになります。『高速道路料金に会社の利潤を含めない』仕組みについて、民営化当時の日本経団連の奥田碩会長が、記者団の質問に対し「利益が出ないような民間会社はありえない[*97]」と述べる等、大きな議論になりました。そうした状況において、『高速道路料金に会社の利潤を含めない』仕組みとなったことは、前述した政府与党申し合わせで示された『高速道路等は、国民共有の財産である』という高速道路の性格に加えて、この固定資産税の問題もまた、大きな要因の１つとなっており、今後の検討課題と考えられます。

要点BOX

●会社の利潤を含めないことから、高速道路資産にかかる固定資産税は一定期間非課税措置

表1 機構のセグメント情報（高速道路勘定・貸借対照表）（試算値）（概要）

単位：億円（消費税抜き）

	全国路線網	地域路線網		一の路線	貸借対照表計上額
		首都高速道路	阪神高速道路		
総資産	332,904	56,649	28,675	26	418,257
総負債	202,673	41,424	26,476	1	270,576
純資産	130,230	15,224	2,199	25	147,680

注1：端数処理の関係上、計が合わないことがあります　（令和4年度末）
注2：一の路線には、債務返済を終えた一の路線にかかる勘定残高も含まれます
※総資産の内有形固定資産額＝408,047億円

表2 令和4年度の会社別営業収支差

単位：億円（消費税抜き）

	料金収入 A	管理費 B	営業収支差 A-B
東日本高速道路（株）	7,918	2,403	5,515
中日本高速道路（株）	6,555	1,849	4,706
西日本高速道路（株）	7,286	2,176	5,110
本州四国連絡高速道路（株）	632	197	435
首都高速道路（株）	2,707	861	1,847
阪神高速道路（株）	1,769	453	1,316
計	26,866	7,939	18,928

注1：料金収入と管理費は会社の損益計算書上の値と異なる場合があります
注2：端数処理の関係上、計が合わないことがあります

表3 機構のセグメント情報（高速道路勘定・損益計算書）（試算値）（概要）

単位：億円（消費税抜き）

	全国路線網	地域路線網		一の路線	損益計算書計上額
		首都高速道路	阪神高速道路		
経常損益	4,857	△55	183	0	4,984
臨時損益	△1	223	112	—	334
当期利益	4,855	167	295	0	5,319

注：端数処理の関係上、計が合わないことがあります

出典：表1～3はいずれも『高速道路機構ファクトブック2023』（日本高速道路保有・債務返済機構）*87

37 整備重視から利用重視の料金への転換

社会資本整備審議会の提言

社会資本整備審議会「国土幹線道路部会」は現行の高速道路料金制度の抱える課題を整理し、あるべき高速道路料金について提言。

一.『現行の料金制度には、建設の経緯の違い等から料金水準が区間により異なり、高速道路が有効に活用されていない等多くの課題。高速道路の料金設定の考え方をこれまでの「整備重視の料金」から「利用重視の料金」に転換するとともに、シンプルで合理的な料金体系とすることが肝要』(平成25年6月)[*88]

二.『これまでに整備され、既に利用されている道路の機能が十分に発揮されていないこともあり、社会的損失が生じている。～略～道路ネットワーク全体としてその機能を時間的・空間的に最大限に発揮させる「賢く使う取組」が重要』(平成27年7月)[*89]

上記提言を受け「ETC利用を対象とした高速道路の料金体系・料金水準の整理・統一」の試みが、以下の①②を基本方針として段階的に進められています。図に令和4年4月1日時点における、ETC利用を対象とした、基礎的な料金体系を示します。

①新たな高速道路料金(平成26年4月適用)[*90]

対距離料金制を基本に、料金低減への努力を図りつつ、3つの料金水準「普通区間」・「大都市近郊区間」・「海峡部等特別区間」に整理。結果として、割高な料金が設定されていた、関越トンネル・本四高速(海峡部)、アクアライン等の料金が引き下げられました。

②首都圏の新たな高速道路料金(平成28年4月適用)[*91]

公平性の観点から対距離料金制度を基本に、料金水準を現行の高速自動車国道の大都市近郊区間の水準に、車種区分を5車種区分に統一(※対象は圏央道の内側)。起終点を基本とした継ぎ目のない料金の実現、「発着地が同じならば経路によらず同一料金」。同様の考え方で中京圏・近畿圏の料金体系も見直されてきています[*92、93]。

要点BOX

- ●高速道路料金は3つの料金水準に整理
- ●「発着地が同じならば同一料金」の導入

ETC利用を対象とした基礎的な料金体系（令和４年４月１日現在）

対距離料金制度：｛(普通車利用１㎞当たり料金)×車種間料金比率×利用距離Ｌ(㎞)+150円(利用１回当たり料金　注：ターミナルチャージ)｝×（1+消費税率） 注：一般有料道路は加算しない		
５車種区分（車種間料金比率）：軽自動車（0.8）、普通車（1.0）、中型車（1.2）、大型車（1.65）、特大車（2.75）		
A. 普通区間（地方部）	B. 大都市近郊区間	C. 海峡部等特別区間
普通車 24.6 円 / ㎞	普通車 29.52 円 / ㎞	普通車 108.1 円 / ㎞
○高速国道（B,C 以外の区間） ○本四高速道路（陸上部） ○一般有料道路（代表道路） 広島岩国道路	○高速国道 首都圏（館山道を除く、圏央道の内側の区） 中京圏（伊勢湾岸道を除く、東海環状の内側の区） 近畿圏：名神（大津～西宮）、中国道（吹田～西宮北）、近畿道、阪和道（松原～岸和田和泉）、西名阪道 ○都市高速道路 首都高速、阪神高速、名古屋都市高速 ○一般有料道路（代表道路） 圏央道、京葉道路、第三京浜道路、東海環状道路、第二京阪道路 ※一般有料道路は煩雑を避けるため、代表道路のみ記載しています。 ※また道路によっては激変緩和措置が取られている場合がありますので、個別道路については各高速道路会社の HP で確認してください。	○本四高速 ○東京湾アクアライン ○伊勢湾岸道路

著者作成

注）上記Ａ～Ｃに含まれていない一般有料道路（一の路線など）は、個別道路毎の採算を加味した料金が個別に設定されています。

ETC利用を前提とした料金水準の整理統一3つの料金水準の導入（平成26年4月）*90

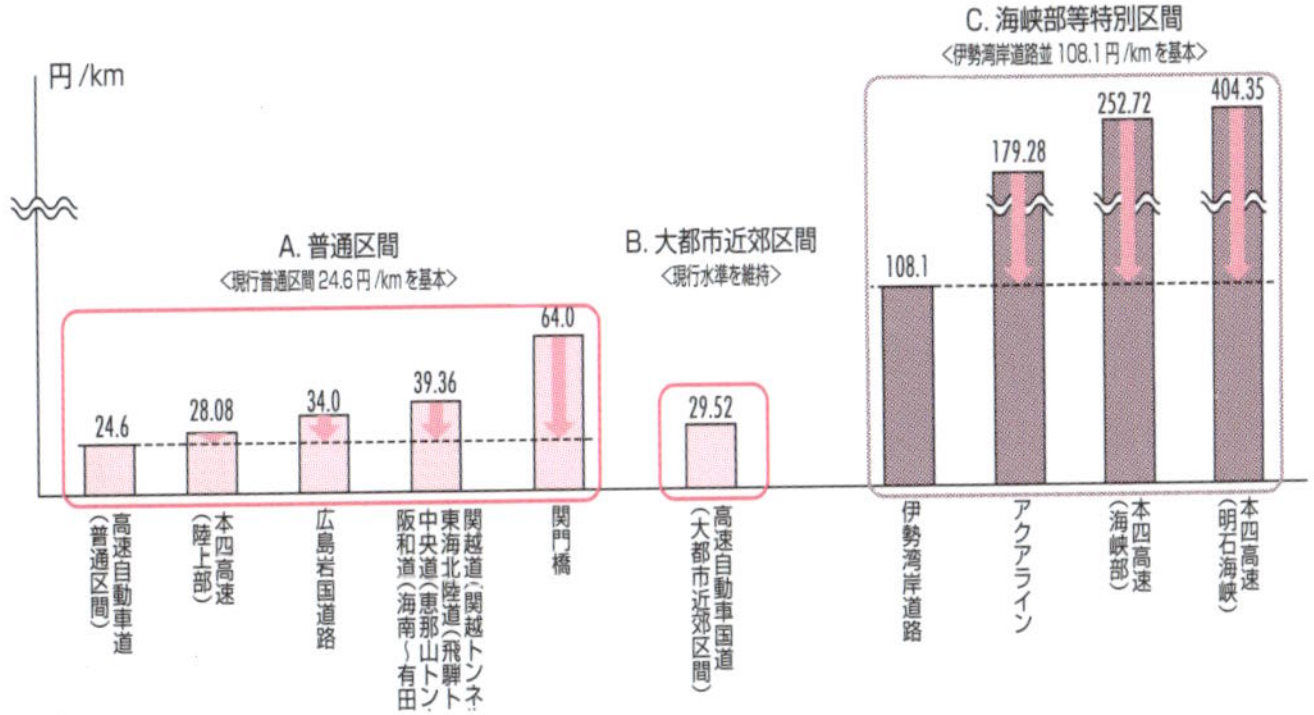

大都市圏における、同一発着同一料金の導入（平成28年4月）*91

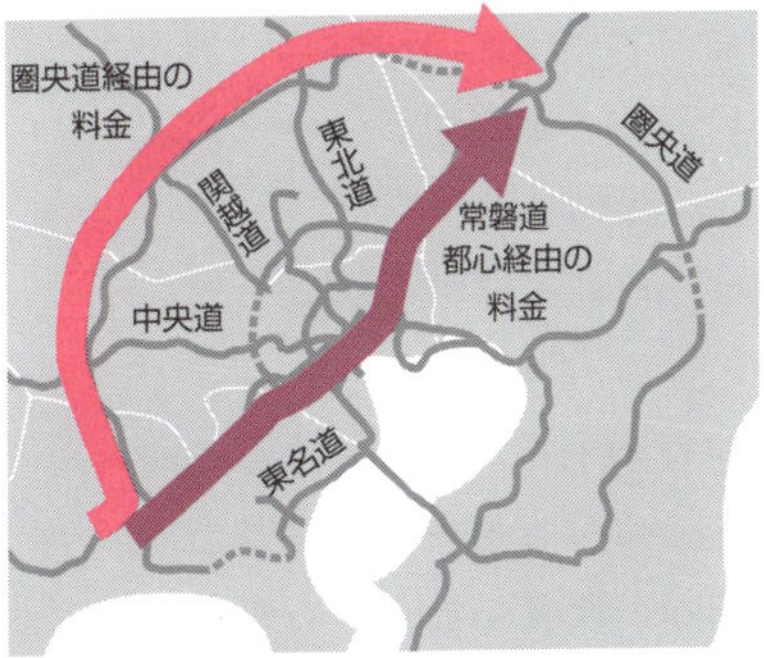

首都圏料金の賢い3原則～賢く使うための合理的な料金体系～
<国土幹線道路部会中間答申H27.7>
①利用度合いに応じた公平な料金体系
②管理主体を超えたシンプルでシームレスな料金体系
③交通流動最適化のための戦略的な料金体系

圏央道経由の料金＞都心部経由の料金⇒圏央道経由の料金引き下げ。ただし、都心部経由の料金の方が高い場合、都心部経由の料金は引き下げない。

38 民営化の成果と課題

民営化後10年を振り返って

国土交通省は「高速道路機構・会社の業務点検検討会」（座長：根本敏則一橋大学大学院教授）を設置し、「民営化後10年を迎えた高速道路機構及び高速道路会社のこれまでの成果・課題や、今後必要な取組み」について業務点検を行い、その結果をとりまとめ公表しています（平成27年7月）*86。**図**に国土交通省が公表した民営化の主な成果と課題の概要を示します。

以下、高速道路に携わる者なら決して忘れてはならない笹子トンネル天井板落下事故について、公表資料から関連個所を抜粋し紹介します。

［笹子トンネル天井板落下事故の反省と緊急点検・修繕の実施等］*86

□平成24年12月に発生した笹子トンネル天井板落下事故は、道路構造物そのものが通常の供用状態下において落下し、死亡者・負傷者が生じた重大な事故であり、こうした事故は二度と発生させてはならない。

□事故後、高速道路会社では、直ちに同種構造のトンネルの緊急点検、更に類似構造物の集中点検を実施し、第三者被害防止の観点から安全性の確認を行うとともに、高速道路事業の利益剰余金も活用して緊急修繕事業を実施している。

□更には、有識者から成る事故・調査検討委員会でとりまとめられた原因究明・再発防止策を踏まえ、高速道路会社の設計や点検に関する要領や技術基準の改訂に反映し、事故の教訓について、国、地方公共団体、関係機関との情報共有に努めている。

□平成25年6月の道路法改正により、橋梁やトンネルなどの道路構造物の定期点検を全道路管理者に義務化し、5年に一度の近接目視点検による全数監視など、メンテナンスサイクルを確定し、始動している。

要点BOX

●有利子債務の返済、整備の省コスト化など様々な成果があがる

●笹子トンネルの事故から定期点検が法定化

高速道路機構・会社の業務点検 民営化後の主な成果と課題

民営化の目的

①有利子債務の確実な返済

②早期かつ極力少ない国民負担による整備

③民間のノウハウの発揮による多様なサービスの提供

主な成果

有利子債務を着実に返済

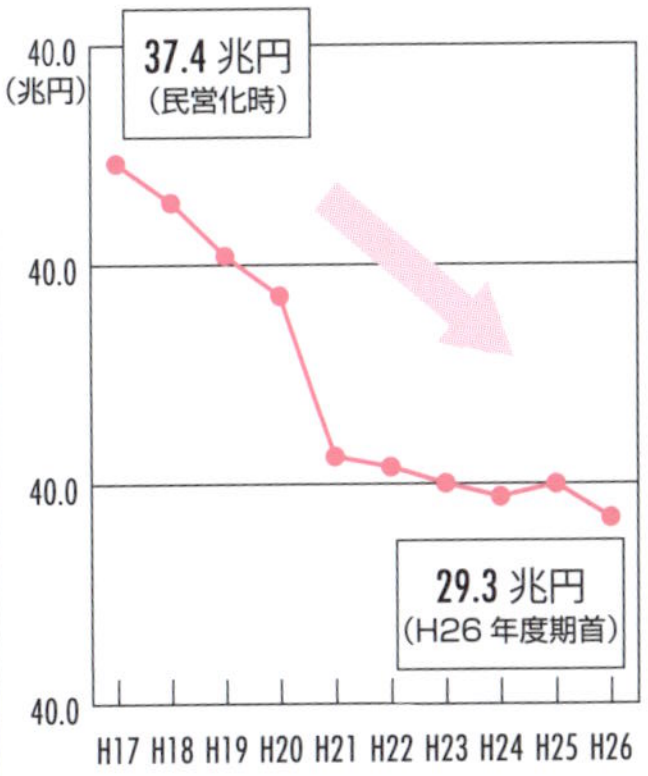

会社が機動性や柔軟性を発揮し、開通前倒しやコスト縮減を達成

【開通状況】⇨平均 4 ヶ月前倒し
- 新東名
  (御殿場 JCT～浜松いなさ JCT)
  ⇨約 12 ヶ月前倒し
- 北関東道
  (真岡 IC～桜川筑西 IC)
  ⇨約 11.5 ヶ月前倒し　等

【コスト削減】⇨約 7,400 億円縮減
- 東九州道
  (日向 IC～都農 IC)
  ⇨約 250 億円縮減
- 首都高品川線
  (大井 JCT～大橋 JCT)
  ⇨約 340 億円縮減　等

SP・PA については、店舗の多様化や施設充実等サービスが向上

【店舗の多様化】
- コンビニ
- カフェ
- フードコート　等

【施設の充実】
- 洗浄機能付トイレ
- 宿泊施設
- ドッグラン　等

【SA・PA の売上高】
- 約 4000 億円（民営化時）
  ⇨約 4900 億円（平成 26 年）

主な課題

■民営化後 10 年の間に、重大な災害（東日本大震災、大雪等）や事故（笹子トンネル天井板落下事故、高齢者の逆走事故等）が発生

安全・安心なサービスを提供するため、老朽化対策、頻発化する大規模災害や事故への対応強化が必要
▶道路法等の改正による、道路構造物の定期点検の義務化を踏まえた計画的な老朽化対策の推進、及び大規模更新事業の実施（平成 26 年度首都高～）

出典：国土交通省「高速道路機構・会社の業務点検検討会」[*86]

39 事業実施手順と新規建設路線の事業主体の決定プロセス

会社の自主性を尊重

○高速道路会社の事業実施手順

　国がルート選定を行い、都市計画を決定し、「国土開発幹線自動車道建設会議の議を経て、整備計画が決定（高速自動車国道の場合）」された後、高速道路機構と会社で『新設や改築等に係る工事の内容、工事に係る債務の引受限度額、機構が会社に貸し付ける道路資産の貸付料の額、貸付期間等を定めた』協定[*87]を締結し、協定に基づき、国土交通大臣の事業許可を受け、会社が事業に着手することになります（会社の事業実施手順の詳細は図に示します）。

○会社の自主性を尊重した新規建設路線の事業主体決定プロセス

　第４回国土開発幹線自動車道建設会議[*96]における審議を経て、整備計画が決定された東京外環（関越～東名）等４区間の事例。

①国⇒会社（照会）：新たに整備計画を策定する区間の施行（整備）に関する会社の意向について確認

②会社⇒国（回答）：新たに整備計画を策定する区間に関する施行の意向について（会社の自主的判断）

③国：４区間の整備計画決定。事業主体は国土交通大臣及び高速道路会社（具体の会社名は未定）

④国による会社ヒアリング：「建設・管理コスト、建設・管理の体制等を適切に評価する」ためのヒアリング（主な内容：施行を希望する理由、建設・管理の経験と体制、技術的課題への対応、建設・管理コストの見込みと縮減方策、会社投資可能額等）

⑤国⇒会社（通知）：有料道路事業主体の決定について

　高速道路の維持修繕の道路整備特別措置法第三条に基づき、国土交通大臣の許可を受けた会社は、当該高速道路の維持修繕及び災害復旧を工事完了の日から料金の徴収期間満了の日まで行うものとしています。

要点BOX

- ルート選定は国が行う
- 施行の意向については会社の自主的判断によるもの

高速道路会社の事業実施手順　高速自動車国道の事例

○環境影響評価 ○都市計画決定	※整備計画決定まで（着色部）は,国の作業
○国土開発幹線自動車道建設会議 ○整備計画の決定（国土交通大臣）	○整備に関する会社の主体的判断 ○高速道路機構による、償還可能性検証
○機構・会社間の協定締結 ○事業許可申請（会社） ○事業許可（国土交通大臣）	○民営化により、従前の「施行命令方式」から会社の主体的判断による「協定と申請・許可」方式へ転換
○事業説明会	○高速道路が通過する自治体及び沿線地域住民に、路線概要と今後の予定を説明
○中心杭の設置・測量・土質調査・設計	○地権者の立ち入り了解を得た上で、路線測量及び土質調査を実施。中心杭を設置 ○路線測量及び土質調査の結果を踏まえて、地元設計協議用の図面を作成
○設計協議の実施・設計・幅杭測量	○高速道路が通過する自治体や、関連する他の公共工事事業者、地元住民と設計協議を実施して、側道、付替道水路等の構造を決定 ○設計協議の結果を基に、道路設計を実施
○用地幅杭の設置・用地測量・物件調査	○地権者から立ち入り了解を得た上で、用地境界となる幅杭を設置し、用地測量・物件調査を実施
○用地交渉・用地の取得・土地売買等の契約	○補償金額の算定を行い、地権者に補償金額の説明を行う ○理解が得られた地権者と、土地売買契約・物件移転補償契約を締結
○詳細設計・工事発注・施工	○工事を発注するために必要な、詳細設計を実施 ○事業進捗に合わせて、土工工事、橋梁工事、舗装工事、施設工事を順次発注する ○施工管理（品質管理、工程管理、原価管理、安全管理）を実施し、工事の完成を目指す
○道路の開通	○国等関係機関の検査を受け、合格した後に、高速自動車国道として開通

出典：国土交通省HP[*94]、NEXCO西日本HP[*95]を参考に作成

高速道路料金の扱いと高速道路会社の上場

民営化後の高速道路会社が通行料金から利益を上げられない仕組みになっていることについては、前述したように、民営化当初から様々な議論がありました。

また、民営化の基本的枠組みでは会社は将来上場を目指すものとするとされていますが、高速道路事業については「債務完済後、高速道路等を道路管理者に移管し無料開放する」とされていて、企業、特に上場企業に求められる「ゴーイングコンサーン（継続企業の前提）」が制度上担保されていません。従って、高速道路料金に会社の利潤を含めないことと併せて考えると、基本的枠組み決定時点では、高速道路会社の事業の大宗を占める高速道路事業も含めた上場までは想定していなかったのではないかと思われます。

ここで、改めて高速道路事業の置かれた状況を整理すると、最近の低金利情勢により令和４年度決算において、機構が当期利益約５３００億円[*87]を計上する等、機構の収支は着実に改善されてきています。

他方、高速道路会社の経営環境は、①少子高齢化の進展・あらゆるインフラの同時多発的な老朽化の進展に伴う慢性的な担い手不足、②想定を上回るスピードで進む構造物の老朽化・経年劣化、大規模更新・修繕の実施、③気象の極端化と災害の激甚化、④ポストコロナ時代における社会・経済環境の変化への柔軟な対応等、急激に変化するとともに厳しさを増してきています。

こういう情勢の中で、近々高速道路会社は民営化20年を迎えようとしています。これを契機に、高速道路会社の持つ力・ノウハウを最大限に引き出し、これら「諸課題」へ適切に対応していく観点から、民営化の仕組みの根幹である①高速道路料金の扱い（会社の利益を含めるべきか否か）、②上場の形態（高速道路事業を含めるべきか否か）等のあるべき姿について、今一度、原点に立ち返り議論をしていただきたいものです。

（野村浩執筆）

第6章

建設時における新技術の導入

40 大規模機械化施工の導入

試験工事は土工技術の基本

道路の建設では、丘陵や山地部を掘削・切土し、掘削土を材料として平地部に盛土を構築します。切土と盛土を合わせて土工（土構造物）と呼びます。ネクスコ３社の管理している高速国道では延長比で74％が土構造物、15％が橋梁、11％がトンネルです（平成24年時点）[*99]。

名神高速道路以前の道路土工は人力と小型機械による施工が主体で、工法の規定があるだけで、品質の規定もされていませんでした。名神高速道路ではそれまでの道路とは異なり立体交差が採用されたため、高い盛土が連続する構造となり、土量が増加し東京ドーム約23杯分・約２８００万㎥という膨大な土量の土工工事を短期間で、しかも経済的かつ高品質に仕上げる必要があり、大型の施工機械を駆使した機械化施工を導入することになりました。当時は、建設会社も高速道路の建設に必要な施工機械を保有していない状況で、日本道路公団が施工機械を輸入して貸与する方式が採られました。高速道路の盛土は高速走行を実現するため、路面の平坦性を確保することが重要で、施工後有害な沈下が発生しないよう締固める必要があります（図１）。当時の土質工学の知見を取り入れた欧米流の厳密な品質管理が求められましたが、欧米の締固め規定の考え方をそのまま準用した場合、日本で広く分布する高含水比の粘性土は盛土の材料としては不適と判定され、大量の捨土が発生し、極めて不経済となるため、日本の地質に適応した合理的な品質管理規定の導入が不可欠でした（図２）。その際、それまでに経験がないことでしたので『試験工事（実物大の実験）の実施・検証を繰り返し、得られた結果を常に現場に適用』するという、いわば試行錯誤を重ねつつ、高速道路の施工・品質管理基準の体系化を図るという考え方が採られました[*13、17、100、101、102]。この考え方は今でも高速道路における土工技術の基本になっています。

要点BOX

- ●掘削土を盛土の材料として利用
- ●名神高速道路の建設で大規模機械化施工を導入
- ●試行錯誤で高速道路の品質管理基準を体系化

図１ 土の締固め効果・目的

土を締固めることとは、

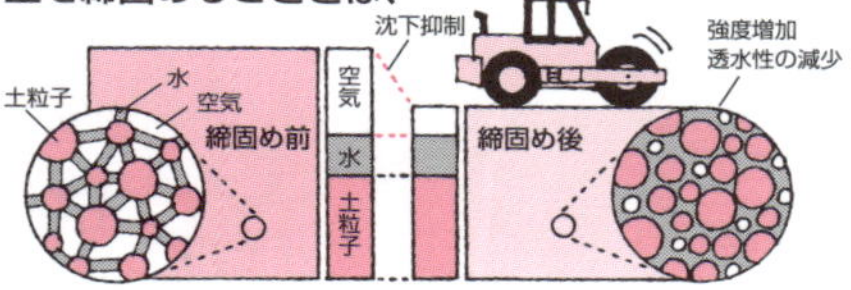

○土は個体（土粒子）、液体（水、間隙水）、空気（気体、間隙空気）の3成分で形成されています。水・空気の占める空間を間隙と呼びます

【土の状態を表す諸量】

○含水比＝（水の重量/土粒子の重量）×100（%）

○飽和度＝（水の体積/間隙全体の体積）×100（%）

○空気間隙率＝（空気の体積/全体積）×100（%）

○乾燥密度＝（土粒子重量/全体積）　(g/cm^3)

盛土の構造

舗装	
上部路床	盛土
下部路床	盛土
路体	盛土

土の成分

空気	間隙
水	間隙
土粒子	

【締固めの効果と目的】[*100、103]

締固め⇒土に圧力や振動等の力を加え間隙空気を排除し、人工的に密度を高めること

①土の空気間隙を少なくすることにより、透水性を低下させ、水の浸入による軟化・膨張を小さくして、土を最も安定した状態にする

②盛土のり面の安定、支持力等土構造物に必要な強度特性を盛土に持たせる

③完成後の盛土自体の圧縮・沈下を少なくする

※盛土の上部程、舗装を介して伝達される交通荷重が大きいので、路体→下部路床→上部路床の順に大きな強度（支持力）が求められます。

※名神高速道路では、路床には現場内で発生する土を「セレクト」（選別）した良質材（セレクト材:砂・砂質土等）を用いることとし、細粒分（粘土・シルト）を多く含む粘性土は路体に利用することとされた。

出典：『高速道路の土工技術史』（高速道路調査会）を基に作成

図２ 締固め試験における含水比〜乾燥密度

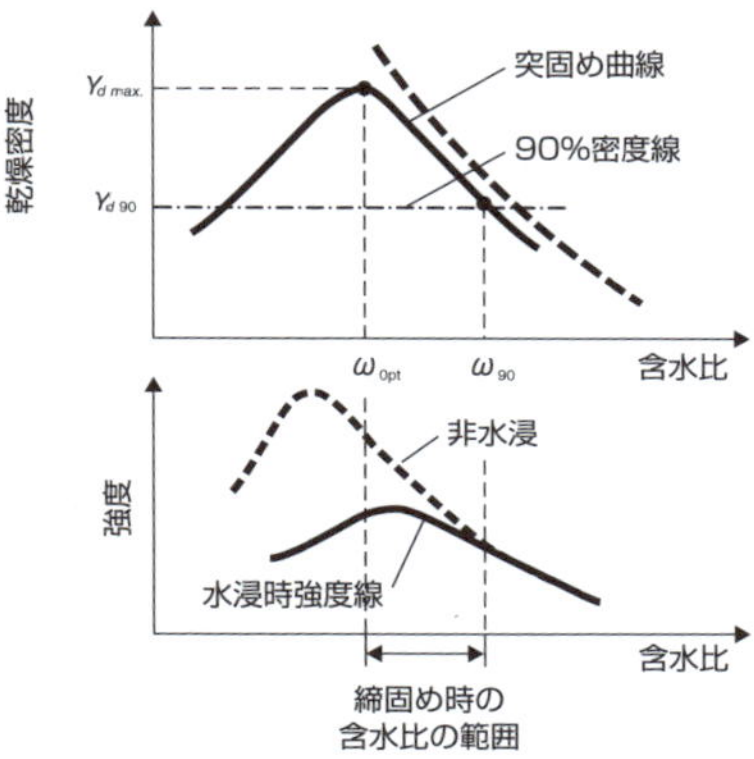

左図上は室内突固め試験における、突固め回数（締固めエネルギー）を一定にし、含水比を変化させて突固めを行い、含水比と得られる乾燥密度の関係を示したもの。最大の乾燥密度が得られる、含水比を最適含水比という。

【名神高速道路建設における締固め基準】[*17,100]

①非粘性土（粘性土以外）の締固め規定:先進国の基準をそのまま準用し、現場で締固めた土の乾燥密度の、室内突固め試験に基づく・最大乾燥密度に対する比率（締固め度と略称）が規定値（90%）以上になっていることと、施工時の含水比が、締固め試験における最適含水比と突固め曲線の90%密度に対応する湿潤側含水比との範囲内に入っていることを求めるものでした（左図下）※施工後雨水その他浸透水による強度低下を最小限にすることを考慮。

②粘性土の締固め規定:一般に、自然含水比が高く、上記規定の、含水比の範囲に入るように調整するのは困難で、捨土等により、非常な不経済が発生するため、試験工事の資料、既往の研究資料に基づく検討を重ねた結果

・粘性土については、水浸時の安定条件として、水の浸透による膨潤劣化の原因となる土の空気間隙の可及的減少を求めて、締め固めた土の飽和度が85%以上（一般に95%以下）になるように定め、路体部に用いることを可能とした。

出典：『高速道路の土工技術史』（高速道路調査会）を基に作成

41 新東名の高盛土施工

新東名高速道路静岡県区間は、現東名高速道路から約10〜15㎞山側を滑らかな線形で通過するため、土工量は現東名高速道路の約2倍の約７５００万㎥に達し、盛土量は約４９００万㎥にも及んでいます。特に、ＳＡやＩＣ等で大量の盛土が行われ、最大の盛土高は約90ｍに達しています。このため、高盛土の恒久的な安定性を確保すること、盛土の残留沈下を軽減させることが求められ、設計・施工において様々な工夫がなされています。

色々な特性を持つ盛土材を施工中や完成後の盛土に期待する安定性、供用後の沈下軽減、排水性が確保できるように盛土材料を配分するゾーニング設計を採用しています（**図1**）。また、盛土の安定性を確保する上で盛土内の浸透水への対策と速やかな排水を行うために、基礎地盤、盛土内、法面、施工中の排水処理に分類し設計しています（**図2**）。

施工においては、工期を短縮し費用を抑制するために新たな盛土技術が導入されました。例えば、土を転圧するために通常であれば20ｔ級の振動ローラーを使用するところを30ｔ級の大型施工機械を編成することにより「盛土の厚層化施工」に取組みました（**図3**）。通常一層仕上がり厚は30㎝ですが、新東名高速道路の施工に先立ち、徳島自動車道をはじめ全国16ヶ所の現場、計18材料を用いた試験施工が行われ、60㎝の仕上がり厚が可能なことを確認し、「大型締固め機械による厚層盛土の品質管理」を制定、新東名高速道路では20ヶ所の現場、計62材料で厚層盛土を実施しました。締固めにはＧＰＳを用いた転圧管理システムを確立し、まさに大規模なＩＣＴ土工の先駆けとなり、品質向上及び品質管理業務の省人・省力が実現しました。また、供用後の残留圧縮沈下対策として、クロスアーム式沈下計、地中変位計、地中水位計等を設置し、動態観測を実施しながら施工しました。

要点BOX

- 高盛土の安定性、残留沈下の軽減が必須
- 大型締固め機械による厚層盛土で工期を短縮
- 新東名はICT土工の先駆け

図1 ゾーニング設計の概念図

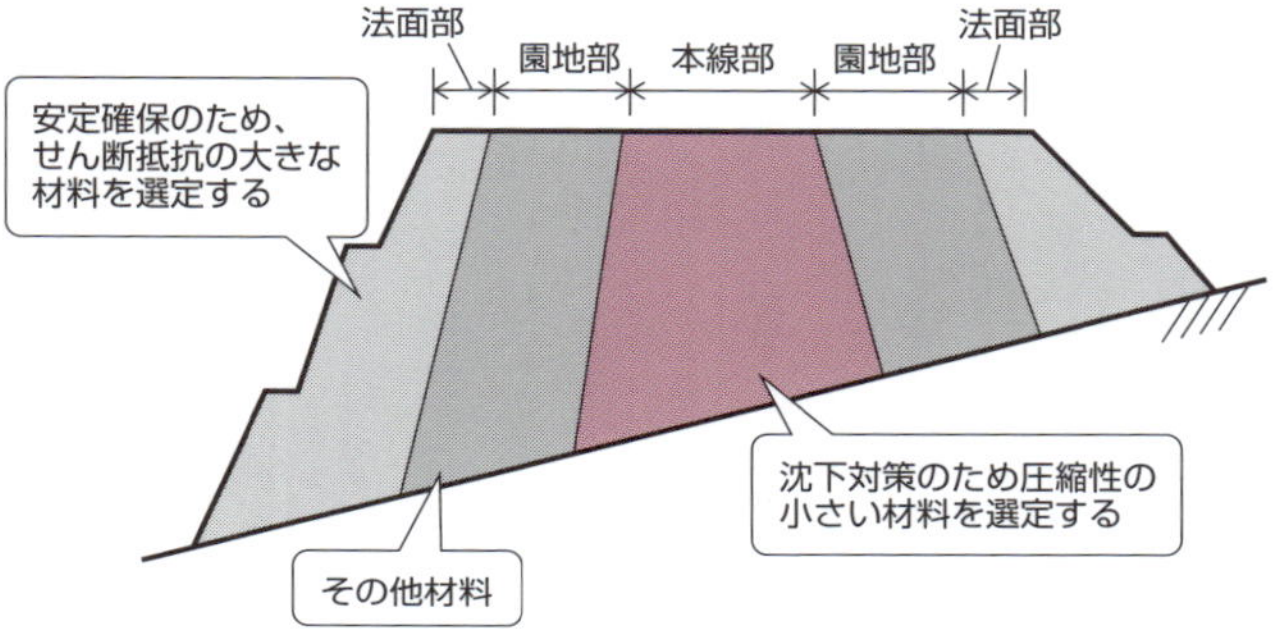

図2 高盛土の排水構造

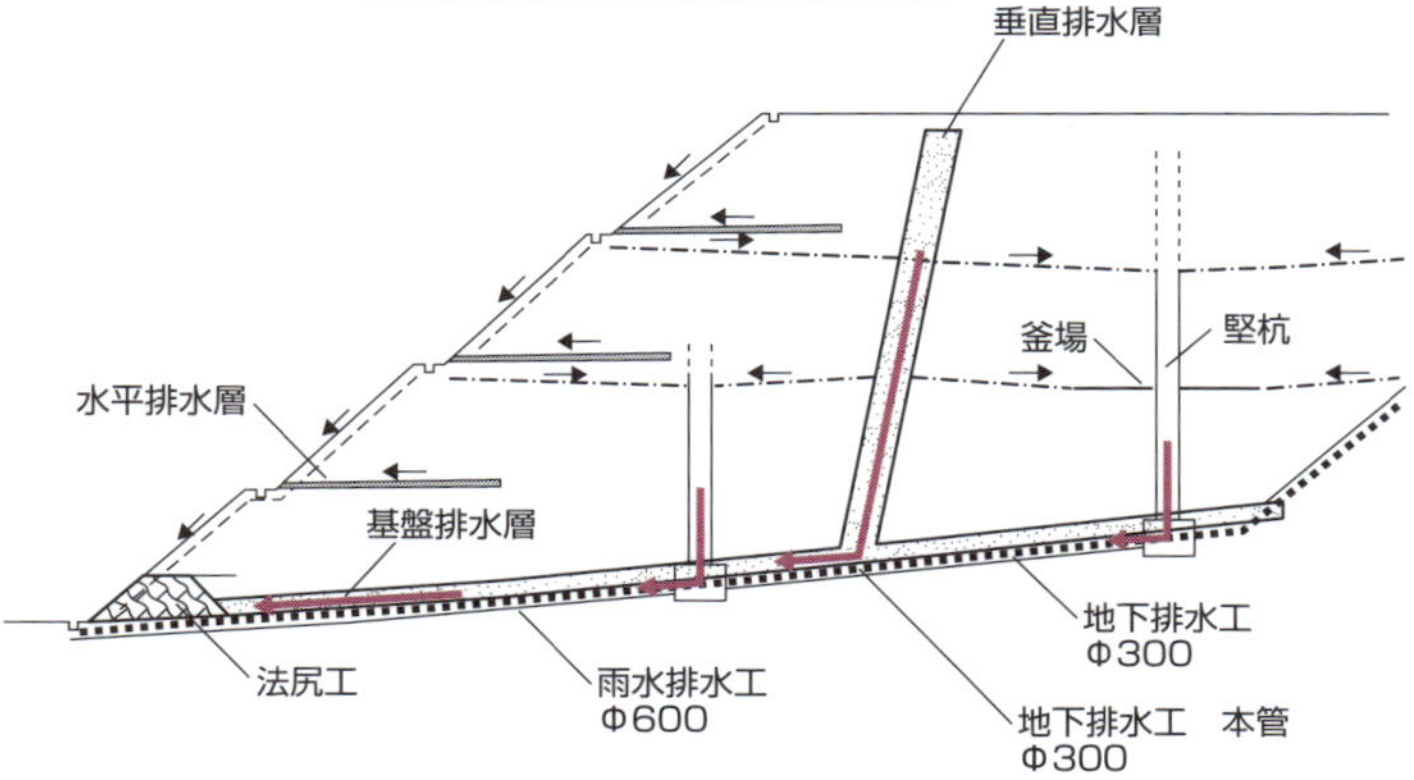

図3 厚層盛土のイメージ

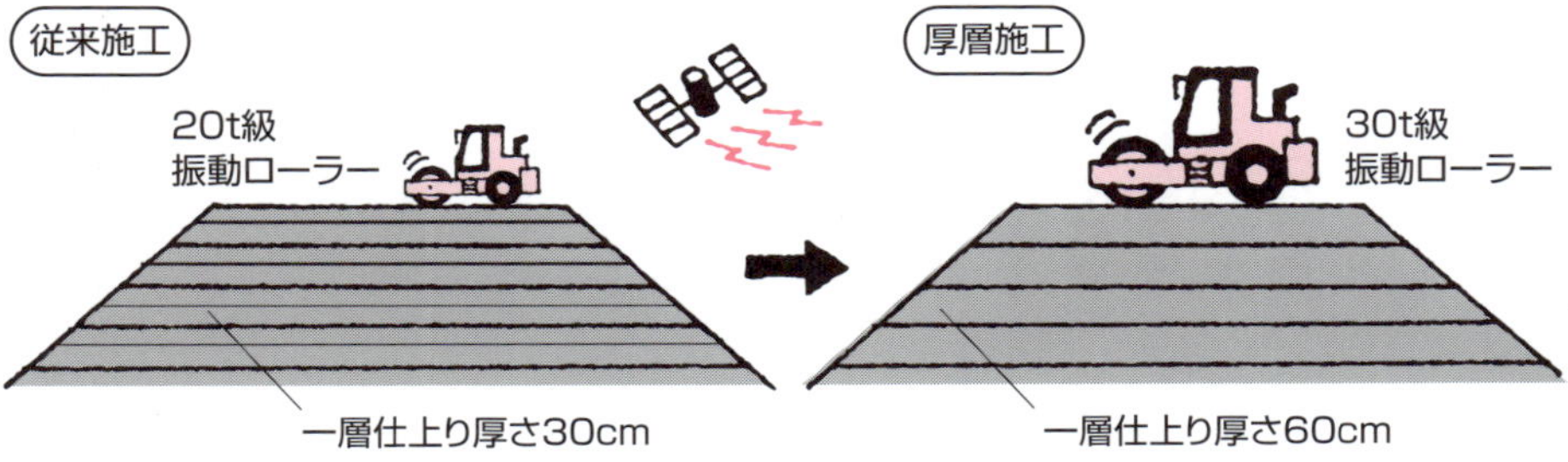

出典：図1〜3はいずれも『高速道路の土工技術史』（高速道路調査会）を基に作成

42 軟弱地盤における情報化施工の導入

地盤崩壊と長期沈下への対策

軟弱地盤は『地下水位が高く、柔らかい地盤で、盛土や構造物の安定や沈下が問題となる地盤』です。名神・東名高速道路ではあわせて総延長530㎞の内44・8㎞が軟弱地盤となっています[*100]。軟弱地盤における盛土の技術上の最も重要な課題は「①地盤破壊に対する安定問題②供用後も継続する長期沈下問題（路面の段差・不等沈下等）」です（**図1、2**）。

名神建設時は、全てが初めての経験で詳細についてわからないことが山積していたため「実際に現地で実物大の試験盛土工事をやってみて実測データを取り、それに基づいて現場に適合した設計・施工を実施する」という『試験盛土方式』が導入されました。名神の試験盛土では、**図3**のサンドドレーンにより地盤を改良する処理区間と何も対策を行わない無処理区間を設け、改良効果を比較する手法が採られました。その結果、サンドドレーンは「強度増加の効果は認められる」が「理論上は明白な沈下促進の効果が認められない」等、予測値と実測値の間に様々な乖離《かいり》が生じました。当時の技術者は困惑しながらも、「計算と実際が合わない」ことを認識し、「理論計算よりも計測された事実を優先させる」という「現実直視の姿勢」に転じ、その後の軟弱地盤の施工には「動態観測を行いながら実測データに基づいて地盤の安定等を判断する」観測施工を採用しましたが、観測結果から、定量的に盛土破壊を予測する手法が確立されていなかったため、破壊事例も少なからず発生しました。昭和50年代に入り日本でも有数の軟弱地盤を通過する、道央道（札幌～岩見沢）において試験盛土により、当時提案されていた定量的な破壊予測手法を検証・確立し「動態観測データに基づき破壊予測を行い、盛土速度をコントロールする」『情報化施工』が導入されました（**図4**）[*100、105、106、107]。情報化施工はICT技術を活用した施工システムで、ICT土工（後述）の先駆とも言えます。

要点BOX

- 名神・東名高速道路の約8%が軟弱地盤
- 理論よりも計測された事実を優先する現場直視の姿勢

図1 軟弱地盤の圧密

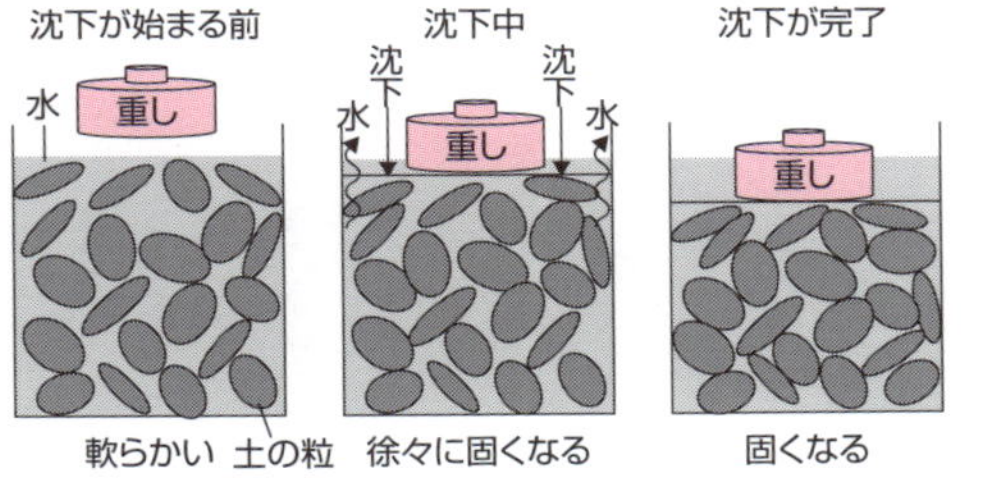

【圧密のメカニズム】

○地下水面下にある、粘性土地盤に盛土等の荷重が加わると、**土粒子と土粒子の間の水（間隙水）が徐々に絞り出されて**、体積が減少します。この現象を圧密と言います

○盛土荷重による圧密により、時間の経過とともに、「地盤の沈下」が起こります

○粘性土は、水を通しにくいので、**圧密による沈下は長期間**継続します

○排水により土の密度が高くなるので、**圧密の進行に伴い地盤の強度が増加します**

出典：関西エアポート株式会社HPの図を基に作成

図2 軟弱地盤の滑り破壊

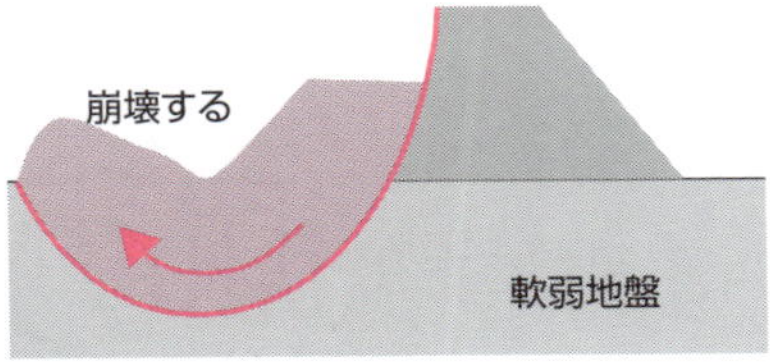

○軟弱地盤上に**急速に盛土を施工**すると盛土の重さに地盤が耐えられず、滑り破壊が発生することがあります

○破壊の兆候は、盛土の外側（側方）の変位（側方変位）として表れます

図3 サンドドレーン工法の仕組み

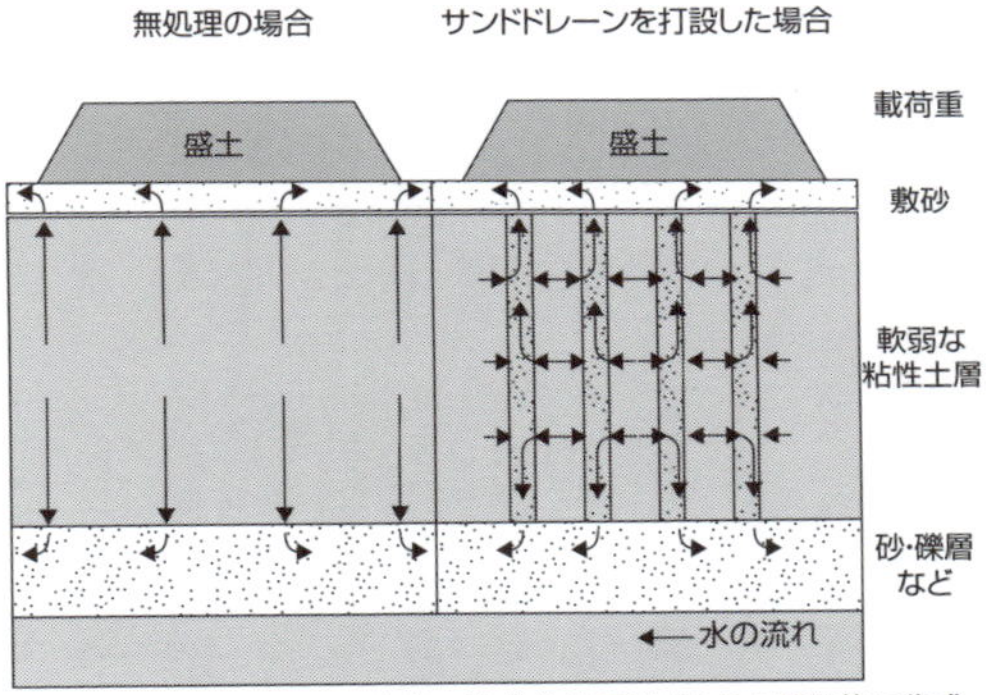

出典：株式会社不動テトラの図を基に作成

○軟弱地盤中に、鉛直に透水性の良い砂柱を打設し

○この砂柱によって、地盤中に含まれた水を、水平方向に排水させることにより、

○圧密を促進し、地盤を強化する改良工法

図4 軟弱地盤における盛土の情報化施工の考え方

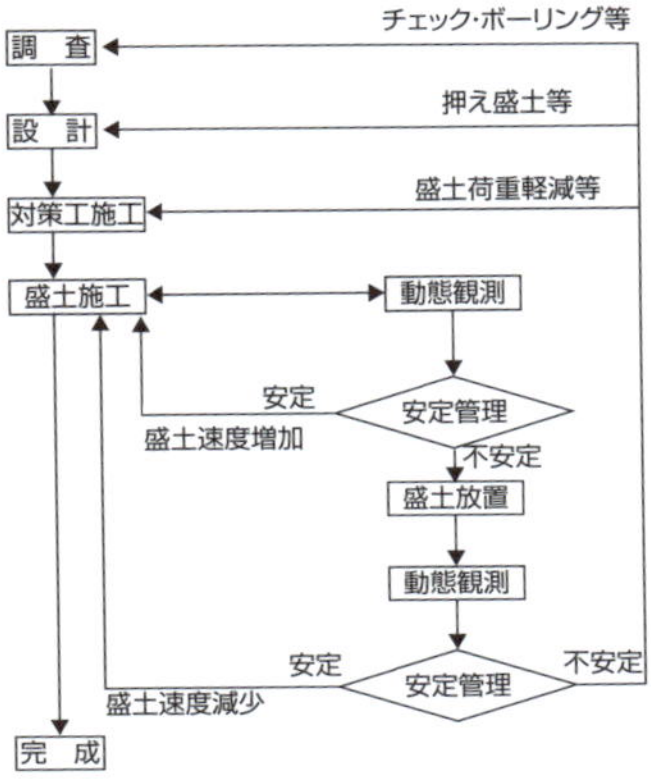

【動態観測に基づき盛土施工の速度をコントロール】

①十分安定であると判定できれば盛土速度を上げる

②不安定であると判断されれば施工を中止し、放置期間をとる。放置により地盤の圧密が進み、安定化の傾向が動態観測から確認できれば施工を再開する

③放置していても依然として不安定な状態が継続し破壊が予測される場合は、速やかに盛土荷重の軽減等の応急対策を講じ、必要に応じ追加の対策工を検討

出典：「軟弱地盤における道路盛土の情報化施工」（栗原則夫）[*106]

43 高速道路の主なトンネル掘削工法

現場に応じた適切な工法を導入

ネクスコが管理するトンネル延長は令和４年度末で１１１４㎞で、全長の約11％です。高速道路のトンネルは、山岳地を貫くもの、大都市の大深度を掘削するもの、また、海底に沈めるもの等があり、場所によって適する工法があります。

現在の標準のＮＡＴＭ(New Austrian Tunneling Method)は、１９６０年代にオーストリアで提唱されました(**図１**)。日本の高速道路では、標準化に先立ち１９８０年に、海南湯浅道路藤白トンネルで初めて試行導入されました。本トンネルは著しい膨圧に悩まされ、当初予定していた在来工法から変更しました。同時に、中央自動車道恵那山トンネルではじめて全国で試行導入され、それらの研究を積み重ねることにより、日本道路公団では１９８３年からＮＡＴＭを標準で採用しています。

その後、導水路トンネル等で使用されていた高速掘進が可能なＴＢＭ(トンネルボーリングマシーン)に着目し、１９９３年から秋田自動車道湯田第二トンネル等の試験施工を経て、ＴＢＭ導坑先進拡幅掘削工法が開発されました(**図２**)。この工法は、大断面トンネルの新東名・新名神高速道路の12のトンネルで採用され、平均月進２２０ｍ、最大月進は鈴鹿トンネルの８８５・７ｍの実績を残しています。

また、大都市部に道路構築物を施工する場合、多くの時間と費用を要するため、シールド工法が採用されています。シールド工法とは、シールドマシーンの先端のビットと呼ばれるカッターで掘削し、トンネル壁面はあらかじめ工場で製作したセグメントという壁面を組み立て、そのセグメントで反力を取りながら掘り進める工法です(**図３**)。高速道路では、東京外かく環状道路、首都高山手トンネル、新名神高速道路枚方トンネル(仮称)等大都市部で多く採用されています。

要点BOX

- ●NATMは1983年から標準で採用
- ●日本でTBM導坑先進拡幅掘削工法を開発
- ●大都市のトンネル建設にはシールド工法

図1 NATM

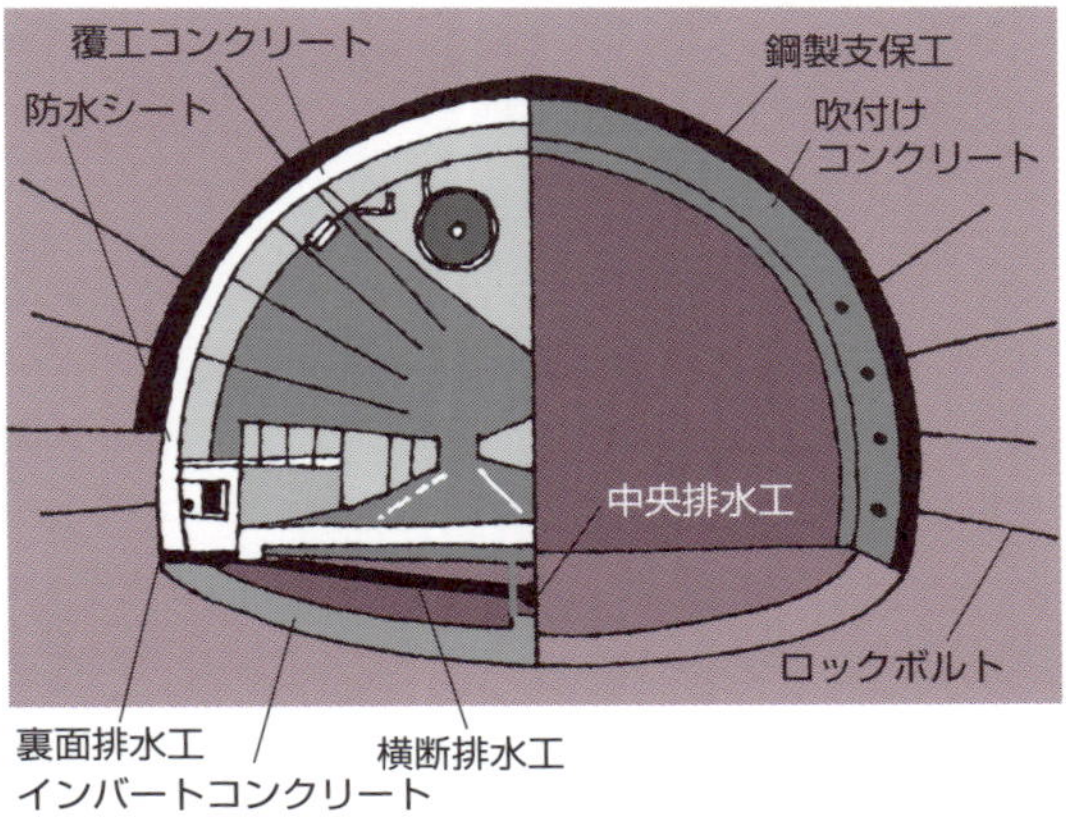

上下半掘削
↓
一次吹付けコンクリート
↓
鋼製支保工
↓
二次吹付けコンクリート
↓
ロックボルト打設
↓
防水シート取付
↓
覆工コンクリート打設
↓
完成

出典：『高速道路便覧2021』（全国高速道路建設協議会編・発行）を基に作成

図2 TBM工法

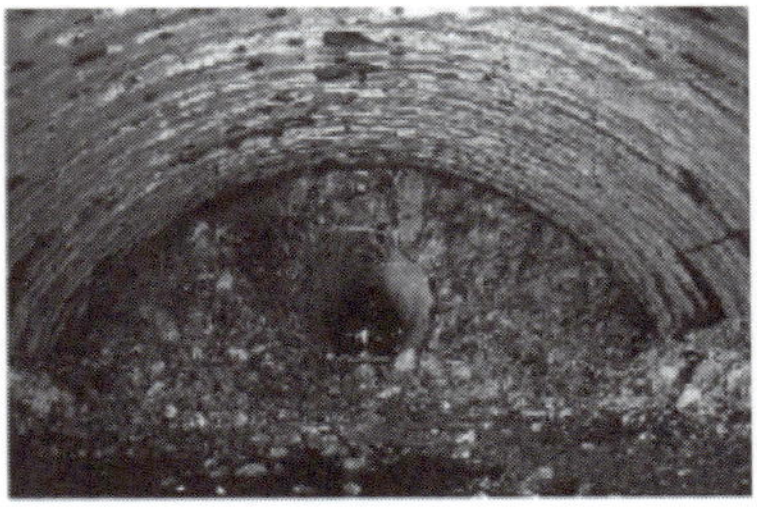

清水第三トンネルのTBM
（φ5.0m　シールドタイプ）

栗東トンネルのTBM
（φ5.0m　シールドタイプ）

出典：『高速道路のトンネル技術史』（高速道路調査会）

図3 シールド工法

出典：国土交通省HPを基に作成

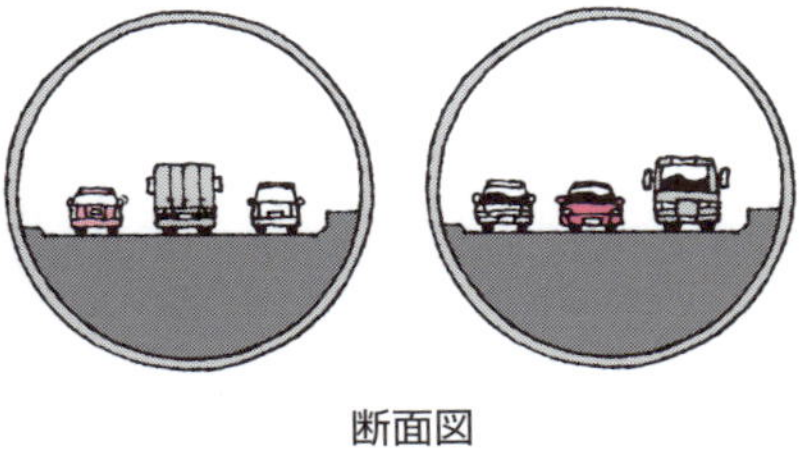

断面図

出典：よこかんみなみHPを基に作成

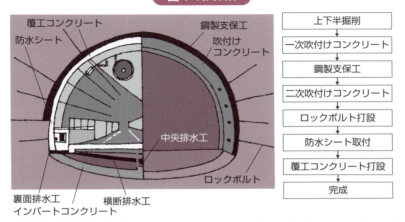

44 長大橋の変遷

吊橋を中心に

日本の長大橋は、海峡部の架橋を主体として発展してきました。先駆けになったのが、北九州工業地帯の玄関口をまたぐ日本初の本格的な吊橋である若戸大橋（支間長367m 1962年）です（**図1**）。1955年11月に建設省九州地方建設局若戸橋出張所（当時）において調査を開始し、1956年8月に、新設された日本道路公団若戸橋調査事務所に調査が引き継がれました。

日本で初めて本格的な風洞実験が実施される等、学識経験者の協力のもと研究・試験・設計・施工が組織的に進められ、純国産品を用いて施工されました。また、民間の設計会社が発達していなかったことや、将来の施工面との連絡を良くする意味もあって、直営で設計しました。

この若戸大橋で得られた技術が、その後の関門橋（支間長712m 1973年）の建設を可能にしました（**図2**）。関門橋は初めて日本の主要4島を結ぶ吊橋となり、国内で初めて本格的にプレハブストランド工法を用いて主ケーブルを架設しました。

このように蓄積された技術は、更に本州四国連絡橋へと進化していきました（**図3**）。本州と四国を結ぶ計画は、古く明治の中期よりありましたが、1954年に起きた宇高連絡船紫雲丸の事故が架橋熱に拍車をかけ、1975年に着工となりました。本州四国連絡橋においても、しまなみ海道の因島大橋（支間長770m 1983年）、大鳴門橋（支間長876m 1985年）、瀬戸大橋の南備讃瀬戸大橋（1100m 1988年）と技術が蓄積され、1998年には当時世界最長の支間長1991mを誇る明石海峡大橋の完成に至りました。

このように、吊橋の歴史は長大橋の歴史であり、その技術は高速道路とともに発展しているとも言えます（**図4**）。

要点BOX

- 日本道路公団が施工した、日本初の本格的な吊橋である若戸大橋
- 若戸大橋から本州四国連絡橋へつながる技術

図1 若戸大橋

提供：NEXCO西日本

図2　関門橋

提供：NEXCO西日本

図3 本州四国連絡橋

明石海峡大橋　　大鳴門橋

提供：本州四国連絡高速道路株式会社

図4 吊橋中央支間長の変遷

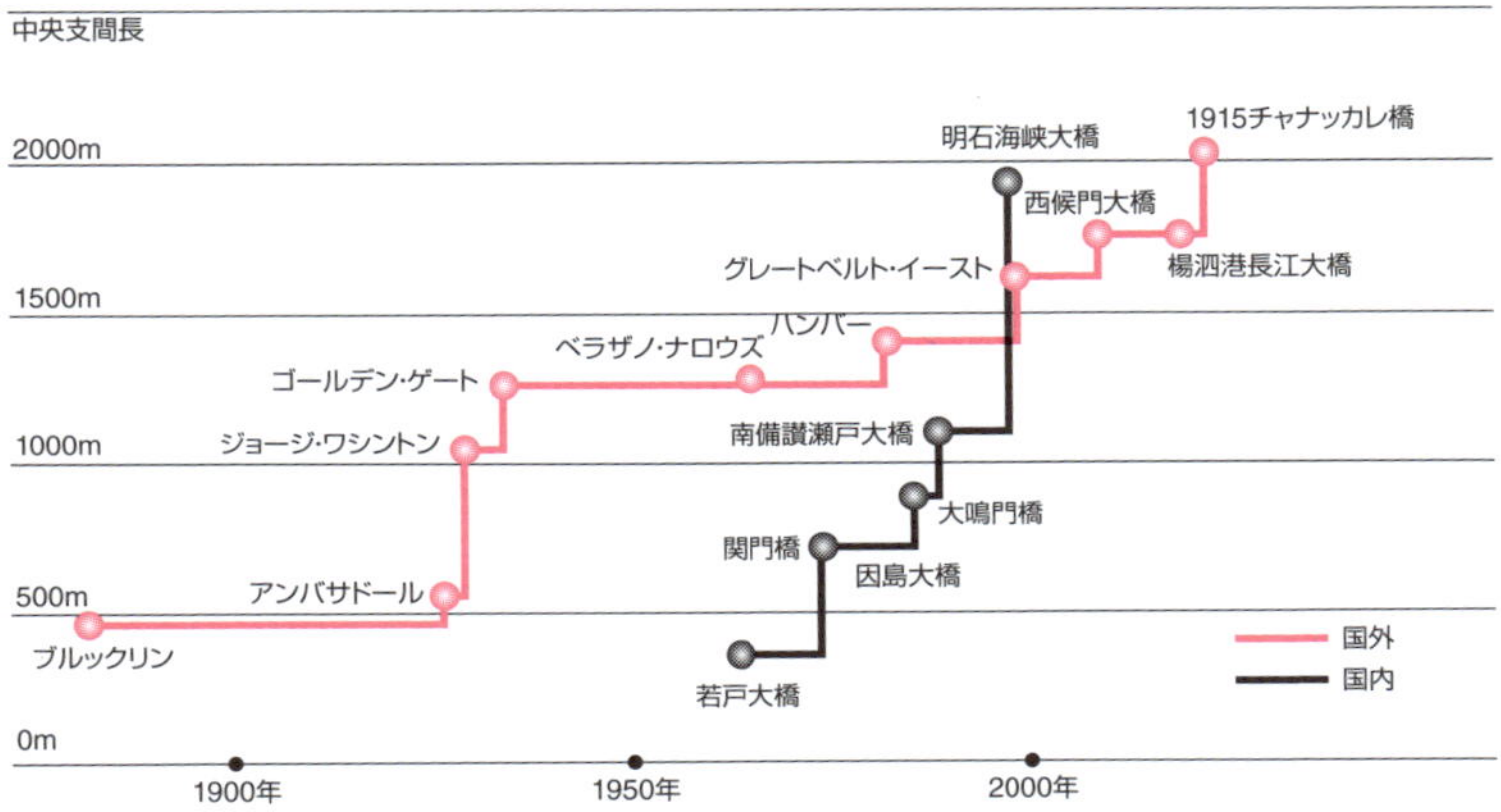

出典：本州四国連絡高速道路株式会社

45 高速道路の舗装

アスファルト舗装が主体

高速道路の舗装は大きく、アスファルト舗装とコンクリート舗装に分かれます。アスファルト舗装はコンクリート舗装に比べて、耐久性に乏しく轍《わだち》掘《ぼ》れなどが起こりやすい欠点がある一方、平坦性があり乗り心地が良い、補修が容易、また初期費用が低い等の利点があります(表)。名神高速道路の舗装設計段階においても、建設省の直轄一級国道では、20年間の維持補修費を含めた経済比較の結果、コンクリート舗装が有利との試算もありました。名神高速道路の舗装については、各工事区間の工事費と20年間の維持管理費を加え検討した結果、アスファルト舗装が採用されました。尚、トンネル区間は照明の反射効率等、また、料金所区間は停止・発進に対する耐久性から、コンクリート舗装が採用されています。

その後、モータリゼーションの進歩により名神・東名高速道路の予想以上の交通量の伸びがあり、アスファルト舗装の轍掘れの発生が顕著になり、耐久性に優れているコンクリート舗装の採用の機運が高まってきました。東名・名神の建設から全国的に整備される時代に入り、外国の技術や新たな工法の導入等で問題視されていた平坦性、すべり抵抗等の課題を解決しつつ、1973年に東北自動車矢板～白河(約50km)を皮切りに約10年にわたり数ヶ所で大規模連続機械化方式によるコンクリート舗装工事が施工されました。高速道路のトンネル以外の区間での施工は、1986年に開通した東海北陸自動車道岐阜各務原～美濃間の施工で中断されています。その間において、施工の迅速性や維持管理の容易さからアスファルト舗装は9割を超えていました。

コンクリート舗装においては、単位水量の少ない超硬練りコンクリートによる転圧コンクリート舗装、連続鉄筋コンクリート舗装の技術を導入し、その後アスファルト舗装の利点と合わせた長寿命化舗装のコンポジット舗装に繋がっていきます(図)。

要点BOX

- ●アスファルト舗装は施工性等は良いが、轍掘れが欠点
- ●コンクリート舗装はトンネル区間等部分的

コンクリート舗装とアスファルト舗装の比較

項目	コンクリート舗装	アスファルト舗装
構造的特徴	・剛性が高く版効果が大きい ・支持力が不均等な場合は不利 ・沈下が生じる場合は不利	・版効果が小さい ・一定以上の路盤支持力が必要 ・沈下に追従しやすい
施工性	・養生が必要、品質管理が難しい	・迅速性、簡便性に優れる
供用性	・乗り心地が悪い ※すべり抵抗値を確保する対策が必要 ※グルービングにより騒音が発生しやすい ・照明の反射効率が良い ・レーンマークの視認性が悪い	・平たん性の確保が容易 ※すべり抵抗値の確保が容易 ・照明の反射効率が悪い
耐久性	・すり減りにくく、耐久性に優れる	・流動性があり、轍掘れが生じやすい ・発進や停車作用により波状の凹凸ができやすい ・アスファルトが経時的に老化劣化する ・油により軟化する ・水が介在するとアスファルトと骨材がはく離しやすい
維持補修の難易度	・局部的な補修が困難で打換えが必要 ・コンクリート打設後の養生期間が必要	・補修が容易で局部的な補修や即時的な交通開放が可能 ※リサイクルにより資源の節減ができる
経済性	・初期建設費が高い ・打換えが生じた場合は補修費用が多額	・初期建設費が低い ・交通量の増加に応じた段階施工が可能 ・維持修繕の頻度が高く補修費用がかさむ

※名神高速道路以降明らかになった特性

出典：『高速道路の舗装技術史』（高速道路調査会）

アスファルト舗装とコンクリート舗装

アスファルト舗装

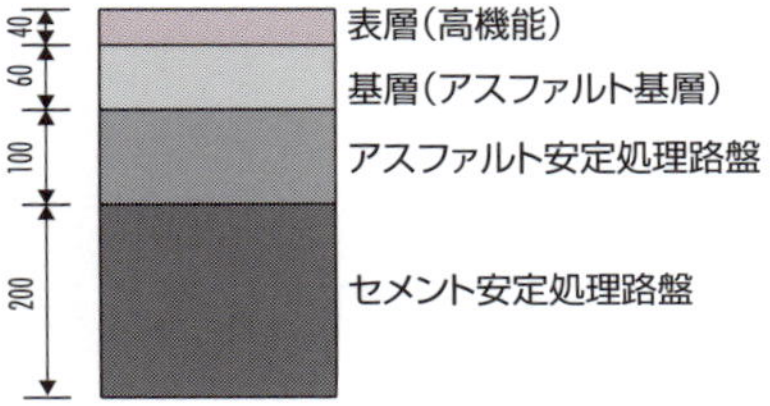

（単位　mm）

コンクリート舗装

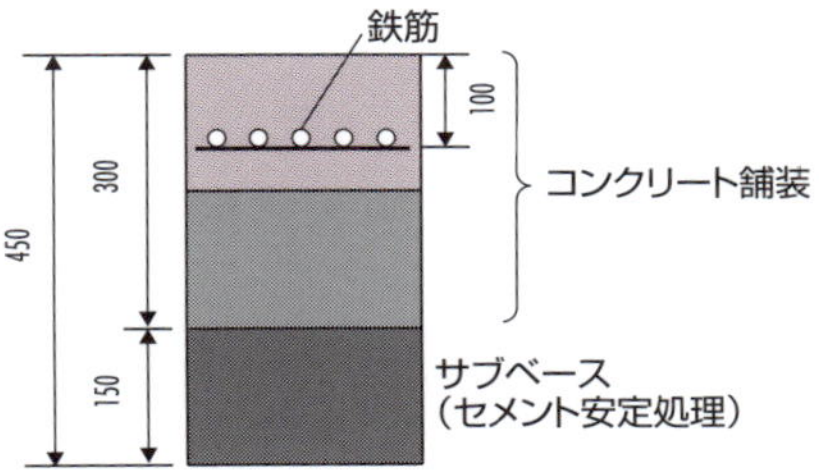

（単位　mm）

出典：『高速道路の舗装技術史』（高速道路調査会）を基に作成

46 高耐久性のコンポジット舗装

新東名高速道路で本格採用

新東名高速道路は、日本の大動脈として機能する重交通区間です。大型車混入率が高くなることから、耐久性の高い舗装構造を採用すること、補修に伴う交通規制回数を低減し、お客様サービスの低下を避けることが求められ、コンポジット舗装を本格的に採用しています。コンポジット舗装は、下層のコンクリート版と上層のアスファルト層によって構成され、コンクリート版の持つ耐久性及び高い剛性による荷重分散効果とアスファルト舗装が持つ良好な走行性や維持管理の容易性等を併せ持っています（**図1**）。1980年代から1990年代はじめにかけて高速道路の大きな問題となった流動轍掘れの損傷は、その変形が表層にとどまらず基層以下の深い層にまで及んでいるケースも見受けられたこともコンポジット舗装が注目された背景です。

特徴としては、一般的なアスファルト舗装と比べて初期建設コストは高いが、長期にわたる維持管理費を抑えることによりライフサイクルコストが比較的安価となっています。新東名・新名神高速道路の舗装設計基準は、供用後10年近く経過した山陽自動車道（河内～西条間）における試験施工箇所や海外の事例等参考に検討し、2001（平成13）年には「設計要領第一集 舗装編」が改訂され、「第二東名・名神高速道路用コンポジット舗装」が制定されました。

また、コンクリート舗装を施工している東北自動車道（矢板～白河間）においては、アスファルト舗装をオーバーレイすることによりコンポジット化した例もあります（**図2**）。表層として、土工部は高機能舗装Ⅰ型をトンネル部は高機能舗装Ⅱ型を採用し、中間層には防水性能の優れた砕石マスチックアスファルト混合物が用いられています（53項に詳述）。トータルステーションで高さ調整をした連続鉄筋コンクリート（CRC）版はスリップフォーム工法により施工されています（**図3**）。

要点BOX

- **コンポジット舗装は耐久性が高いため重交通路線で採用**
- **ライフサイクルコストは比較的安価**

図1 土工部及びトンネル部のコンポジット舗装断面

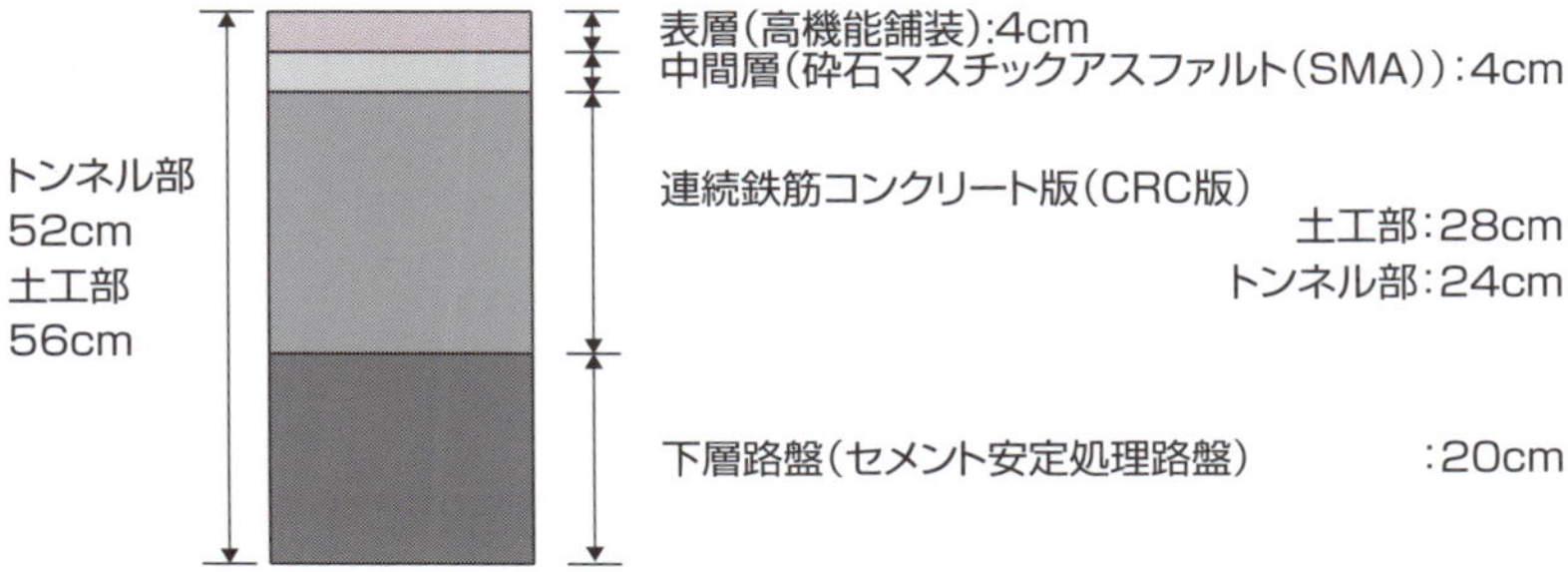

出典:『高速道路の舗装技術史』(高速道路調査会)を基に作成

図2 東北自動車道のオーバーレイによるコンポジット化

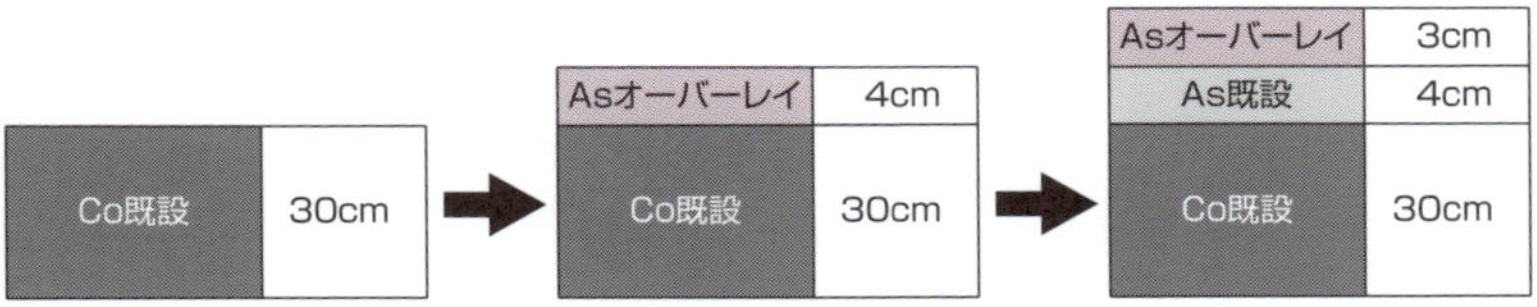

出典:『高速道路の舗装技術史』(高速道路調査会)を基に作成

図3 連続鉄筋コンクリート版の情報化施工状況

出典:『高速道路の舗装技術史』(高速道路調査会)

47 回転式舗装試験機

高速道路の環境条件を再現

回転式舗装試験機（試験機）は、全国の多様な高速道路の交通・気象条件を再現し、促進試験によって舗装の材料、配合、構造等の技術を確立することを目的に導入されました。試験機は、高速道路総合技術研究所が保有しており、昭和45年に1号機が稼働されて以来、令和元年から稼働しているもので3号機になり、その機能も進化しています。

試験機は、供試体をドーナツ状に配置し、中心軸から突き出した4本の腕に取り付けたタイヤを回転させ、実際の高速道路の環境条件、走行する車両の荷重や速度を再現します。試験機の試験条件を変化させる装置として、常温散水装置、日射装置、及び冷凍機があり、降雨条件及び夏場・冬場の裏面状況を再現することが可能でした。3号機には、これらに加え、以下の機能が付加されました。

1点目が、長期にわたる交通荷重によって発生する上層路盤の疲労ひび割れを再現する「疲労ひび割れ発生装置」により、上層路盤の高耐久化や将来の新たな技術に対する耐久性検証方法の1つとして役割を果たすことができます。2点目は、加熱装置を用いて、舗装体内部から加熱また保温する「加熱装置」により、舗装体内部でのはく離の促進試験が可能となり、上層路盤等深層におけるアスファルトのはく離対策の検証が可能となりました。3点目は、路盤層を滞水・高含水状態に保持し、また任意の高さに水位を調整できる「滞水装置」により、下層路盤の脆弱化や層間の付着切れ、あるいは基層の剥離に対する効果的な対策方法の評価が可能となりました。

このように、舗装の路面だけでなく内部に発生している損傷まで再現できる世界初の実物大促進載荷試験を活用し、次世代の舗装を担う技術の研究開発と実用化が期待されています。

要点BOX

- ●昭和45年に1号機、令和元年には3号機が稼働
- ●降雨条件、夏・冬場の裏面状況の再現が可能
- ●3号機は道路内部の損傷まで再現可能に

図１ 回転式舗装試験機の変遷

変遷	1号機 （昭和45～平成2年）	2号機 （平成4～平成30年）	3号機 （令和1年～）
製作年	昭和42～昭和44年	平成2～平成3年	平成29～平成30年
走路直径	6m（最大3軌道）	外軌道:10m、内軌道:8m	同左
最大試験荷重	3tf（29.4kN）/輪	29.4kN/単輪 68.6kN/複輪 （内軌道のみ）	49.0kN/単輪 68.6kN/複輪 （内軌道のみ）
走行速度	60km/h	100km/h	同左
試験温度	−20℃～+60℃	同左	同左

出典：株式会社高速道路総合技術研究所の資料を基に作成

図２ 現行の回転式舗装試験機（3号機）

提供：株式会社高速道路総合技術研究所

写真で見る！高速道路と記念切手

国家的な行事等を記念して「記念切手」が発行されることがあります。高速道路においてもいくつかの事業・構造物等に対して発行されています。

（八木恵治執筆）

瀬戸大橋開通記念（1988年）

東名高速道路完成記念（1969年）

名神高速道路開通記念（1963年）

関門トンネル開通記念（1958年）

若戸大橋開通記念（1962年）

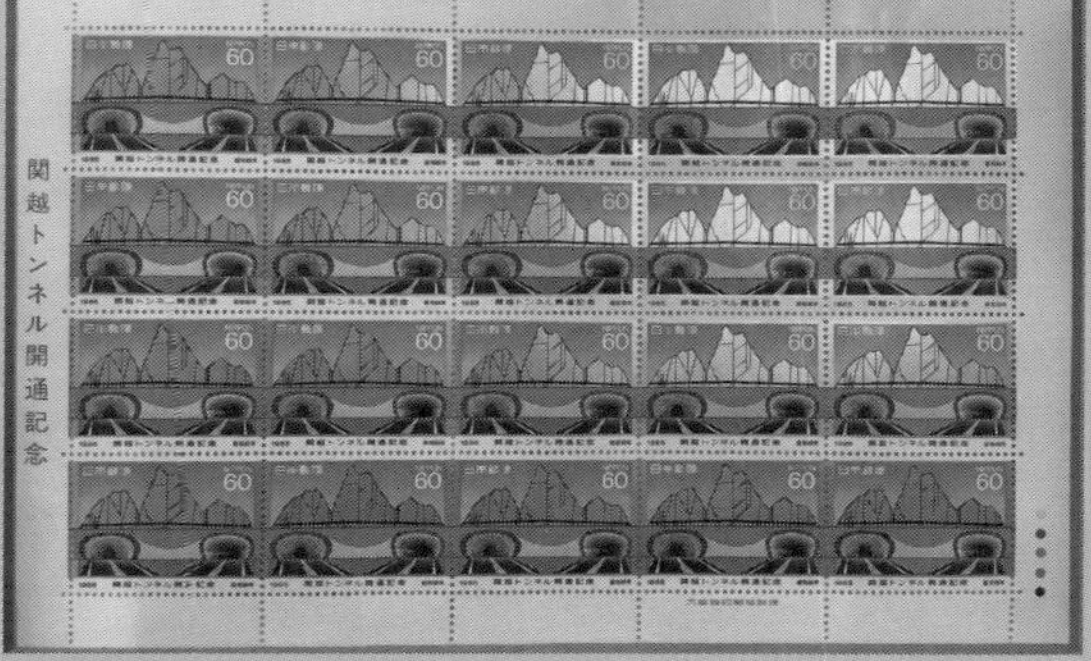

関越トンネル開通記念（1985年）

関門橋開通記念（1973年）

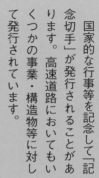

第7章

高速道路の維持・管理

48 大規模更新の必要性と定期点検の法定化

顕在化する高速道路の老朽化

ネクスコ3社では、高速道路ネットワークを将来にわたって持続可能で的確な維持管理・更新を行うため、平成24年11月7日に「高速道路資産の長期保全及び更新のあり方に関する技術検討委員会」を設置し、本格的な方策の検討を始めました。そのような中、同年12月2日午前8時3分に、中央自動車道笹子トンネル上り線において、トンネル天井板が崩落し、9名もの尊い命が失われ、多くの方々が被害にあわれた事故が発生しました。この事故が発端となり構造物の老朽化が顕在化し、平成25年を「社会資本メンテナンス元年」と位置付け、ネクスコ3社で3兆円規模の老朽化対策として総合的・横断的な取組みに着手しました（**表1**）。

平成26年7月には道路法施行規則が改正され、トンネル、橋梁等は5年に1回の近接目視による定期点検（詳細点検）を基本とし、平成31年2月には、点検の新技術を認める国の定期点検要領が改定されました。これらの点検や調査の結果、令和5年1月には、ネクスコ3社で延長約500km区間において、橋梁の桁の架替や充填材の再注入や床版取替、舗装路盤部の高耐久化や切土区間のカルバートボックス化・盛土材の置換えの必要性が判明し、対策として約1兆円が必要と試算されました（**表2**）。

令和5年5月31日には、社会的要請を踏まえ、老朽化や国土強靭化等に対応した迅速かつ計画的な更新・進化事業を行うとともに、高速道路料金の確実な徴収のための措置を講じ、あわせて、SA・PAにおける利用者の利便の確保のための機能高度化に資する制度を創設すること等により、高速道路の適正な管理や機能強化を推進するために、高速道路の料金徴収期間を最長で令和97年9月30日までとする「道路整備特別措置法及び独立行政法人日本高速道路保有・債務返済機構法の一部を改正する法律」（以下「改正法」という）が成立しました（**図**）。

要点BOX

- ●老朽化対策を推進
- ●安全性を長期に渡り確保するため、料金徴収期間が最長で令和97年まで延長

表1 大規模更新・大規模修繕計画（概略）内訳

	区分	項目	主な対策	延長※1	概算事業費※2
大規模更新	橋梁	床版	床版取替	約 230km	約16,500億円
		桁	桁の架替	約 10km	約 1,000億円
	小計			約 240km	約17,600億円
大規模修繕	橋梁	床版	高性能床版防水 等	約 360km	約 1,600億円
		桁	桁補強 等	約 150km	約 2,600億円
	土構造物	盛土・切土	グラウンドアンカー 水抜きボーリング 等	約 1,230km	約 4,800億円
	トンネル	本体・覆工	インバート 等	約 130km	約 3,600億円
	小計			約 1,870km	約12,600億円
合計				約 2,110km	約30,200億円

※1 上下線別及び連絡等施設を含んだ延べ延長
※2 端数処理の関係で合計が合わないこともある

出典：NEXCO3社記者発表資料（平成26年1月22日）

表2 更新計画（概略）の概要

区分	主な対策	延長※1	概算事業費
橋梁	桁の架替、充填材の再投入	約30km【約50km】	約2,500億円
	床版取替	約20km【約30km】	約4,500億円
土工・舗装	舗装路盤部の高耐久化	約440km【約870km】	約2,400億円
	切土区間のボックスカルバート化＋押え盛土	2箇所	約200億円
	盛土材の置換	約4km【約8km】	約400億円
合計※2		約500km【約960km】	約10,000億円

※1 【 】は上下線別の延べ延長
※2 端数処理の関係で合計が合わない場合がある
注） 上記の新たに更新が必要となった箇所と同様の構造・基準の箇所等において、今後著しい変状に進行する可能性があることから、今後の点検結果等を踏まえ、更新事業の追加を検討

出典：NEXCO3社記者発表資料（令和5年1月31日）

高速道路の料金徴収期間の延長【特措法・機構法】

○高速道路の更新・進化のため、料金徴収期間を延長することにより、必要な事業を追加
○事業追加にあたっては、債務返済の確実性の観点から債務返済期間を設定
　⇨国土交通大臣への許可申請日から50年以内
○現行制度を踏まえ、料金徴収期限を引き続き設定
　⇨最長で令和97年度（2115年）9月30日

債務返済期間のイメージ

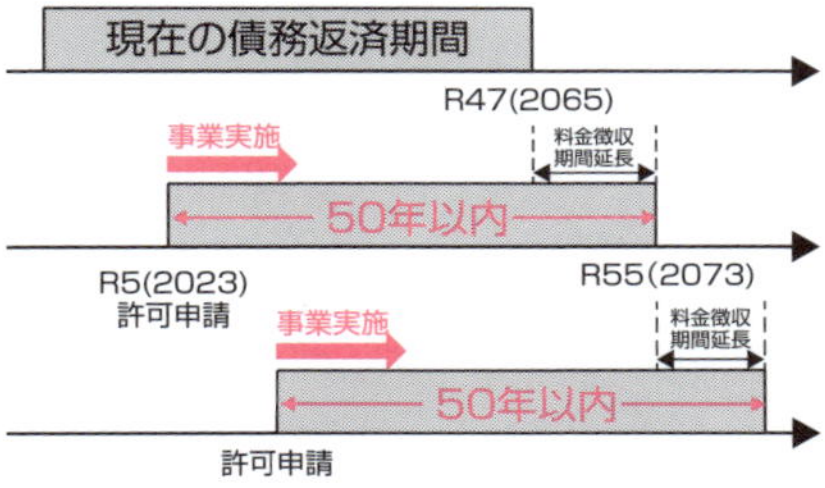

出典：国土交通省HPを基に作成

49 初期・日常・基本点検

様々な角度から危険を探る

高速道路の点検は、目的や内容に応じて区分され、実施しています。先に述べた詳細点検の他にも、これから説明する点検を実施しています（図）。

まず、高速道路開通前には、構造物等の初期の状況を把握するために「初期点検」を実施しています。土工構造物以外の構造物においては、初期の状態に加えて、第三者被害を未然に防止することも含めて状態を把握しています。点検内容は土木構造物またはそれ以外により定められており、近接目視・遠望目視・触診や打音または非破壊検査等を併用して行われます。建設中の変状や災害及び補修履歴等の記録も収集し、その後の維持管理に活用することが重要となります。開通後においても改築や構造物の構造系を大きく変更した場合も点検を行う必要があります。

また、安全な道路交通を確保し、第三者被害を未然に防止するため、構造物の変状発生状況を確認するために「日常点検」を実施しています。日常点検は、場所や交通量によって適宜、車上目視、車上感覚、遠望目視を組み合わせて実施しますが、必要に応じて降車し確認を行っています。点検頻度は、８万台／日以上で７日以上／２週、２万５０００台／日未満で４日以上／２週等、交通量により設定されています。

さらに、管理区間の構造物の状態により、安全性を把握し、区間全体の現状を把握するために「基本点検」を実施しています。基本点検は、近接目視または望遠目視により確認します。基本点検は、維持管理計画等を立案するための基礎資料を得ることも必要であることから、年１回以上実施します。

各点検の結果は、構造上の部位・部材毎、変状の種類毎に、変状の状態を把握するものと第三者等への被害を及ぼすおそれの程度を把握するものがあり、定められた判定区分により個別判定を行います。

要点BOX

- 開通前の初期点検を実施
- 日常点検で安全な交通を確保し、第三者被害を未然に防止

日常の維持管理

万能車中分草刈り

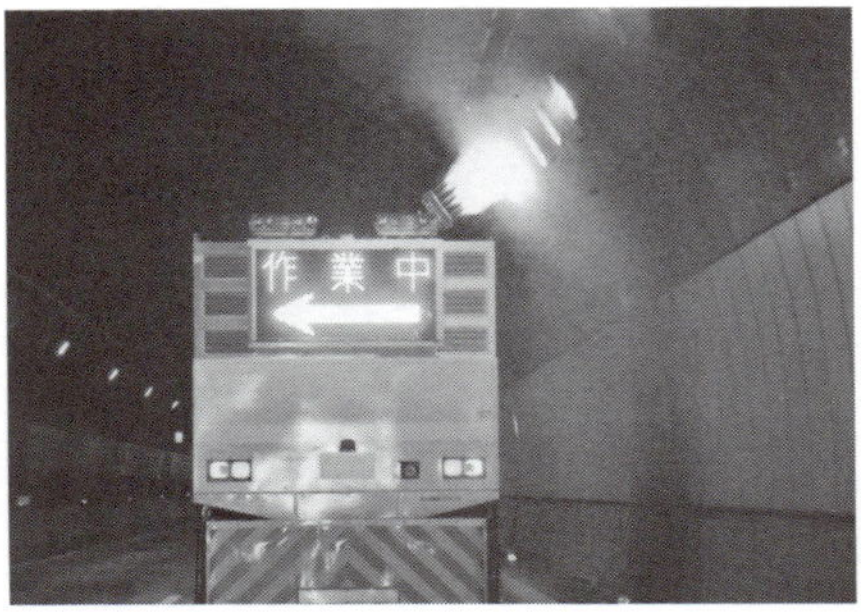

キャビテーション清掃

トンネル換気設備点検

トンネル側壁清掃

事故復旧

提供：いずれもNEXCO東日本

50 点検の高度化①

デジタル技術の活用

高速道路のインフラの老朽化の進展、技術者の高齢化、不足等から、点検の合理化のための新しいシステムや技術を各高速道路会社が開発しています。

ネクスコ東日本グループでは、ＩＣＴやロボティクス等最新技術を活用し、高速道路アセットマネジメントにおける生産性の飛躍的な向上を目指すスマートメンテナンスハイウェイ（ＳＭＨ）プロジェクトを進めています（図）。ＳＭＨでは、地理情報システム（ＧＩＳ）を活用した情報の一元管理により、災害や事故通行止め等の有事の際に迅速な対応、球体ドローンやスパイダーｅｙｅ、壁昇降点検ロボット等の技術を導入した点検技術の高度化等を進めています。

ネクスコ中日本では、〝デジタルテクノロジー〟をはじめとする最先端の技術の導入により、点検から補修に至る構造物の保全のみならず、お客さまの利便性や快適性や社員の労働力や環境等の観点を含め、保全・サービス事業全般を対象にした高速道路モビリティの進化を目指した次世代技術を活用した革新的な高速道路マネジメント（ｉ－ＭＯＶＥＭＥＮＴ）に取組んでいます。

また、首都高では、インフラの高齢化が急速に進む中、将来の維持管理を担う技術者不足に備え、インフラの効率的な維持管理をトータルに支援・実現するスマートインフラマネジメントシステム「ｉ－ＤＲＥＡＭｓ（アイドリームス）」を開発し、運用しています。維持管理の様々なシーンで3次元点群データを用いた「ＩｎｆｒａＤｏｃｔｏｒ」を活用し効率的な維持管理の支援が可能となります。加えて、画像解析やＡＩ等の活用により、構造物の劣化・損傷に対する総合的な分析・判断が可能となり、〝見える化〟が図られます。このようなメンテナンスサイクルをスパイラルアップすることにより、高度なインフラマネジメントの実現が可能となります。

要点BOX

- 進む老朽化、人手不足への対応策
- ドローンやロボットによる点検の高度化
- 画像解析やAIによる構造物の総合的な分析

スマートメンテナンスハイウェイ(SMH)基本計画

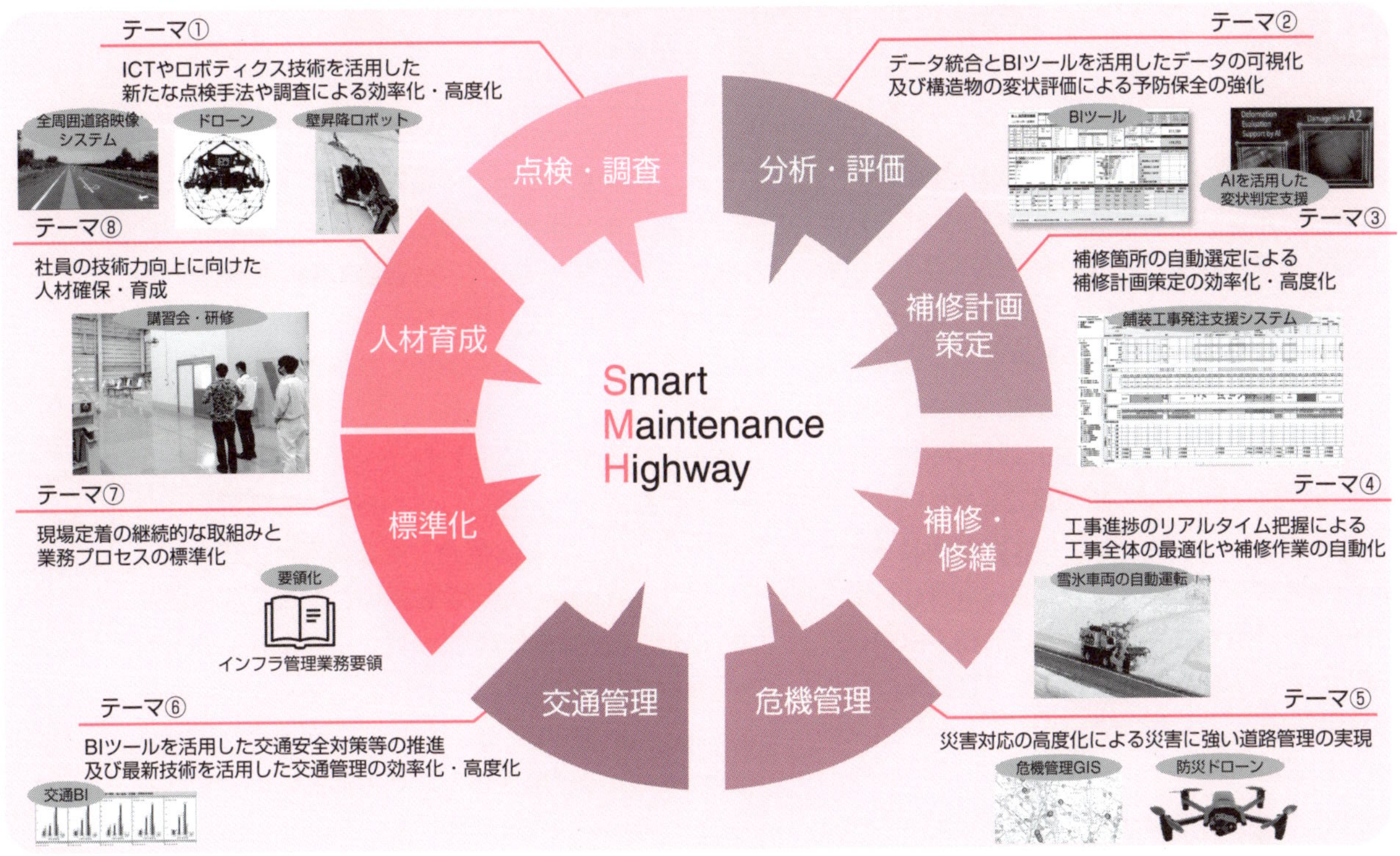

出典：NEXCO東日本の資料を基に作成

51 点検の高度化②

ロボットと赤外線による調査

近接目視点検等の困難箇所の作業の安全性の向上、効率化等のために、各高速道路会社及びグループ会社等で点検技術を開発しています。代表的な事例を紹介します。

高橋脚等の高所での点検は、作業車でも届かないため、ロープアクセス点検や点検用足場の設置を必要とし、時間がかかるとともに危険が伴うものでした。この課題を解決するために、高橋脚用の点検として、ネクスコ東日本グループでは、壁昇降点検ロボットを開発しています（**図1**）。これまで人がロープ伝いに行っていた作業がロボットにより、落下の恐れのあるコンクリートの「浮き」の特定や、コンクリートの壁面の近接撮影により「ひびわれ」を確実に捉えることができます。

斜張橋の斜材点検調査は、通常では通常高所作業車を用いた目視点検やクライミング技術を応用した人力による手法等で損傷等の調査を行っていますが、ネクスコ中日本グループが開発した自動点検ロボットにより、より安全・効率的に実施できます。このロボットは、斜ケーブルの保護管表面の破損状況をカメラ撮影でリアルに把握できるとともに、検査センサーにより内部鋼材の変状を非破壊で点検できます（**図2**）。

ネクスコ西日本グループでは、赤外線カメラを用いて、効率的かつ的確にコンクリートの損傷を抽出する「Jシステム」を開発し、既に全国で採用されています。Jシステムは、損傷部と健全部の熱の伝わり方の違いにより生じたコンクリート表面の特異な温度差を赤外線カメラにより可視化する技術を使用したものです（**図3**）。新たに、地表面からの熱反射を除外するために偏光フィルタを活用したカメラを実用化することにより、昼夜問わず点検できるようになり、より効率的な点検が可能となっています。

要点BOX

- ●点検の安全性と効率化に向けた技術開発
- ●ロボットの活用で人力による作業が不要に
- ●交通の妨げとならない点検作業が可能

図１ 壁昇降点検ロボット

これまで高橋脚の点検困難箇所は、ロープアクセスによる点検作業を行っていた

高所の点検困難箇所を安全に点検可能

提供：株式会社ネクスコ東日本エンジニアリング

図２ 斜材点検ロボット

提供：中日本ハイウェイ・エンジニアリング東京株式会社

図３ Ｊシステム

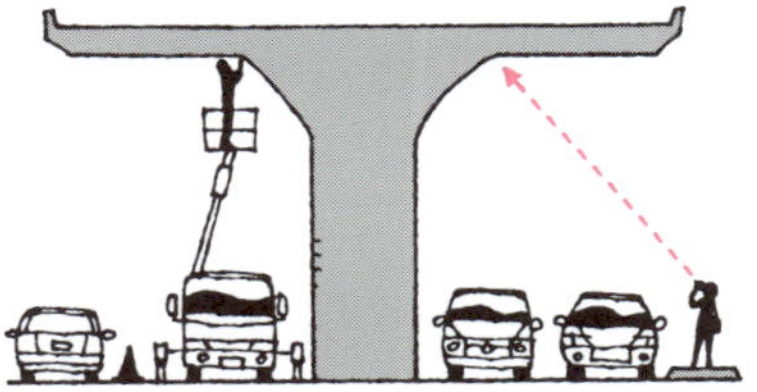

診断前　調査可能時間把握技術　EM(S)装置
●熱伝導の事前予測　●橋種、部位毎の違い
●供試体(サイズ、空洞)　等

診断中　カメラ性能+現地測定技術　Jモニター
●カメラの温度分解能　●カメラの検出波長域
●カメラの解像度　●カメラの検出素子
●画像から損傷部の特定　●撮影距離・角度　等

診断後　損傷度判定技術　Jソフト
●損傷部の温度ムラと損傷度の関係
●構造物自身の持つ温度ムラの除去
●3段階表示　●損傷予測確率表示

出典：西日本高速道路エンジニアリング四国株式会社の資料を基に作成

52 更新工事の新技術

交通への影響を最小化

大規模更新事業は、ダブルネットワークや環状道路への迂回、迂回路の設置等、開通している高速道路への交通の影響を最小化しながら施工するとともに、施工期間を短縮したりコストを縮減すること等が求められており、新たな技術の開発と新技術を民間企業とも協力しながら積極的に採用を進めています。

橋梁のコンクリート床版面の防水するための防水工は、現在では多層構造で施工に長期間の規制等を要して工事規制に時間的制約がある区間では採用が困難な状況でした。そこで、鋼床版の基層として採用されている防水機能のあるグースアスファルトに注目し、RC床版に適用可能な混合物を新たに開発しました。これにより、本来の性能を確保した上で施工時間も約2割削減されます。また、施工ヤードの制約が大きい中、施工効率の高いプレキャスト壁高欄の性能要求や性能照査方法を基準化し積極的に採用しました。従来の現場打ちコンクリートより、約4倍施工能力が上がりました。

ネクスコ西日本では民間企業と共同で、高耐久のプレキャスト床版として、鉄筋やPC鋼材に替わり、腐食しない新材料を緊張材として用いた「非鉄性材料を用いた超高耐久橋梁：Dura-Bridge」の研究を進め、超高耐久床版を開発しました（図1）。腐食劣化を排除しただけではなく、床版厚を約2割薄くすることやコンクリートの剥落の抑制、維持管理費の削減等が可能となりました。ネクスコ東日本では民間企業と共同で、「超高強度繊維補強コンクリート（UFC）」を有するプレキャスト床版を開発し、床版取替工事の工程短縮や床版の耐久性向上を目指し、実橋への適用を進めています（図2）。

これらの技術は、更新事業を全国的に展開するために、設計や施工に関する各種技術基準やマニュアル類の整備も進めています。

要点BOX

- 防水機能を高める混合物の材料開発も行う
- 腐食劣化だけでなく床版厚を薄型化にも貢献
- 工事の工程短縮も。進む実橋への適用

図1 通常構造とDura-Bridge

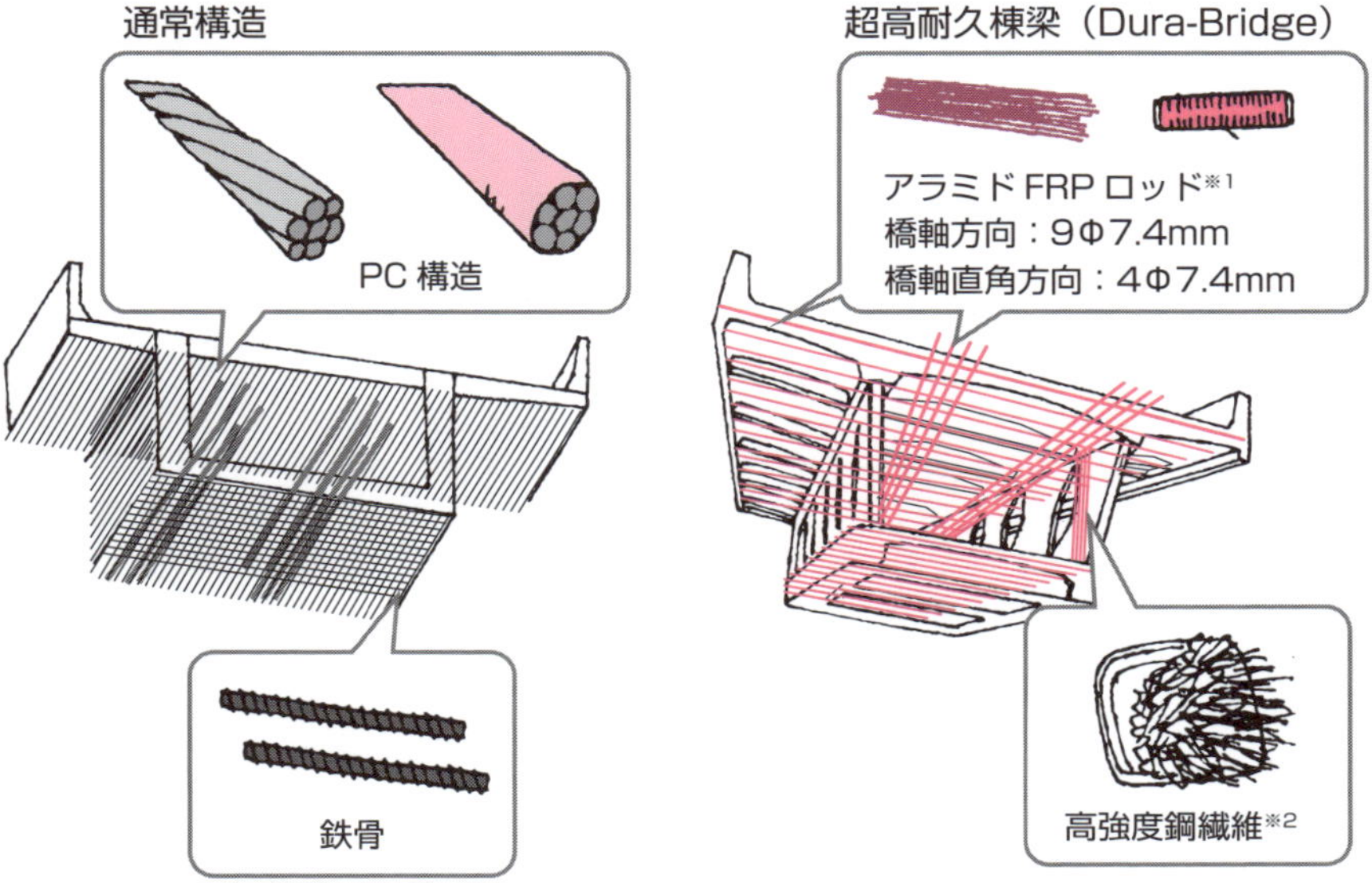

※1：アラミドFRPロッドは、PC鋼材の代替えとなる引張力に強い繊維を束ねた棒状の材料を言います。
※2：鋼繊維はコンクリート中に分散して混入されており、ほとんど腐食しないことを実験で確認しています。

出典：NEXCO西日本HPを基に作成

図2 超高強度繊維補強コンクリート（UFC）複合床版

UFC 複合床版：防水層に UFC を用いたプレキャスト PC 床版

- ●プレキャスト PC 床版部　：床版コンクリートに UFC を打ち重ねて一体化
- ●プレキャスト PC 床版同士の結合　：場所打ち UFC

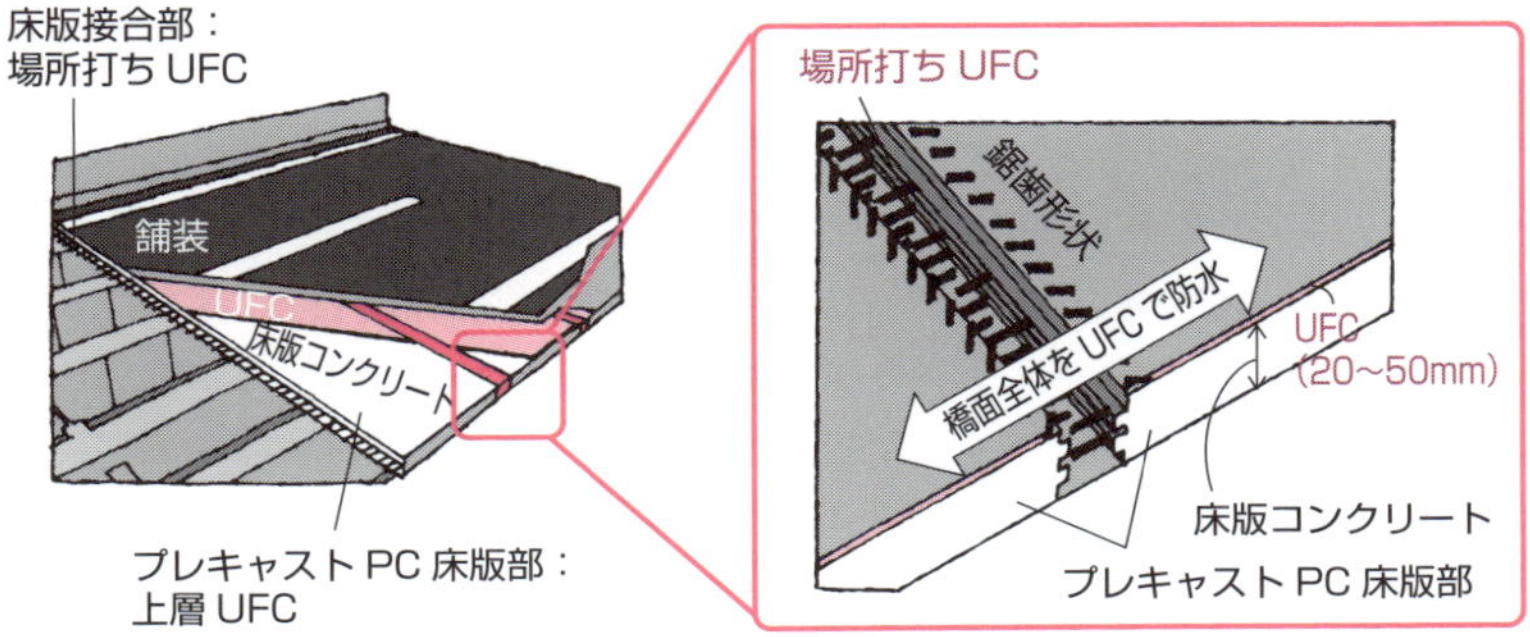

UFC により橋面全体に防水機能を付与⇨現場における防水工不要

出典：高速道路資産の長期保全及び更新のあり方に関する技術検討委員会の資料を基に作成

Column

高速道路上の落下物

高速道路上の落下物ランキングを掲載します。写真にあるように明らかに二次被害が発生しそうなものもあります。また、ドライバー側でも落下防止対策が必要です。

（八木恵治執筆）

落下物の例

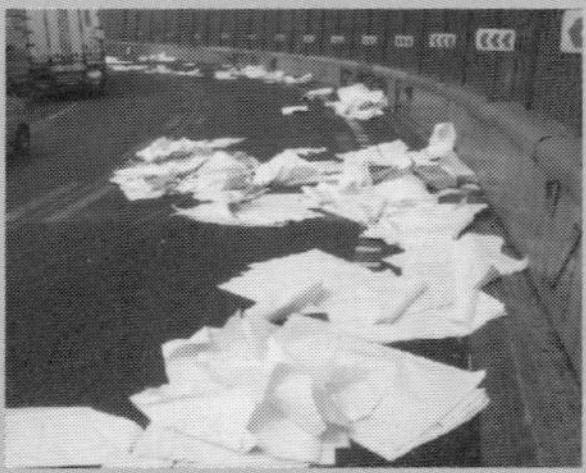

散乱する紙

落下した鉄骨

提供：NEXCO東日本

道路法第43条
何人も道路に関し、左に掲げる行為をしてはならない。
一　みだりに道路を損傷し、又は汚損すること。
二　みだりに道路に土石、竹木等の物件をたい積し、その他道路の構造又は交通に支障を及ぼす虞のある行為をすること。
罰則:い年以下の懲役または50万円以下の罰金
道路交通法　第75条の10
第七十五条の十　自動車の運転者は、高速自動車国道等において自動車を運転しようとするときは、あらかじめ、燃料、冷却水若しくは原動機のオイルの量又は貨物の積載の状態を点検し、必要がある場合においては、高速自動車国道等において燃料、冷却水若しくは原動機のオイルの量の不足のため当該自動車を運転することができなくなること又は積載している物を転落させ、若しくは飛散させることを防止するための措置を講じなければならない。
罰則:3カ月以下の懲役、若しくは5万円以下の罰金、又は10万円以下の罰金

高速道路の落下物処理件数（令和3年度）

落下物処理件数

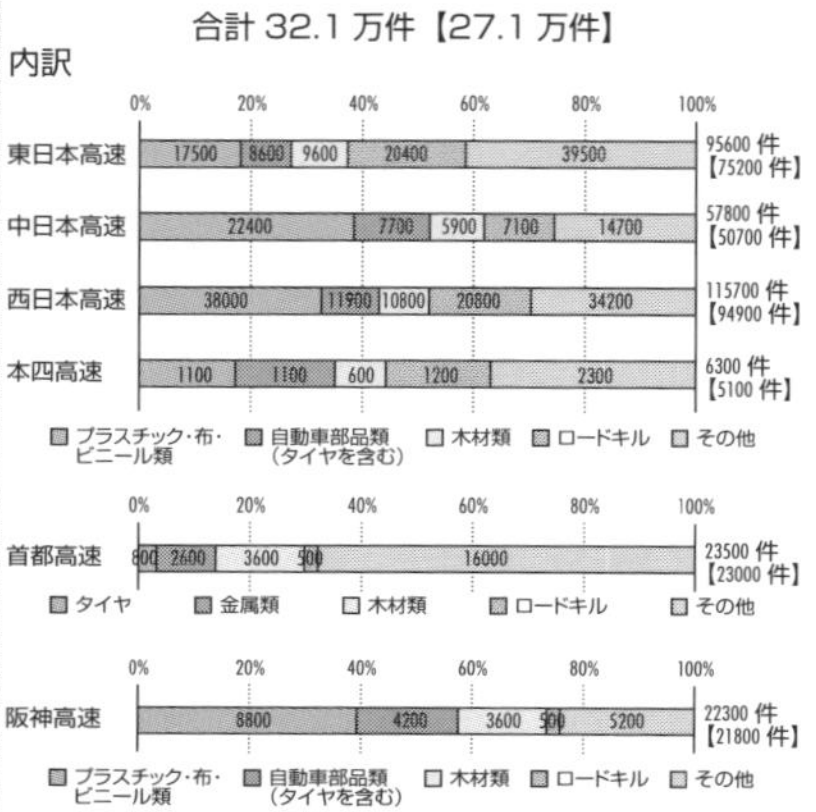

うち、ロードキル処理件数

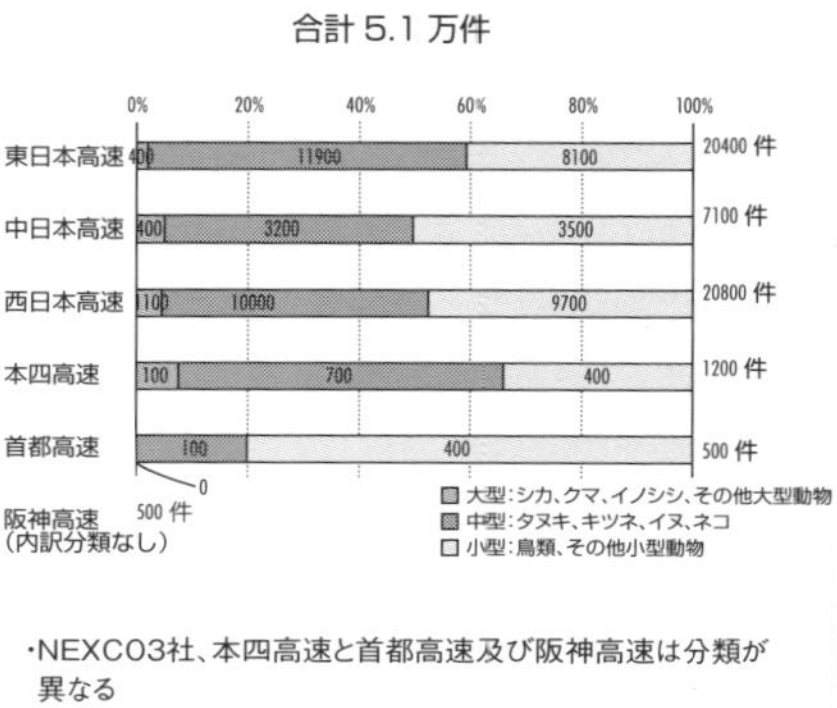

・NEXCO3社、本四高速と首都高速及び阪神高速は分類が異なる
・[ ]内の数値は、ロードキルを除いた合計値

出典：国土交通省HP

第8章

高速道路を支える技術

53 高機能舗装

夜間・雨天時の安全性・走行性の向上と騒音の低減

高速道路のアスファルト舗装の表層は、密粒舗装が標準とされていましたが、１９８０年代に雨天時の走行安全性を高めるために、排水性舗装の研究開発が開始され、平成元年に東北自動車道本宮ＩＣ～二本松ＩＣで初めて施工されました。その後、排水性舗装は、路面表面の排水性が良く、ハイドロプレーニング現象を抑制、夜間の路面反射の減少、レーンマークの視認性の向上、すべり摩擦抵抗の増大等、走行の安全性を格段に向上するため走行性の安全を高めた結果、事故が8割強減少しました（**図１**）。また、交通騒音を低減する効果もあることから、高機能舗装と称され、昭和63年1月から表層の標準施工となっています（**図2**）。ちなみに、高機能舗装は、従来の密粒舗装に比べ約3dBの騒音低減効果があります。

高機能舗装の表層の空隙率は、透水性を良くするために、密粒舗装では約5％程度のところ、約20％程度とポーラスな形状になっています。その空隙の多い表層に雨水を浸透させ、基層上層部を水が流れ路肩側に配水する構造になっています。

当初、高機能舗装は表層の高い空隙率が故に生じる問題点もいくつかありました。例えば、タイヤチェーン装着車の走行で、表層骨材が破壊されたり、表層が抜けて飛散する事象の発生や基層混合物の剥離が発生・脆弱化し表層に流動性轍掘れやひび割れの発生、また表層の空隙が目詰まりすることにより、高機能舗装の本来の効果が減少すること等がありました。これらの課題には、特殊な樹脂を散布し表面を保護することで対応したり、改良した高圧洗浄車で清掃し現状機能に回復する等、技術の開発研究が進められました。

平成20年には、表層の下部は砕石マスチックアスファルト混合物（ＳＭＡ）と同等の水密性を持った混合物を用いた高機能舗装Ⅱ型が開発・要領化される等進化しています。

要点BOX

- ●高機能舗装の表層はポーラス形状
- ●事故の減少・騒音の低減
- ●ハイブリッドな高機能舗装Ⅱ型を開発

図1 高機能舗装施工前後1年間の事故件数の比較

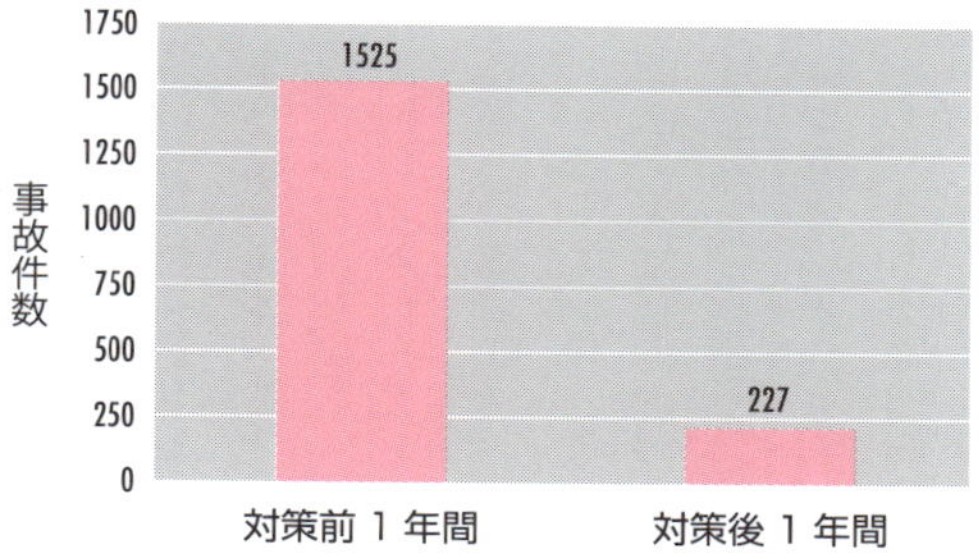

出典：『高速道路と自動車3月号2002』（高速道路調査会）を基に作成

図2 高機能塗装と従来の舗装の比較

提供：NEXCO東日本

従来の舗装（密粒舗装）

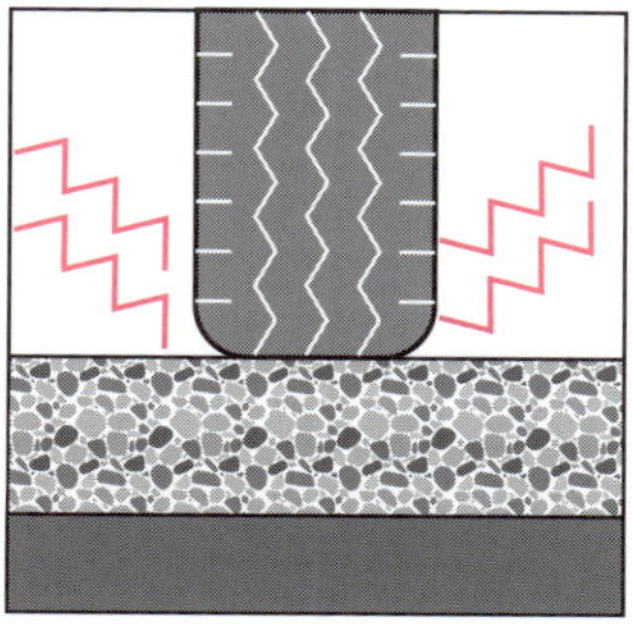

空隙の少ない舗装体であることから、タイヤと舗装の接地面に、空気の逃げ道となる隙間がありません。

このため、舗装の表面は、タイヤからの音を反射し、タイヤ騒音が大きくなります。

高機能舗装

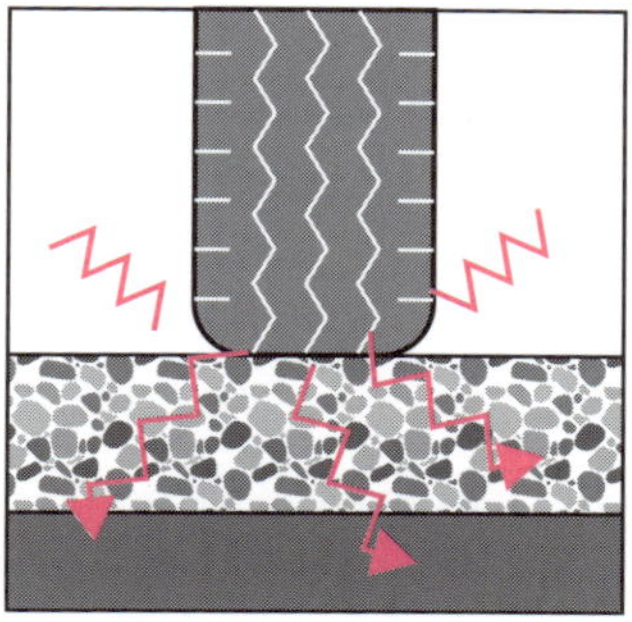

空隙が 20％程度のポーラスな舗装体であることから、舗装の表面に空気の逃げ道となる隙間があります。

このため、舗装の表面は、タイヤからの音を隙間に逃げ込ませ、音の一部を吸収し、タイヤ騒音を小さくすることができます。

出典：NEXCO西日本HPを基に作成

54 スマートインターチェンジ

地域の利便性の向上を目指して

平成19年4月において、日本のインターチェンジ（IC）間隔は平均で約10㎞と欧米の約2倍、高速道路が通過する682市町村のうち約3割にICが不在の状況でした。

スマートインターチェンジ（SIC）は、ETC車載器を搭載した車両のみが通過できるICです。SICは、日本におけるIC間隔を、平地部については欧米諸国の平地部における無料の高速道路と同水準に改善することを念頭に置いて整備されています。平成18年から本格導入され、現在も鋭意整備が進められており、令和5年12月18日現在、全国156ヶ所で開通し、52ヶ所で事業中です。

SICには、高速道路側の接続箇所がサービスエリア・パーキングエリアであるSA・PA接続型と、本線車道に直接つながる本線直結型の2種類あります（**図1**）。いずれも、既存の高速自動車国道の有効活用や、地域生活の充実、地域経済の活性化を推進することに加えて建設・管理コストの削減が可能となります。

SICの整備効果としては、通勤時間の短縮、観光施設や工業団地へのアクセス改善、医療機関への搬送時間短縮、災害時の輸送機能が可能となります。

SICは民間施設直結スマートインターチェンジの制度によるICの整備にも活用されています。この制度は、民間企業の発意と負担により整備するもので、高速道路を活用した企業活動を支援し、経済の活性化を図ることを目的としています。令和3年3月末現在で、神戸淡路鳴門自動車道の淡路北SICと伊勢自動車道の多気ヴィソンSICの2ヶ所が整備されています（**図2**）。前者は淡路北SICを通じて、淡路ハイウェイオアシスに入ることが可能に、また、後者は多気ヴィソンSICを通じて本線出口から直接民間施設ヴィソンにアクセスすることが可能になりました。

要点BOX

- ETC車のみが通過できる
- 民間施設直結スマートインターチェンジで経済活性化に期待

図1 SICのSA･PA接続型と本線直結型

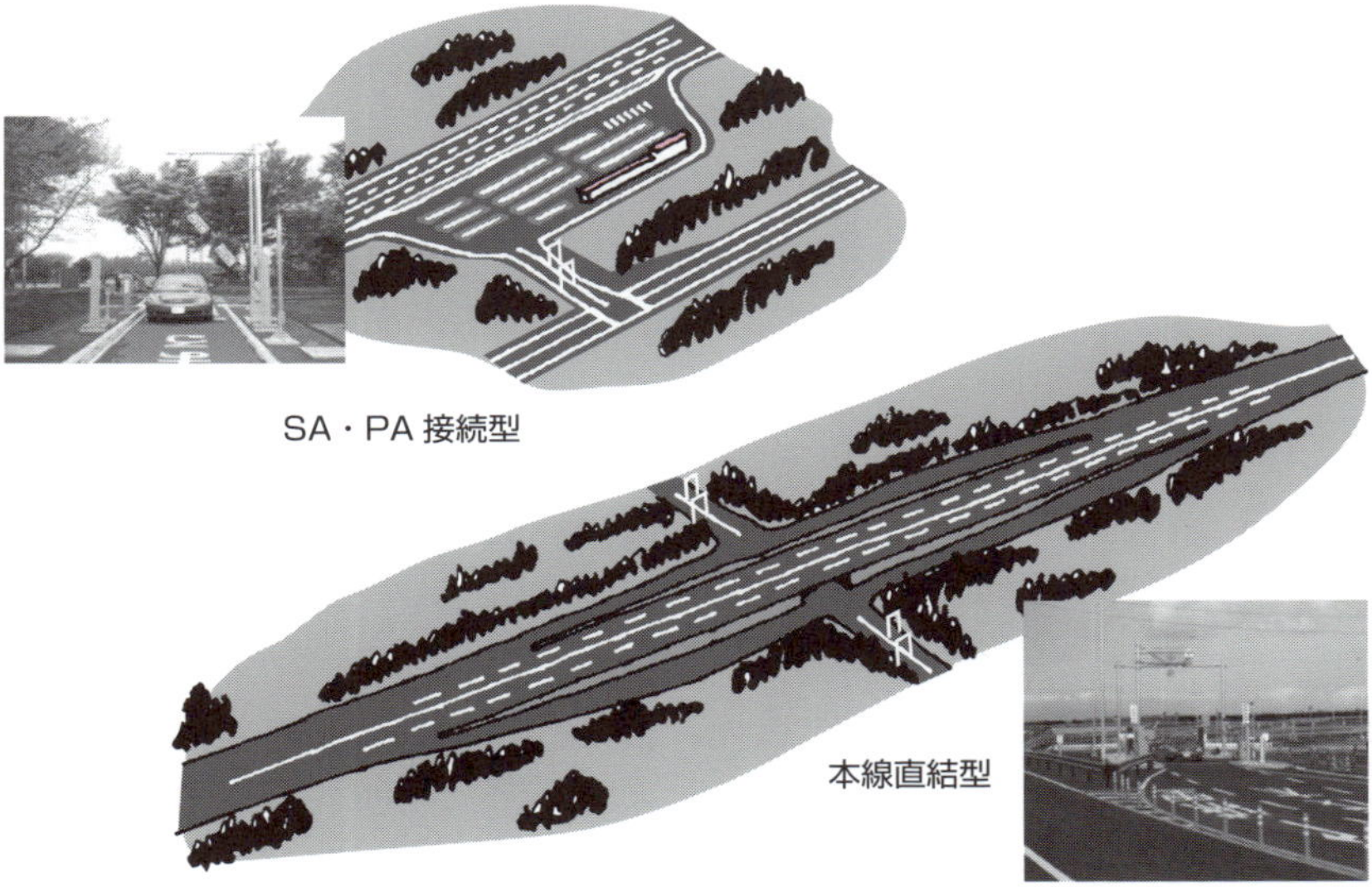

出典：国土交通省HPを基に作成

図2 淡路北ＳＩＣ

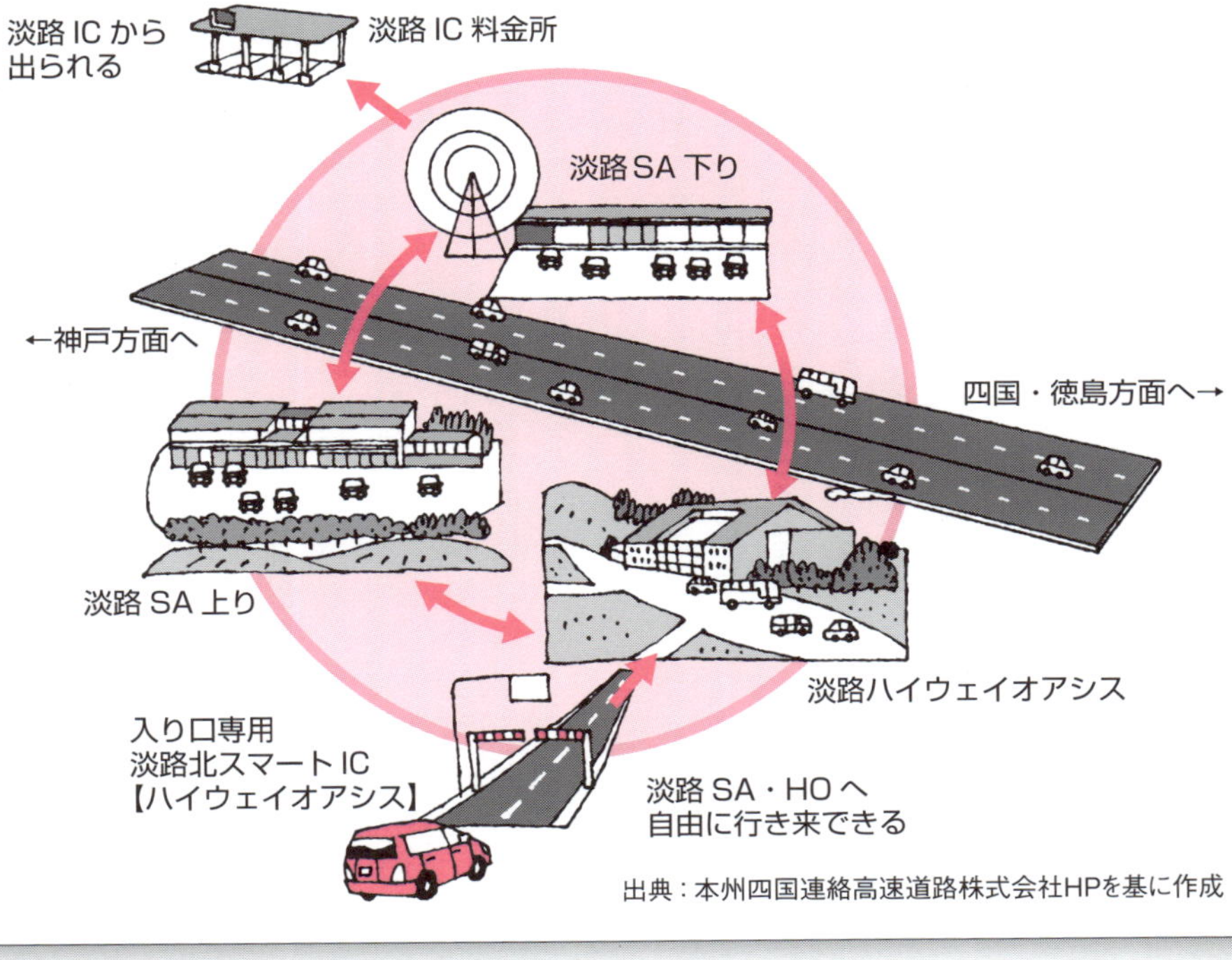

出典：本州四国連絡高速道路株式会社HPを基に作成

55 料金徴収の変遷

パンチカードシステムから進化

高速道路の車種と走行距離の判別が必要である通行料金を収受するために料金所が設置されており、料金の収受方式も時代とともに変化しています。

料金収受方式は、名神高速道路の開通に際し導入した「パンチカードシステム」が本格的な収受機械の導入の端緒となりました(図1)。同システムは、ニューヨークステートスルーウェイで使用されており、当初は輸入機に頼っていましたが、中央自動車道以降は、国産化を進めていきました。その後、昭和55年度以降に導入された「磁気カードシステム」の普及により、パンチカードは昭和63年度末をもって25年余りの歴史に幕を下ろすことになりました。

磁気カードシステムは、開通延伸によるインターペアの増加、交通量の急増等の社会的要求に、信頼性・効率性・経済性を満たすために昭和49年から6年にわたり研究・独自に開発したシステムで、昭和55年10月29日、道央自動車道札幌南から苫小牧西間で初めて導入されました(図2)。また、通行券自動発行システムは入口側の効率化のため昭和56年から車種判別機能のないものの伊勢自動車道への試行導入に始まり、車種判別機能のあるシステムを平成元年12月に長崎自動車道大村~長崎多良見間に試行導入に至りました。料金自動収受システムは、昭和59年3月から海南湯浅道路下津料金所に試行導入され、現在では全国の料金所に導入されています(図3)。

昭和62年12月には新たなキャッシュレス支払い手段として、プリペイドカードのハイウェイカードを常磐自動車道で試行導入しました(図4)。３０００円券から最大13・8%の割引率の5万円券も発売され、記念カードのみの１０００円の発行で、贈答用、記念用等としても活用されました。その後、高速道路利用頻度の低いお客さまのキャッシュレス化を進めるために、平成7年から常磐自動車道で汎用クレジットカード支払いシステムも導入されました。

要点BOX

- ●パンチカードシステムはアメリカ式
- ●磁気カードシステムは独自で開発
- ●キャッシュレス化を推進

図1 パンチカード通行券と収受機械

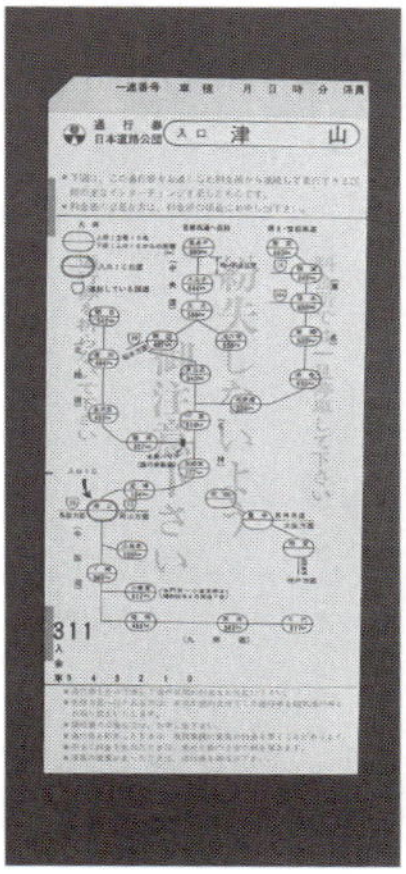

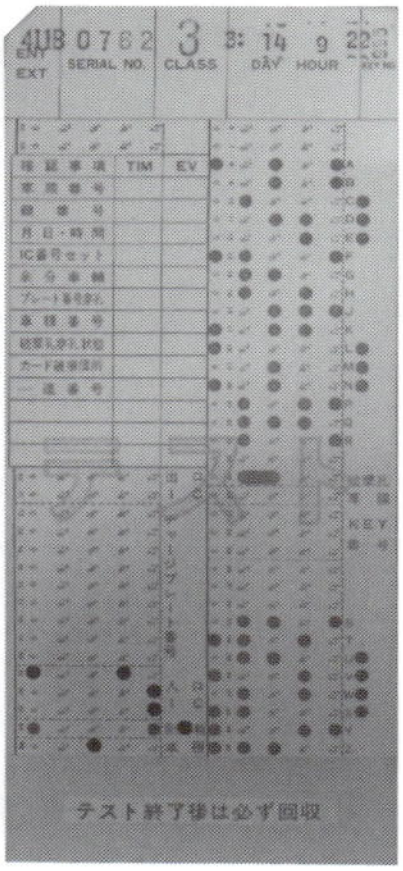

料金が表示される

左から入口発券機、出口確認機、領収書発行機

走行距離と車種に
応じて通行料金が
決まる

提供：高速道路トールテクノロジー株式会社

図2 磁気カード通行券

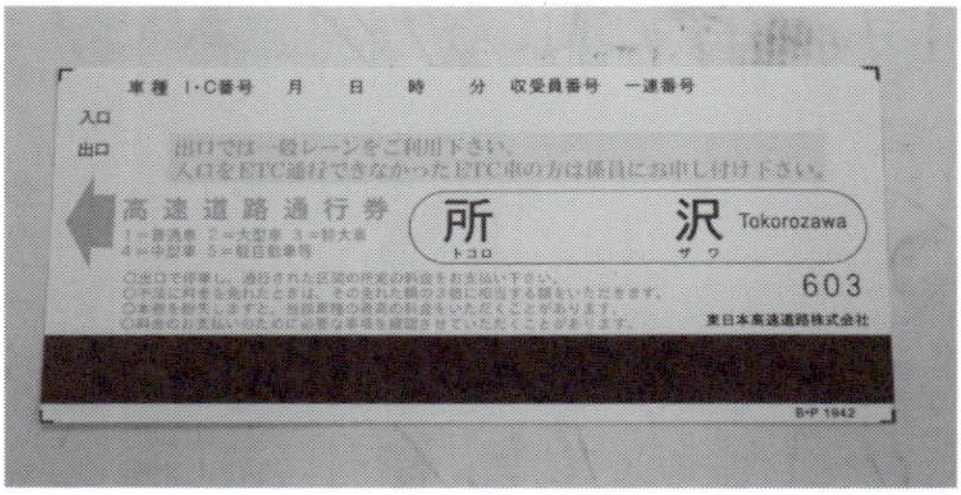

図3 料金自動収受機

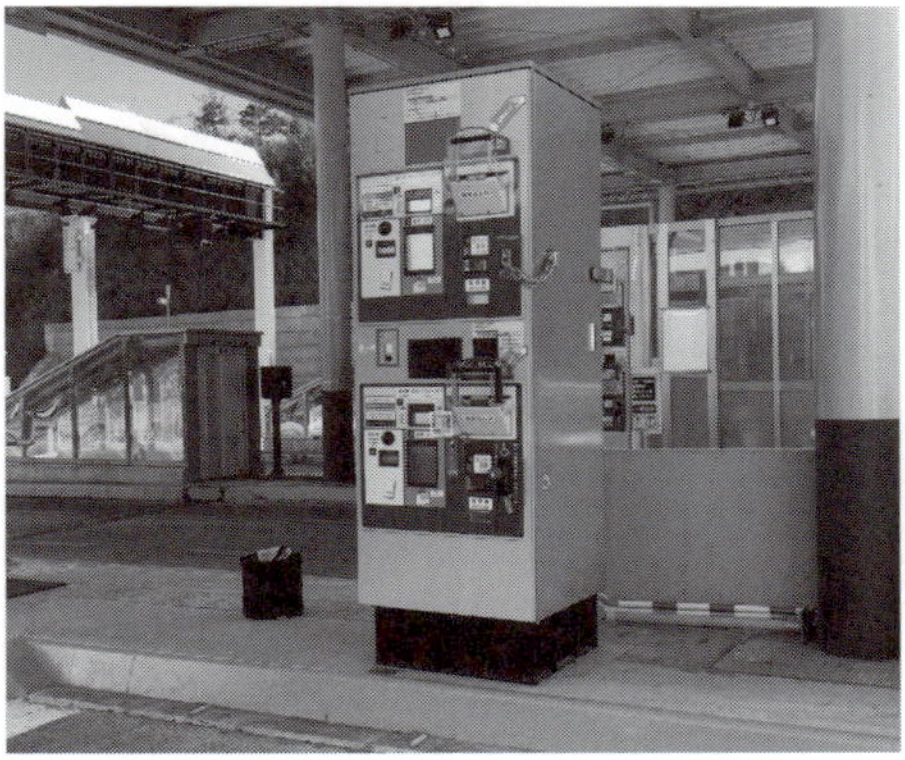

図4 ハイウェイカード

提供：図2～4はいずれもNEXCO東日本

56 ETCシステム

統一規格システムを導入

ETCとは、車両に設置されたETC車載器にETCカード(ICカード)を挿入し、有料道路の料金所に設置されたETCレーンの路側アンテナとの間の無線通信により、車両を停止することなく通行料金を支払うシステムです(**図1**)。路側アンテナ等のETCレーン設備は高速道路会社等が設置し、ETC車載器はお客様の負担で取付及びセットアップし、ETCカードはクレジットカード会社等が発行します。日本のETCは、異なる有料道路事業者の料金体系でも相互利用できる全国統一規格システムを世界に先駆け実現したのが最大の特徴です。

ETCシステムは、無線通信や情報処理の最新技術をもった民間企業と日本道路公団が共同で研究開発し、平成9年3月から小田原厚木道路の下り小田原料金所、同年12月から東京湾アクアラインの木更津本線料金所での試験運用等を経て、平成13年3月30日から、東関東自動車道等千葉地区7路線45料金所、沖縄地区の7料金所及び首都高速道路の11料金所で一般運用が開始されました。令和4年3月現在、ETCが利用可能な料金所は、1676ヶ所全料金所のほぼすべてに導入されています。また、平成28年春から本格導入が始まったETC2・0は、高速大容量のDSRC(スポット)通信方式によって双方向通信することで、多彩なサービスを実現しています。

ETC利用率は、令和5年3月時点で6道路会社では94・3%(ETC2・0は30・0%)です(**図2**)。ETC利用の普及により、お客様の利便性や快適性が向上しています。あわせて料金所の処理能力が大幅に向上することにより、料金所渋滞がほとんど解消され料金所でのストップ&ゴーが減少するため、発進・加速に伴う騒音や窒素酸化物等が軽減され、CO_2の排出量削減にも寄与する等、料金所周辺の環境が大きく改善されています。

要点BOX

- ●日本道路公団、機器メーカー、クレジットカード会社等が開発したシステム
- ●ETCによって料金所の渋滞緩和、CO_2削減効果も

図1 ETCシステム

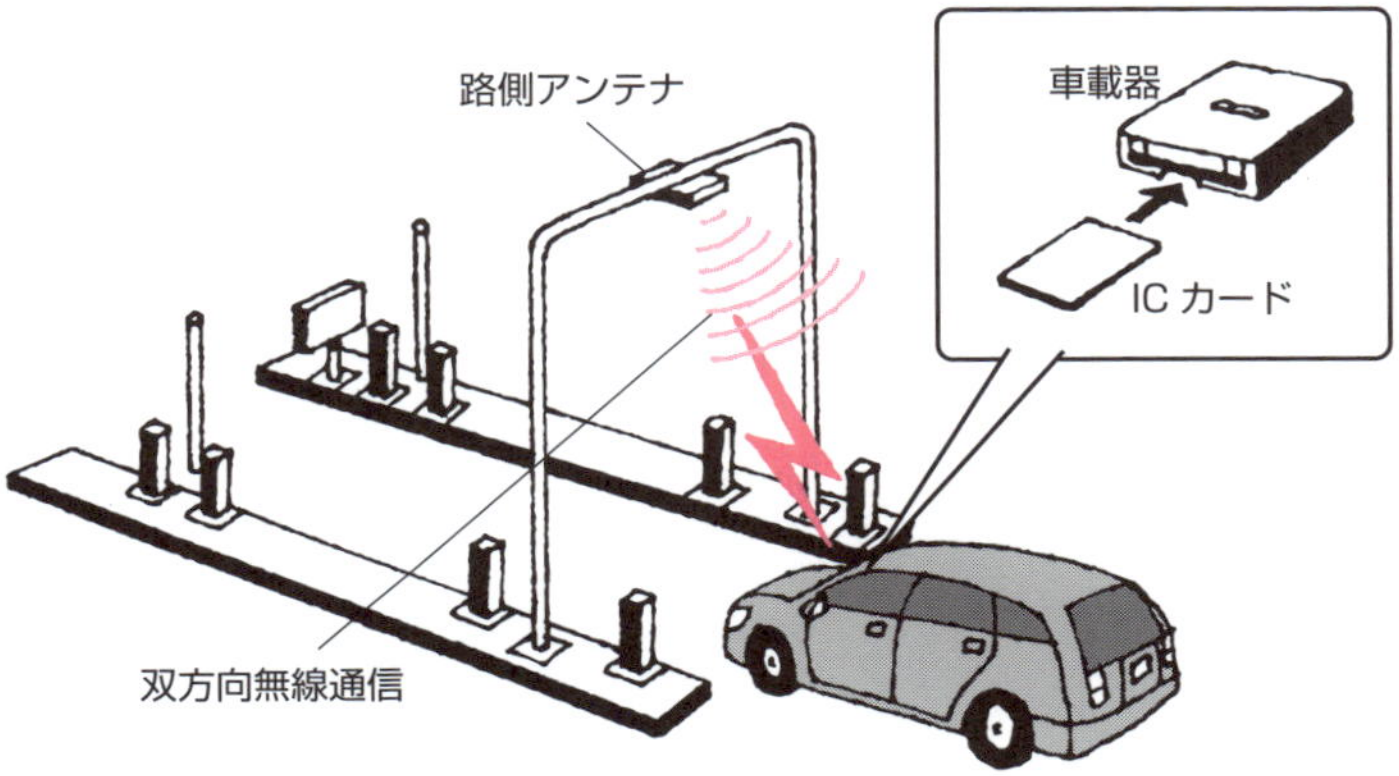

出典：一般社団法人ITSサービス高度化機構の資料を基に作成

図2 6道路会社の月平均ETC利用台数及びETC利用率の推移

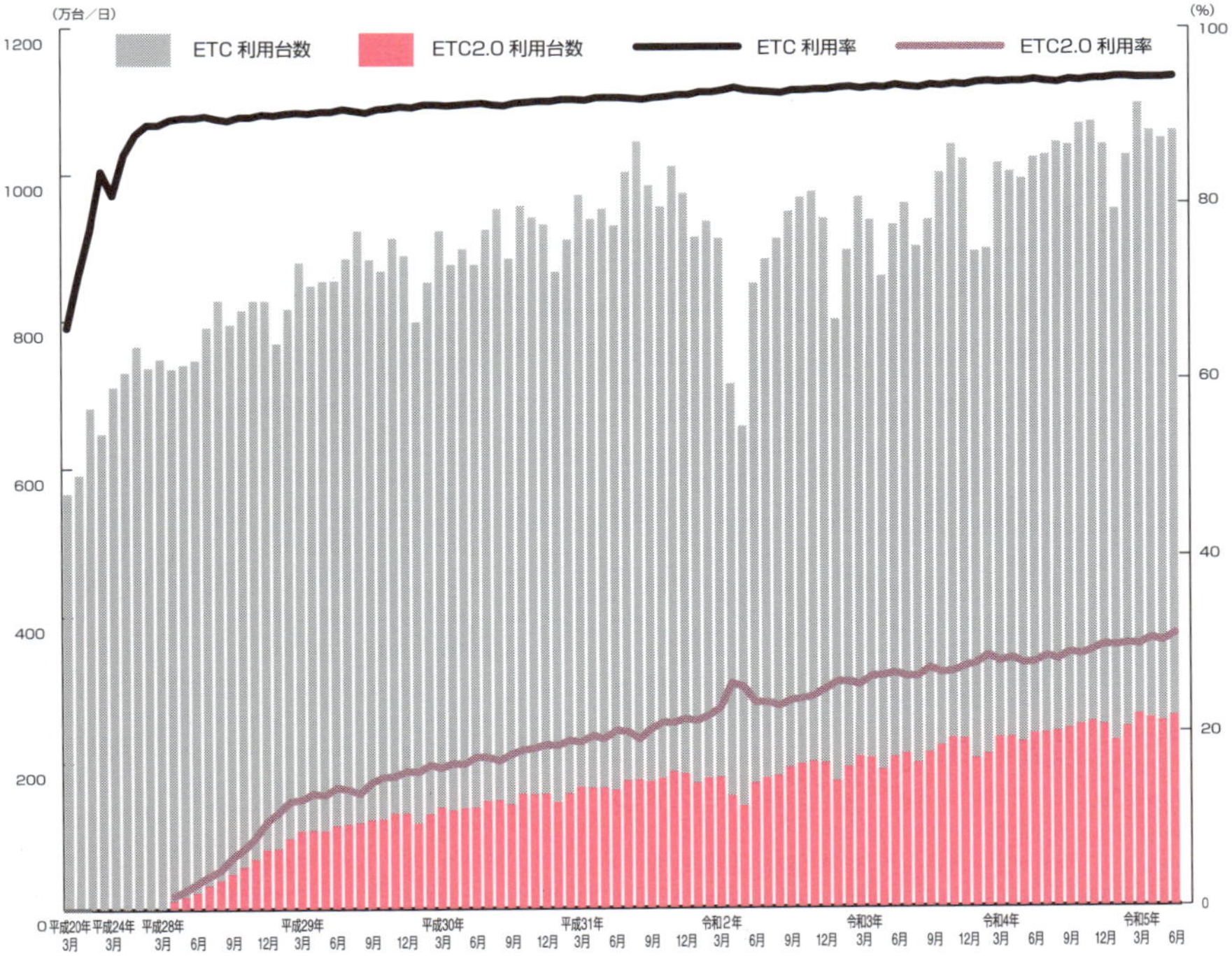

※ETC利用率は、ETC2.0利用台数を含めて集計している。
※ETC2.0利用台数、利用率は、平成28年4月から集計を開始している。

出典：国土交通省HPを基に作成

57 道路管制センター

24時間365日働き続ける

道路管制センターは渋滞、事故、落下物、天候等高速道路上で発生する様々な事象を24時間・365日的確に把握し、道路交通の安全確保に努めるとともにお客さまに情報を提供しています(図1)。

また、道路管制センターには、道路状況を把握する道路管制と、トンネルや情報板等の道路の安全に欠かせない各種設備を監視し制御する施設制御があります(図2)。情報は、お客さまからの通報で道路状況を把握する#9910道路緊急ダイヤルや非常電話、道路パトロールカーで巡回する交通管理隊、高速道路上に設置されたCCTVカメラ、自動的に交通量を検知するトラフィックカウンター、雨雪・風・気温・霧の状況を把握する気象観測機器等から道路管制センターに集められます。

道路管制センターでは集められた様々な情報に対して、少しでも早く、正確に情報を提供、必要に応じ警察・消防への出動要請を行ったり、高速道路上に設置されている施設の状況監視と制御をしています。具体的には、交通情報や気象情報、トンネル内の事故や工事等の状況、混雑の状況に応じてルート選択できる情報、休憩施設の混雑状況等を本線や休憩所の各所やIC近くの一般道に設置した情報板やスマートフォン等に情報提供しています。

また、道路管制センターでは、地震や台風が頻発する日本特有の備えも施しています。例えば、ネクスコ中日本金沢支社の道路管制センターでは、ネクスコ中日本の高速道路の各データを処理するシステムを分散配置している、災害時に機能をバックアップするシステムを構築しています。仮に、南海トラフ地震で名古屋支社の道路管制センターが被災しても、金沢支社において管制することができるようになっています。

この他の各高速道路会社の道路管制センターも同様のバックアップシステム機能を有しています。

要点BOX

- ●道路状況を把握する道路管制と、各種設備を監視・制御する施設制御がある
- ●いち早く情報を収集し正確な情報を提供する

図1 道路管制センター

提供：NEXCO中日本

図2 道路管制センターの機能

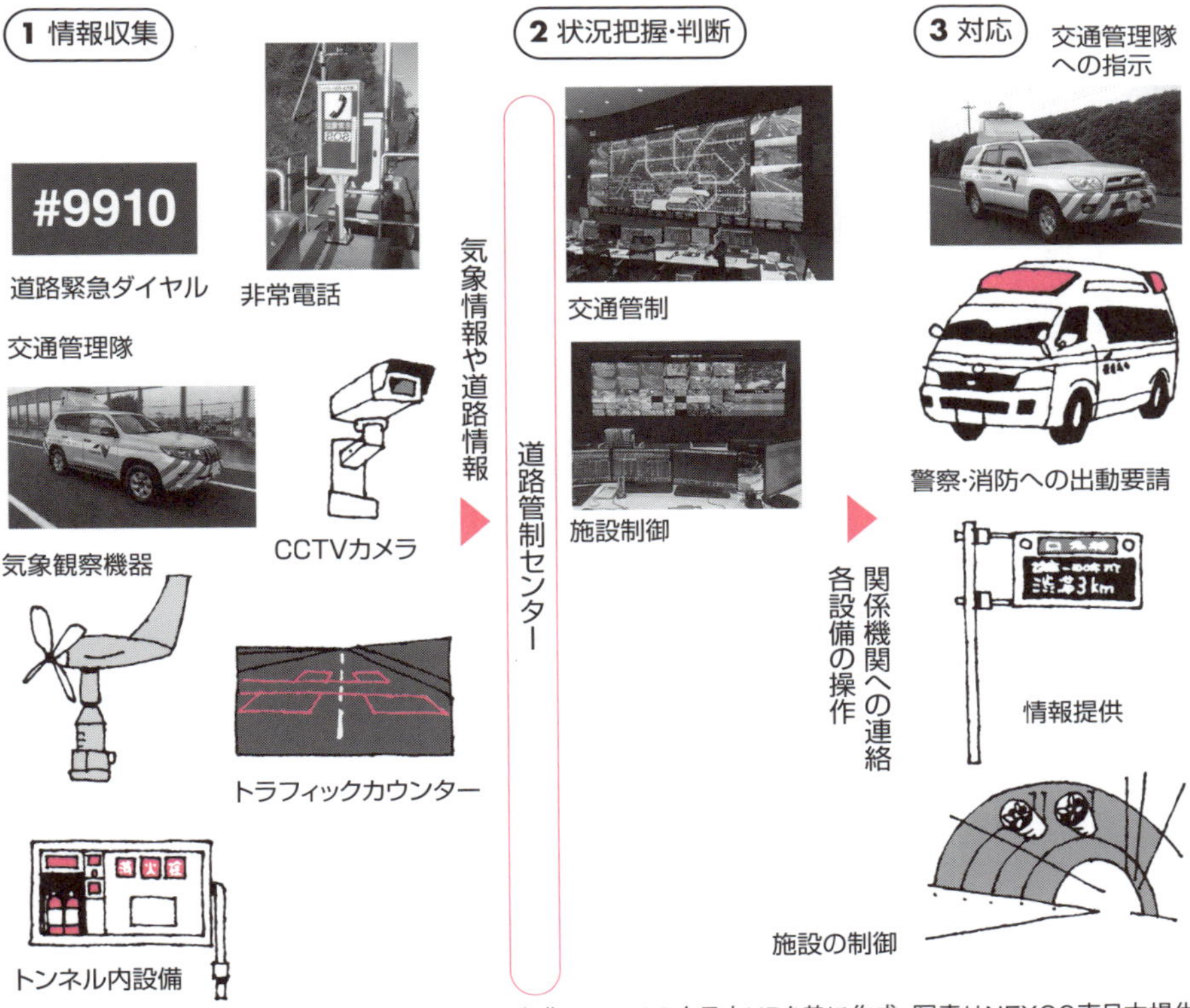

出典：NEXCO中日本HPを基に作成、写真はNEXCO東日本提供

58 雪氷対策

降雪地域の冬期の交通を確保

降雪地域の冬期の道路交通の安全を確保するために、様々な作業や設備の設置を行っています。

名神高速道路開通以来用いられているのが、2〜3台で編成する除雪車や安全のための標識車等で編成し除雪する方法です（**図1**）。この方法は、比較的経済的ですが、雪氷作業が間欠になるため、路面状態が最良のものに保たれにくい、作業速度が遅い、作業が経験や資質に頼られる点が多い等の課題があります。ネクスコ東日本では、これらを解決するために準天頂衛星システム「みちびき」を活用した「自律走行」と「シューター（切り崩した雪を路外へ飛ばす筒状の装置）操作の自動化」の開発を進めており、令和5年度には北海道管内の高速道路にて自律走行並びにシューター操作の自動化を行っています（**図2**）。

また、凍結防止剤（主に塩化ナトリウム）を散布し氷点を下げることにより、路面の残った雪や水分の凍結を防ぐ対策も行っています。一方、冬季の走行安全性の確保のため、凍結防止剤の使用量が増え、橋梁の床版の劣化が進行する等の問題点も顕在化しています。ネクスコ中日本では、金属腐食抑制効果に優れるプロピオン酸ナトリウムを混合した新たな凍結防止剤を令和5年度冬期より北陸自動車道に導入しています。

高速道路内外にも雪氷対策用の施設が設けられています。道路外からの雪崩侵入を防ぐための予防柵・防止林・防護柵や防護擁壁、吹雪等から視界を守るための防雪柵、高速道路を覆うように作られたスノーシェルターやスノージェット等があります。また、トンネルの出口等で路面を融雪するために、ロードヒーティングの設置をしている箇所もあります。

降雪時に高速道路で渋滞による滞留が発生すると、解消まで長時間要する傾向があるため、出控え要請とともに予防的通行止め等で、そのような事象を回避する工夫も実施されています。

要点BOX

- 除雪車、標識車等で編成した除雪方法が普及
- 準天頂衛星システムを使った除雪車の自動化
- 高速道路内外には雪氷対策用の施設も

図１ 梯団除雪による除雪作業

提供：NEXCO東日本

図2 準天頂衛星システム「みちびき」を活用した自律走行とシューター操作の自動化のイメージ

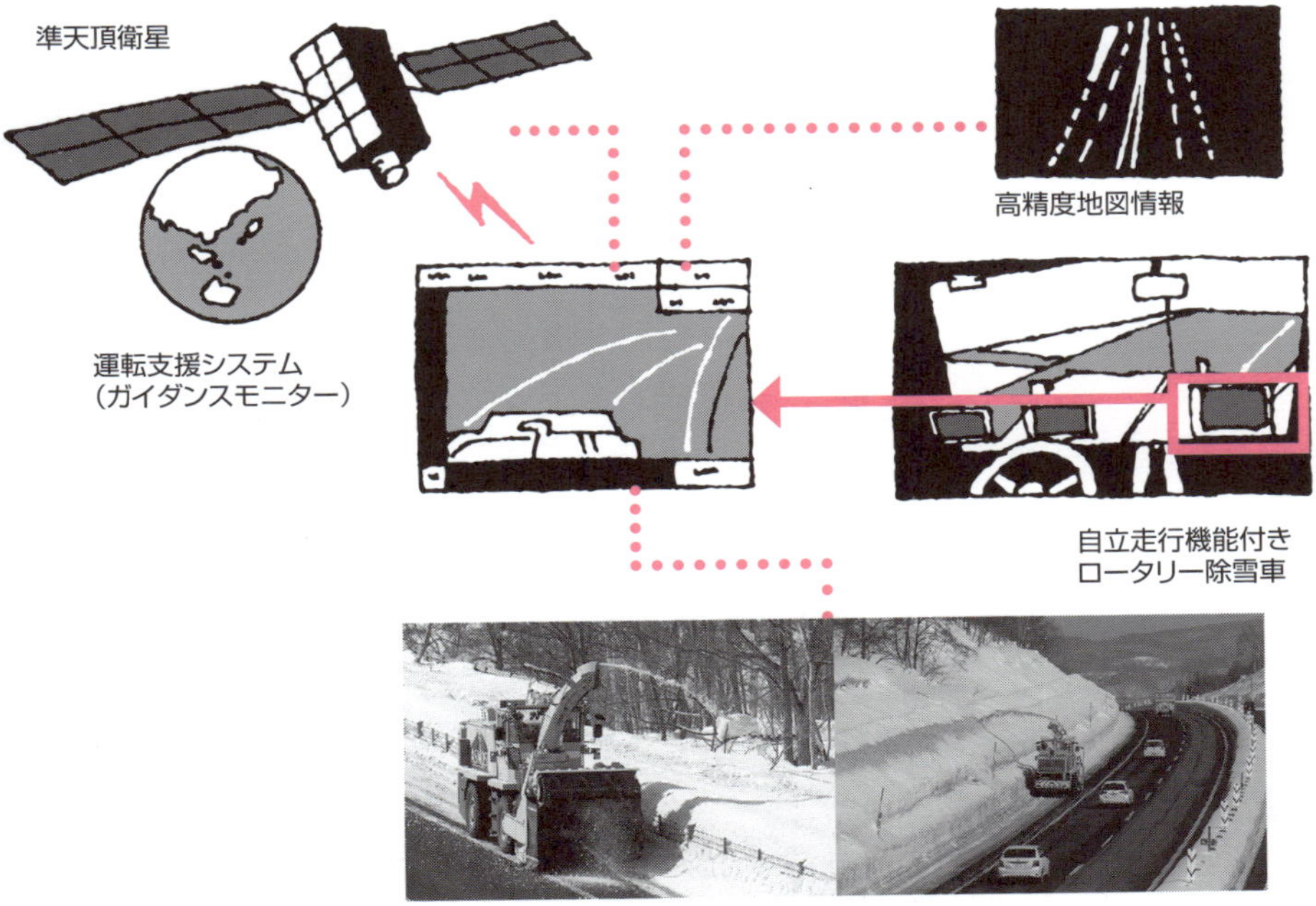

出典：NEXCO東日本HPを基に作成（写真はNEXCO東日本提供）

59 環境対策の変遷

総合的な環境対策の実施

昭和30年頃から始まった経済の高度成長が、自動車の急速な普及、輸送需要の増大をもたらし、昭和40年代に入ると道路騒音、振動等の道路公害が各地に発生して大きな社会問題となりました。国では、昭和42年には公害対策基本法が、その後、大気汚染防止法や騒音規制法等が制定されました。

高速道路の環境問題もこの頃から発生し、昭和45年7月には中央自動車道の烏山地区（高井戸付近）、翌46年5月には中国自動車道の青葉台地区（吹田～宝塚）、昭和47年2月には常磐自動車道流山・柏地区（三郷～千代田間）等において住民運動が発生し、社会的関心を集めました。これらの場所では、行政を巻き込みながら、多くの住民の方々との長い話し合いの結果、それぞれの箇所で効果的な高架橋橋梁区間を覆うシェルター、ひさし型遮音壁、環境施設帯等の設置や半地下構造等の対策を行ってきました（図）。また、昭和50年代以降には、中央自動車道阿智川橋、西名阪自動車香芝高架橋等、橋梁・高架橋区間で発生する低周波空気振動の問題が発生しました。現在では、加振力低減や補剛等実施することにより対策をしていますが、昭和55年に低周波空気振動と騒音の差止・損害賠償請求事件として提訴された香芝高架橋での問題は、損害等の原因が解明されないまま、昭和63年12月に和解が成立しています。

昭和60年代以降の環境問題は、国民生活や一般の事業活動に起因する部分が多く、環境への負荷が地球規模の問題となり、地球温暖化や海洋汚染、野生動物の種の減少等が問題視されています。それに伴い、昭和40～50年代に多く見られた騒音・大気汚染等典型的な沿道環境問題に対する取り組みに加え、生態系への配慮、廃棄物の削減やリサイクル、クリーンエネルギーの導入等の対策にも取り組んでいます。

要点BOX

- 昭和40年代、大気汚染・道路騒音等が社会問題に
- 住民との話し合いを経て、総合的環境対策を実施

日本道路公団事業に係る環境問題発生の代表的な事例

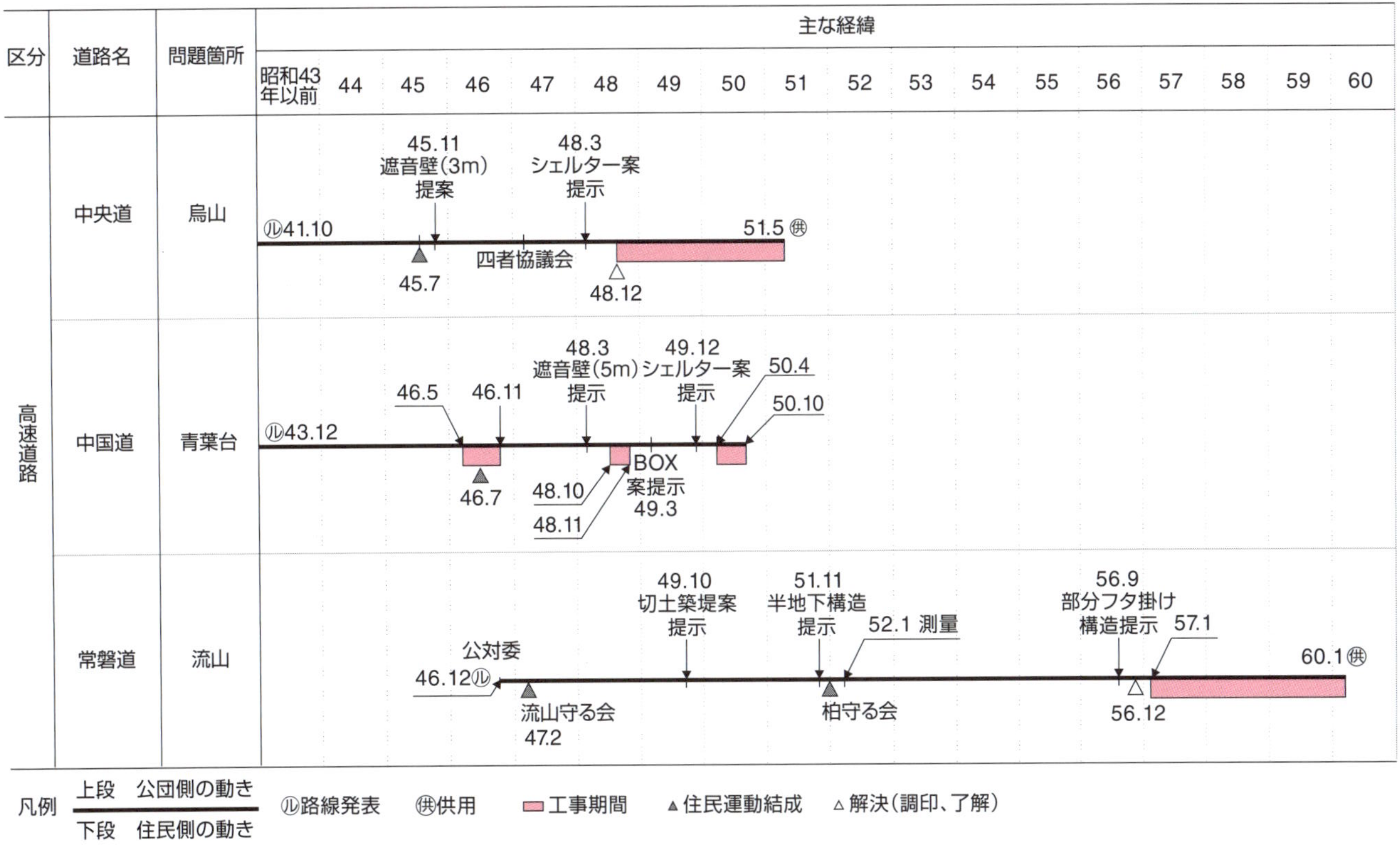

出典：『日本道路公団三十年史』を基に作成

60 エコロード

道路が建設されると、そこに存在している生態系は様々な影響を受け、場合によっては幅広く生態系を消失させることもあります。動物について言えば、生息環境が消失したり移動ルートが分断されることが深刻な弊害になります。同様に、植物では、貴重な植物の生育が失われたり、植物群落が消滅したり、また植物の遺伝子である花粉や種子の移動が道路により分断され、植物の種の維持が危ぶまれることもあります。これらの影響や弊害を極力少なくし、地域の生物多様性の保全と健全な生態系の維持に配慮することにより、自然の恵み（生態系サービス）を持続的に享受できるように道路整備を進めていく「自然環境に配慮した道づくり」はエコロードと呼ばれています。

エコロードは、1934年に開通したドイツのアウトバーンにおいて、技術者ザイフェルトが道路植栽を景観保全と環境保護の立場から進めたと言われています。日本道路公団でも、設立時当初から周辺景観を活用するための造成範囲に配慮した整備、周辺環境との調和を図る緑化、既存林の保全等の検討を目的とし審美委員会を設置し、景観に配慮してきました。結果的にこれらが、現在も行われている自然環境保全に受け継がれています。

エコロードという概念が広まったのは1980年代からで、日光国立公園を通る日光宇都宮道路が契機となりました。具体的な対策は、地形改変を少なくするために、山裾部分から避ける道路線形の変更、高盛土から橋梁構造への変更や多段切土をトンネル構造への変更等を行いました（図）。また、野生動物が本線横断するための移動路（けもの道）を、大型カルバートボックスを設置することで確保したり、モリアオガエルの代替え産卵地を確保する等の対策を行っています。これらが、我が国のエコロードの原点になっています。

要点BOX

- ●生態系サービスと道路整備の両立がエコロード
- ●環境配慮は高速道路の歴史には不可欠な信念
- ●地形改変の最小化、野生生物の保全等を実施

日光宇都宮道路の事例

切土のトンネル化

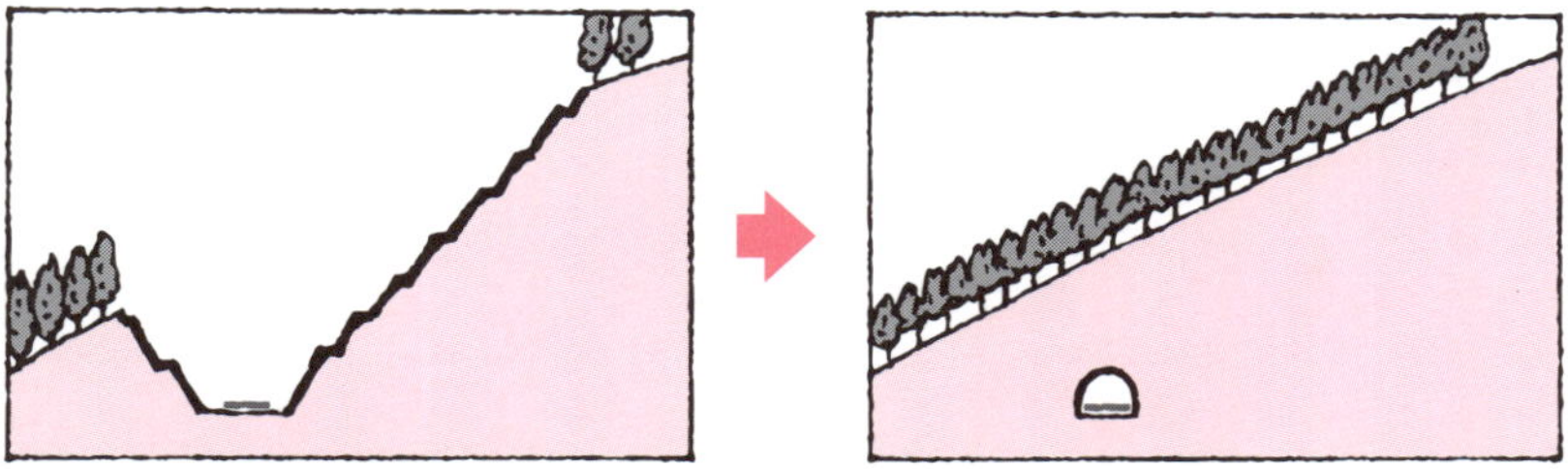

トンネル構造は、当初は現在の鳴虫山トンネルの中央部分だけで、あとは全て切土構造であったが、神ノ主山部分と鳴虫山部分を全面的にトンネルに変更した。

切土の橋梁化

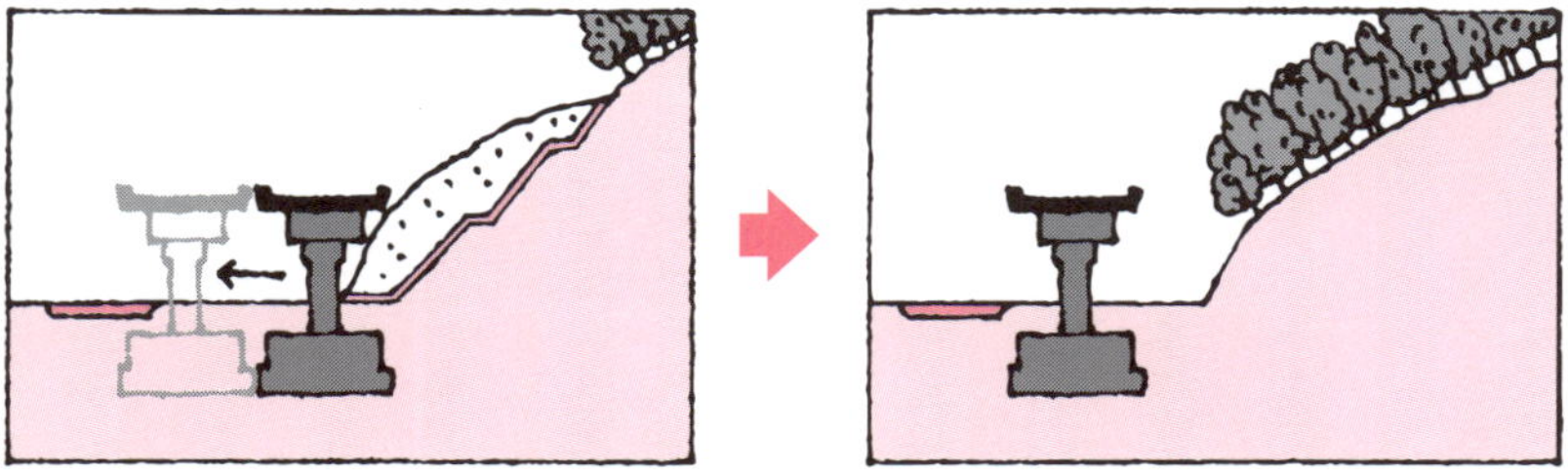

安良沢周辺の区間は、当初大谷川右側の鳴虫山の山頂から続く尾根筋の末端部分を切土構造とする計画であったが、道路線形を大谷川方向にシフトして橋梁に変更した。

盛土の橋梁化

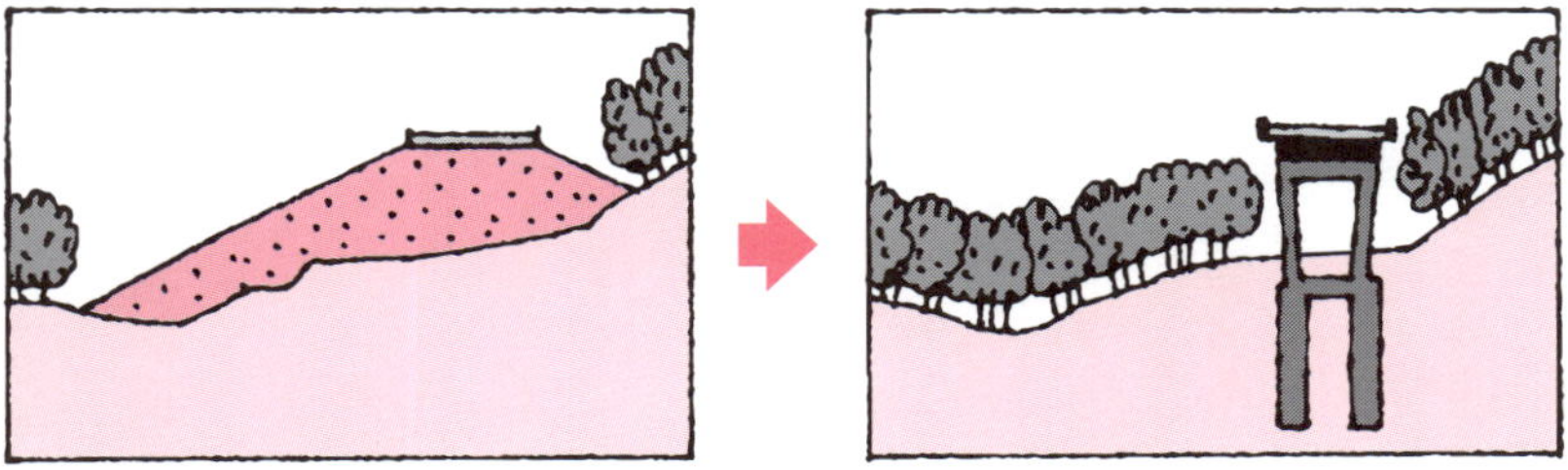

鳴虫山トンネルを出た部分に計画された銭沢橋は、当初高盛土構造とする計画であったが、改変範囲の縮小化と、動物の移動経路確保への配慮から橋梁に変更した。

出典：NEXCO総研『エコロードガイド』を基に作成

61 遮音壁

道路騒音から周辺環境を守るために、遮音壁を設置しています。日本道路公団では、昭和38年に名神高速道路の開通に先立ち、八日市IC付近の学校や病院に対する騒音対策として設置したのが最初です。当初の遮音壁は仮設構造物的な考え方でしたが、環境基準の閣議決定等の社会情勢の変化に伴い、標準図集の整備や吸音パネルの統一等、また道路景観に配慮した遮音壁の開発・設置等が実施され、令和2年度では、2900㎞あまりの遮音壁が設置されており、まさに高速道路を構成する大きな要素となっています(図1、2)。

遮音壁のパネルは、音を反射するものと吸収するものに大別されます。前者はコンクリート製が主なもので、音を遮断し反射します。重量が大きいため、橋梁等の構造物には設置できません。一方、後者は音のエネルギーを吸収する吸音材料を有するパネルです。重量を小さくすることができ、かつ、音源側への音の反射も防ぐことができる利点を持っています。特に、吸音パネルは、昭和51年6月に日本道路公団統一型として標準化されたものです。当初、吸音パネルは多種多様なものが入り乱れていたため、昭和48年9月に音響性能を定め、26社27製品のパネルの使用が認められましたが、補修や美観上の問題が残されていました。このため、吸音パネルの統一について各メーカーの意見を聴き、各種パネルの試作、音響性能、外観、耐久性、政策の難易度を検討し、道路交通騒音に最も適し橋梁上にも設置できるパネルの標準化を行いました。

道路管理者が遮音壁を設置する道路交通騒音の基準は、人の健康を保護し生活環境を保全するために環境基本法と、自動車が一定の条件で運行する場合に発生する自動車騒音の大きさの許容限度を定めた騒音規制法により設定されています。

要点BOX

- ●遮音壁は2900㎞にも及ぶ
- ●遮音壁のパネルは音の反射と吸収の2種類
- ●遮音壁の設置は環境基本法、騒音規制法による

図1 遮音壁の設置例

提供：NEXCO東日本

図2 遮音壁設置延長の推移

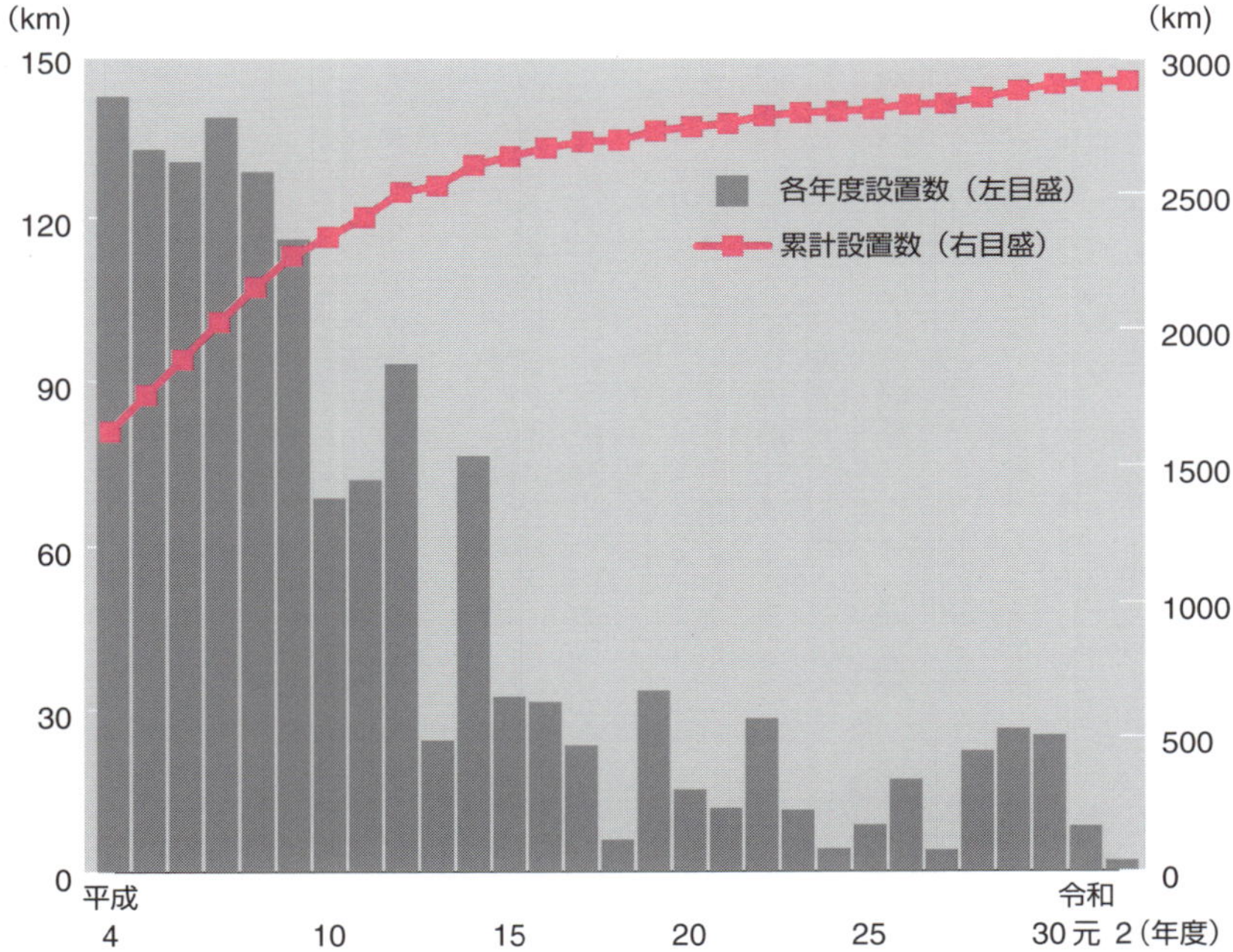

62 サービスエリアとパーキングエリア

進化する休憩施設

高速道路には、全国で約９００の休憩施設が設置されています。利用される方の疲労や生理的要求を感じた際に利用するため、概ね15～35㎞毎を目安に設置しています。

サービスエリアは人と自動車が必要とするサービスを、パーキングエリアは疲労と緊張を解くためのサービスを提供する施設です。パーキングエリアでは駐車場、トイレ、利用状況に応じてショッピングコーナーを、サービスエリアでは休憩所、レストラン関連施設、ガスステーション等を設置することを基本としています(**図1**)。ガスステーションは車両の燃料切れ予防のために、50～１５０㎞毎の設置が目安として整備されてきました。

休憩施設は民営化後には、高速道路の外からも休憩施設が利用できるようになり、地域の方との連携が深まるとともに、営業施設自体のサービスの質も向上しています。地域と連携できる施設として、公園等の潤いのある施設であるハイウェイオアシスがあります。ハイウェイオアシスは、地元自治体や第三セクター等が運営し、高速道路の内外から利用できます。

また、既存の高速自動車国道の有効活用や、地域生活の充実、地域経済の活性化を推進するためスマートインターチェンジ(ETC専用インターチェンジ)も休憩施設に多く設置されています(54項で詳述)。

民営化後の休憩施設のトイレの進化は、大きな特徴とも言えます。近年では、清掃が行き届いているのはもちろん、**図2**のような多機能トイレ・温水洗浄便座・パウダーコーナーの設置やトイレの空きが一目でわかるトイレ満空表示灯や情報モニターの設置、またトイレの入り口にハイウェイ情報ターミナルを設置している個所もある等、快適性が向上しています。

要点BOX

- **休憩施設は15～35㎞毎に設置**
- **PAは必要最小限のサービス提供と定義**
- **ハイウェイオアシス、トイレ等の快適性を向上**

図1 EVステーション

図2 多機能トイレとパウダーコーナーの例

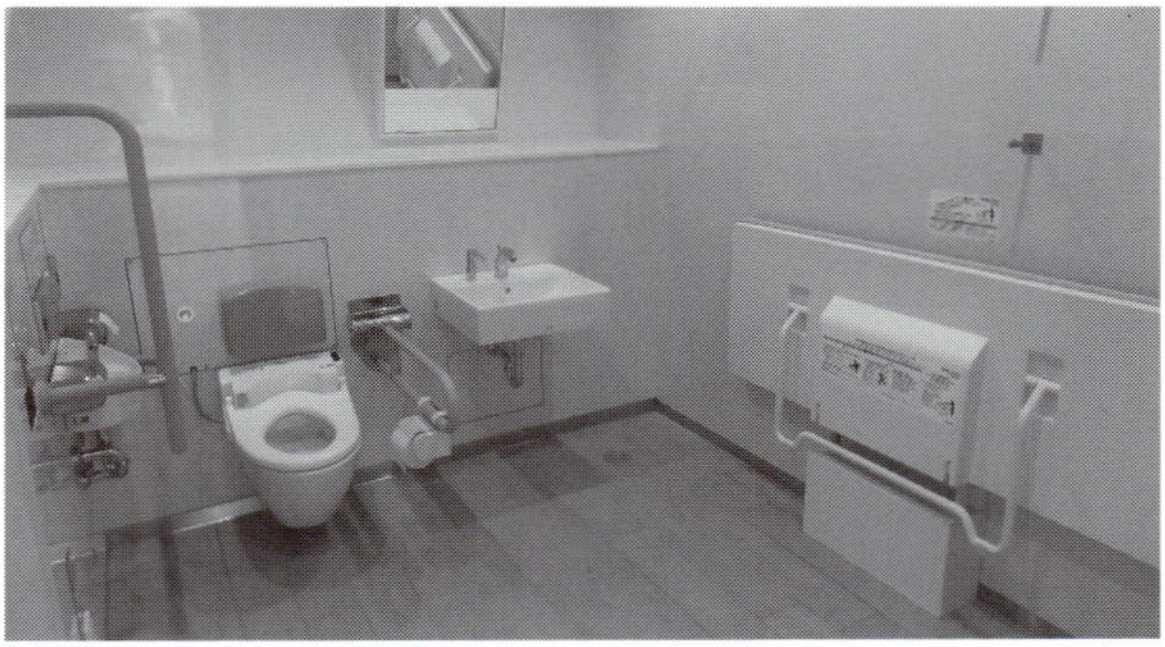

提供：いずれもNEXCO東日本

63 次世代高速道路

社会情勢を捉えた施策

激甚化・頻発化する自然災害、少子高齢化、加速化するインフラの老朽化、デジタル革命の加速、グリーン社会の実現等の社会情勢の変化を踏まえ、令和3年5月28日に第5次社会資本整備重点計画、第2次交通政策基本計画が閣議決定されました。今後の交通政策の基本方針には、MaaS(Mobility as a Service)の推進、物流DX(Digital Transformation)実現、自動運転車の早期実用化、交通インフラのメンテナンスの徹底、働き方改革の推進による人材の確保・育成、脱炭素化に向けた取組み等が含まれています。

高速道路各社でも次世代高速道路、進化した高速道路を実現するために、様々な取組みを行ってきました。

自動運転に関しては、国は、自動運転レベル4等先進モビリティサービス研究開発・社会実装プロジェクトを立ち上げ、産学官のキープレーヤーを結集し、レベル4等の先進モビリティサービスの実現・普及に向けて、研究開発から実証実験、社会実装まで一貫した取組みを進めています。

ネクスコ東日本では、自動運転社会の実現を加速させる次世代高速道路の実現のために108の具体施策と打ち手を設定、また「短期的な課題解決のために変革」と「長期的な未来をつくるための挑戦」の2つの視点から見た31項目のプロジェクトを、関係機関と調整、必要に応じて連携しながら実現に向けて推進しています(図)。

ネクスコ中日本では、50項で紹介した「次世代技術を活用した革新的な高速道路マネジメント(i-MOVEMENT)」の目指すものとして、交通事故をゼロにすること、自動運転の安全や自動車貨物輸送の進化を支えること等をあげています。

要点BOX

- MaaS、交通DX、自動運転等、社会課題を解決する新技術が加速
- 高速道路各社も実現に向けて取組む

自動運転社会の実現を加速させる次世代高速道路の目指す姿(構想)

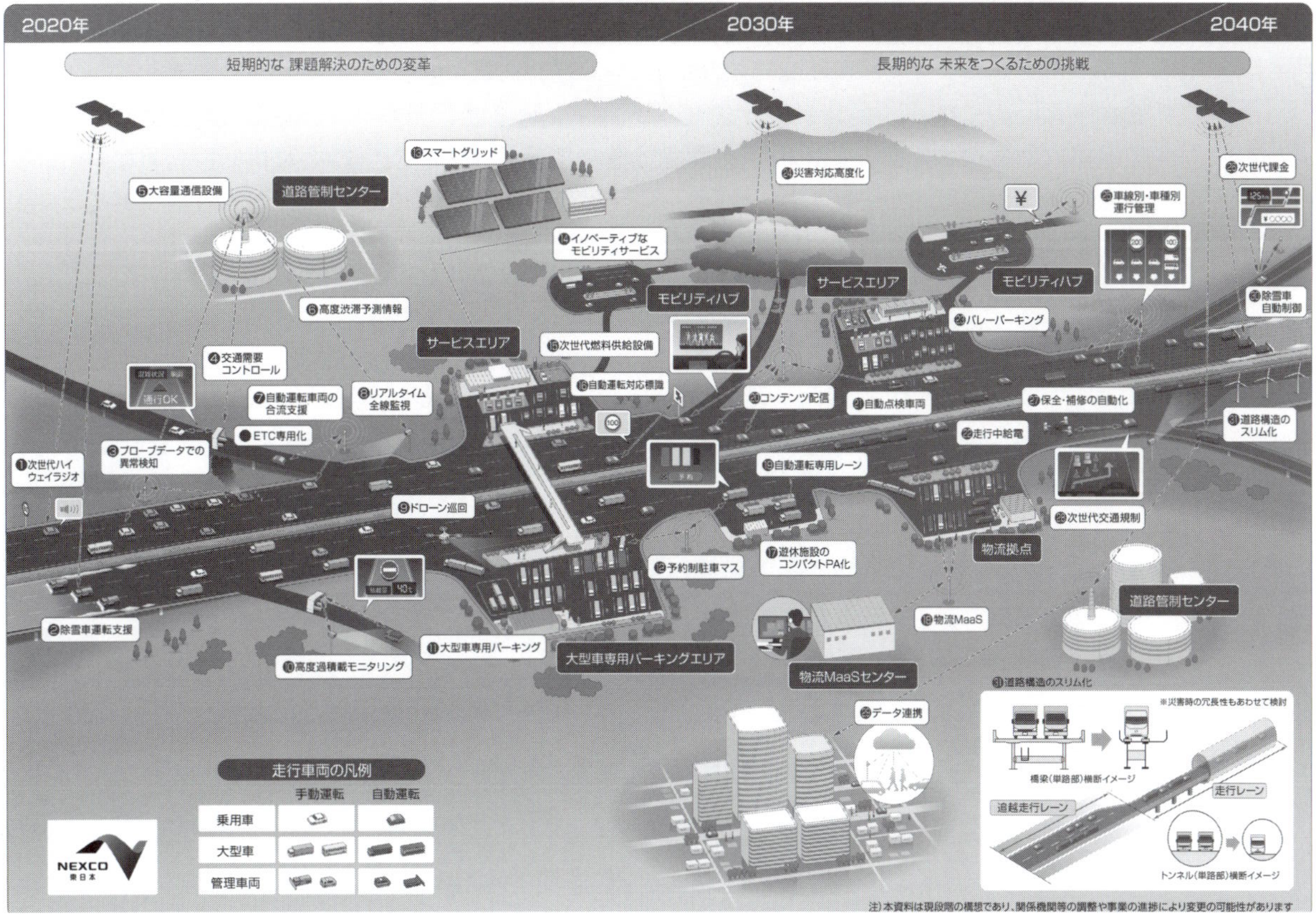

提供：NEXCO東日本

Column

SA・PAの防災拠点化

大地震等災害発生時にSA・PAは、自衛隊や消防が被災地に進出する部隊の中継基地や前線基地として活用されました。

　ネクスコ東日本では、東日本大震災を経験した若手の技術者が、SA・PAをより活用することを考えました。防災拠点のモデルSA・PAに、首都圏に近い常磐道の守谷SAを選定し、自衛隊・消防等の国・進出機関と民間企業十数社による検討準備会を立上げ、合同実証訓練の実施、商業施設を利用した室内防災訓練を実施し、防災拠点化を進めました。

　防災拠点化にあたり考慮した点は、水の確保（井戸を掘削）、非常用電源の機能向上、上下線のSAの連絡通路、ヘリポートの確保・拡充、商業施設建物内部を災害対策の拠点として活用すること等です。

　このように防災機能を強化したSA・PAは、現在、ネクスコ東日本では関越自動車道高坂SA上り、東北自動車道蓮田SA上り、常磐自動車道守谷SA上り、東関東自動車道酒々井PA上りに整備しています（令和5年10月31日現在）。

　各高速道路会社もそれぞれSA・PAの防災拠点化を進めています。

（長尾哲執筆）

合同防災訓練の状況

関越道　高坂SA災害対策本部

常磐道　友部SA　自衛隊車両

常磐道　友部SA　自衛隊ヘリ

提供：いずれもNEXCO東日本

高速道路整備の歩み

NO	年月	
1	1943	内務省道路局において、総延長5490kmの全国自動車国道網計画策定
2	1951	建設省、「東京－神戸間の高速道路調査」を再開
3	1952・6	新道路法制定、（戦後における諸制度の改革に対応して、旧道路法を大幅に改正）
4	1952・6	道路整備特別措置法制定（国・地方公共団体の行う有料道路事業の導入）
5	1953・7	道路整備費の財源等に関する臨時措置法制定（揮発油税の道路整備への目的税化）
6	1954	揮発油税を特定財源とした、第一次道路整備5か年計画策定（昭和29年度～33年度）
7	1956・3	新道路整備特別措置法制定（道路公団の行う有料道路事業の導入）
8	1956・4	日本道路公団設立
9	1956・8	ワトキンス調査団調査報告書提出
10	1957・4	国土開発縦貫自動車道建設法制定：中央自動車道（小牧～吹田）の予定路線の法定
11	1957・4	高速自動車国道法制定、合わせて道路整備特別措置法を改正、（道路公団の行う有料道路事業に高速自動車国道を追加、施行命令方式の採用）
12	1957・10	名神高速道路（小牧～西宮190km）へ施行命令
13	1959・6	首都高速道路公団設立
14	1960・3	日本道路公団世界銀行と第一次借款契約調印（対象栗東～尼崎、4000万ドル）、最終的には名神高速道路では、2次にわたり8千万ドル、日本円換算288億円を借り入れ
15	1960・6	道路交通取締法（1947年制定）の廃止、道路交通法（道路交通の基本法）制定
16	1960・7	東海幹線自動車国道建設法制定：東海道幹線自動車国道（東京～小牧）の予定路線の法定 国土開発縦貫自動車道建設法の中央自動車道（東京～小牧）の予定路線の法定
17	1962・5	阪神高速道路公団設立
18	1962・5	東名高速道路（東京～静岡162km）、中央自動車道（東京～富士吉田94km）へ施行命令
19	1962・12	首都高速道路（京橋～芝浦4・5km）開通、首都高速道路、最初の開通
20	1963・7	名神高速道路（栗東～尼崎71km）が日本で最初の高速自動車国道として開通

NO	年月	高速道路整備の歩み
21	1963・9	日本道路公団世界銀行と第三次借款契約調印（対象東名、東京～静岡、7500万ドル）東名高速では最終的には4次にわたり総額3億ドル日本円換算1080億円を世銀から借り入れ
22	1963・7	関越自動車道建設法制定：関越道（東京～新潟）の予定路線の法定
23	1963・10	東名高速道路全線へ施行命令
24	1964	名神高速道路　4月関ヶ原～栗東、9月一宮～関ヶ原、尼崎～西宮 開通
25	1964・6	阪神高速道路（1号環状線、土佐堀～湊町2・3km）開通、阪神高速道路最初の開通
26	1965・7	名神高速道路全線開通
27	1966・7	個別に定められていた高速道路の建設に関する法律を整備統合して、「国土開発幹線自動車道建設法」を制定。全国の都道府県を結ぶ国土開発幹線自動車道網として、32路線、総延長7600kmの予定路線を法定。全国の都市及び農村地域から概ね2時間以内で到達を目標
28	1966・7	東北自動車道、中央自動車道、北陸自動車道、中国自動車道、九州自動車道（「縦貫5道」）の1017kmへ施行命令、全国的に展開する新しい高速道路網の建設がスタートする
29	1969・5	東名高速道路全線開通
30	1970・7	本州四国連絡橋公団設立
31	1972・10	道路整備特別措置法施行令の一部改正により、高速自動車国道に料金プール制を採用
32	1973・9	高速自動車国道の供用延長1000kmを達成
33	1976・12	高速自動車国道の供用延長2000kmを達成
34	1982・3	高速自動車国道の供用延長3000kmを達成
35	1982・11	中央自動車道全線開通
36	1983・3	中国自動車道全線開通
37	1985・10	関越自動車道全線開通
38	1986・10	東京湾横断道路㈱設立
39	1987・6	第4次全国総合開発計画（閣議決定）、14000kmの高規格幹線道路網を打ち出し
40	1987・9	国土開発幹線自動車道建設法の一部改正 既定予定路線7600kmに新たに、3920kmが追加され、予定路線が11520kmとなる
41	1987・9	東北自動車道全線開通

42	1987・10	高速自動車国道の供用延長、4000㎞を達成
43	1988・4	本州四国連絡橋、児島坂出ルート37・3㎞全線開通
44	1988・7	北陸自動車道全線開通
45	1990・7	日本道路公団世界銀行の借款を完済
46	1991・3	東名高速道路大井松田～御殿場改築（2車線＋2車線⇒3車線＋4車線）完了
47	1991・12	高速自動車国道の供用延長、5000㎞を達成
48	1993・11	第二東名・名神へ施行命令
49	1995・7	九州縦貫自動車道　全線開通、青森から鹿児島を結ぶ列島縦貫軸が完成
50	1996・11	高速自動車国道の供用延長、6000㎞を達成
51	1997・12	東京湾横断道路15・1㎞開通
52	1998・4	本州四国連絡橋、神戸鳴門ルート89・0㎞全線開通
53	1999・5	本州四国連絡橋、尾道今治ルート59・4㎞全線開通
54	2002・9	高速自動車国道の供用延長、7000㎞を達成
55	2002・12	「道路関係四公団民営化推進委員会」が「意見書」を内閣総理大臣に提出
56	2003・12	第1回国土開発幹線自動車道建設会議「新直轄方式に切り替わる区間の基本計画及び整備計画の整備主体の変更
57	2004・6	道路関係四公団民営化関係4法成立
58	2005・10	独立行政法人日本高速道路保有・債務返済機構及び6つの高速道路株式会社の設立
59	2006・2	第2回国土開発幹線自動車道建設会議「会社の自主性を尊重した会社整備区間の確定 新直轄方式の対象区間の確定」
60	2008・2	高速自動車国道の供用延長、7500㎞を達成
61	2009・4	第4回国土開発幹線自動車道建設会議「新たな整備計画の策定※、4車線化に伴う整備計画の変更」※直轄方式による整備を 基本としつつ「合併施行方式」も検討
62	2012・3	高速自動車国道の供用延長、8000㎞を達成
63	2015・3	常磐自動車道全線開通
64	2015・3	首都高速道路　中央環状線全線開通

日本道路公団三十年史、高速道路便覧2021より作成。

pressroom/committee/)
100)高速道路の土工技術史,高速道路調査会
101)(一社)日本建設機械工業会HP,日本建設機械史p.28(https://www.cema.or.jp/general/organization/ccgh5100000004sc-att/kenki3_2020.pdf)
102)高速道路における土工技術の変遷,横田聖哉他
103)道路土工(I)一般土工,平島碩人他,山海堂
105)設計要領第一集土工建設編,NEXCO東日本
106)軟弱地盤における道路盛土の情報化施工,栗原則夫,土質工学会,土と基礎1982年7月),国立国会図書館デジタルコレクション
107)高速道路盛土建設における軟弱地盤対策の変遷,持永龍一郎他,土木学会論文集第349号/4-1,1984年9月

◆以下、項目ごとに記載します。

41項 高速道路の土木技術史,公益財団法人高速道路調査会
43項 高速道路便覧2021,全国高速道路建設協議会,及び高速道路のトンネル技術史,公益財団法人高速道路調査会
44項 日本道路公団三十年史,日本道路公団,及び若戸橋調査報告書,日本道路公団福岡支社編
45・46項 高速道路の舗装技術史,公益財団法人高速道路調査会
47項 土木学会第51回年次学術講演会回転式舗装試験機によるアスファルト混合物の耐流動性試験について,回転式舗装試験機の更新と舗装の長寿命化への取組み,高速道路と自動車2021年2月

第7章

48項 国土交通省HP,「道路整備特別措置法及び独立行政法人日本高速道路保有・債務返済機構法の一部を改正する法律案」を閣議決定(https://www.mlit.go.jp/report/press/road01_hh_001630.html),及び平成25年度国土交通白書 点検の高度化に向けた検討委員会(報告種)令和2年3月,NEXCO(東・中・西日本高速道路)の更新計画(概略)についてNEXCO3社記者発表資料　令和5年1月31日
49項 高速道路点検診断資格(令和5年度版),高速道路調査会
50項 NEXCO東日本HP,スマートメンテナンスハイウェイ(SMH)(https://www.e-nexco.co.jp/activity/safety/smh/),及びNEXCO中日本HP,i-MOVEMENT(https://www.c-nexco.co.jp/corporate/operation/maintenance/i-movement/),及び首都高速道路株式会社HP,スマートインフラマネジメントシステム i-DREAMs®(https://www.shutoko.co.jp/efforts/safety/idreams/)
51項 株式会社ネクスコ東日本エンジニアリングHP,壁昇降点検ロボット(https://www.e-nexco-engi.co.jp/product/p0024.html),及び西日本高速道路エンジニアリング四国株式会社HP,Jシステム(https://www.w-e-shikoku.co.jp/wp-content/uploads/2021/07/f79161d67e066af4a50f4ac2d61e49f4-1.pdf),及び中日本ハイウェイ・エンジニアリング東京株式会社,斜張橋における斜材の点検ロボット(https://www.c-nexco-het.jp/tech/284/)
52項 NEXCO西日本HP,高速道路資産の長期保全及び更新のあり方に関する技術検討委員会中間とりまとめ(参考資料)2023月1月30日(https://corp.w-nexco.co.jp/corporate/release/hq/r2/1125/)

第8章

53項 高速道路の舗装技術史,公益財団法人高速道路調査会
54項 国土交通省HP,第5回有料道路部会 高速道路ストックの機能強化の課題(https://www.mlit.go.jp/road/sisaku/smart_ic/index.html),及び本州四国連絡高速道株式会社路HP,淡路北スマートIC開通(https://www.jb-honshi.co.jp/customer_index/guide/awajikita/)
55・59項 日本道路公団三十年史,及びJHこの10年の歩み,　日本道路公団
56項 JHこの10年の歩み,日本道路公団
57項 NEXCO東日本HP,道路管制センターってどうなってるの?(https://www.driveplaza.com/safetydrive/mamechishiki/011.html),及びNEXCO中日本HP,安全性向上3カ年計画の取組み状況(https://www.c-nexco.co.jp/corporate/safety/torikumi/torikumi/vol08/)
58項 NEXCO東日本(https://www.e-nexco.co.jp/csr/),及びNEXCO中日本,安全性向上を担うNEXCO中日本グループ社員(https://www.c-nexco.co.jp/corporate/safety/torikumi/interview/vol05/),及びNEXCO中日本記者発表資料2023年11月21日,構造物の長寿命化を目指し、さびにくい凍結防止剤を導入
60項 エコロード 生き物にやさしい道づくり,亀山章,エコロードガイド,NEXCO総研
61項 日本道路公団三十年史,日本道路公団,及び高速道路便覧2021,全国高速道路建設協議会
62項 国土交通省HP(https://www.mlit.go.jp/road/toukei_chousa/road_db/pdf/2023/6-4-4.pdf),及び設計要領第四集休憩施設編,NEXCO
63項 国土交通省HP,高速道路の将来像について(https://www.mlit.go.jp/policy/shingikai/content/001411432.pdf),及び社会資本整備審議会交通政策審議会第46回計画部会2021年5月11日,及びNEXCO東日本HP,次世代高速道路の目指す姿(構想)(https://www.e-nexco.co.jp/activity/safety/future/?trflg=1),NEXCO中日本HP,i-MOVEMENT(https://www.c-nexco.co.jp/corporate/operation/maintenance/i-movement/)

6) 国土交通省HP,現行道路構造令改正の経緯(https://www.mlit.go.jp/road/sign/pdf/kouzourei_full.pdf),及び道路構造令の一部を改正する政令について(https://www.mlit.go.jp/road/sign/kouzourei/h15kaiseitop.html)

72) 設計要領第4集幾何構造,東日本高速道路

73) 東名高速道路建設誌,日本道路公団

74) 国土交通省HP,第二東海自動車道及び近畿自動車道名古屋神戸線に係る構造基準等について平成2年8月6日,建設省道路局長・都市局長通達)(https://www.mlit.go.jp/notice/noticedata/sgml/083/79000498/79000498.html)

75) 第二東名・名神高速道路の計画と課題,荒牧英城,土木学会論文NO.444(https://www.jstage.jst.go.jp/article/jscej1984/1992/444/1992_444_1/_pdf/-char/ja)

76) 国土交通省HP,首都高速道路の設計速度の状況(https://www.mlit.go.jp/road/ir/ir-council/syutokou/06/02.pdf)

77) 高速自動車国道等における最高速度規制について平成28年8月,警察庁交通局

78) 警察庁,第1回交通事故抑止に資する取締り・速度規制等の在り方に関する懇談会,資料4速度規制の目的と現状　(https://www.npa.go.jp/koutsuu/kikaku/regulation_wg/1/siryou4.pdf)

79) 規制速度決定の在り方に関する調査研究報告書要旨(https://warp.da.ndl.go.jp/info:ndljp/pid/285919/www.npa.go.jp/koutsuu/kisei39/kisei20090402-2.pdf),及び、「交通規制基準」の改正について(通達)((https://www.npa.go.jp/laws/notification/koutuu/kisei/kisei20170424.pdf)

80) 警察長交通局,速度規制等ワーキンググループ検討結果(案)(https://www.npa.go.jp/koutsuu/kikaku/regulation_wg/kisei_wg/03/siryou1.pdf),及び資料編平成25年12月18日(https://www.npa.go.jp/koutsuu/kikaku/regulation_wg/3/siryou3_2.pdf)

81) 内閣府HP,高速道路における最高速度規制・見直しについて平成30年交通安全白書(概要),(https://www8.cao.go.jp/koutu/taisaku/h30kou_haku/gaiyo/topics/topic02.html)

82) 警察庁「交通規制基準」の改正について(通達) R3.3.4表35,p.126(https://www.npa.go.jp/laws/notification/koutuu/kisei/kisei20211130.pdf)

第5章

83) よくわかる道路関係四公団民営化関係法,国土交通省道路局路政課,道路法令研究会,ぎょうせい

84) 第159回国会参議院国土交通委員会第20号平成16年6月1日小泉総理答弁(067)(https://kokkai.ndl.go.jp/simple/detail?minId=115914319X02020040601&spkNum=0#s0)

85) 国土交通省HP,民営化の概要(https://www.mlit.go.jp/road/4kou-minei/4kou-minei_3.html)

86) 国土交通省HP,高速道路機構・会社の業務点検結果について資料1・2(https://www.mlit.go.jp/report/press/road01_hh_000535.html)

87) 日本高速道路保有・債務返済機構,業務の概要(https://www.jehdra.go.jp/kiko/gyoumunogaiyou.html)ファクトブック2023

88) 国土交通省HP,社会資本整備審議会道路分科会(中間答申平成25年6月)(https://www.mlit.go.jp/common/001001968.pdf),及び第10回国土幹線道路部会配付資料(https://www.mlit.go.jp/policy/shingikai/road01_sg_000162.html)

89) 国土交通省HP,高速道路を中心とした「道路を賢く使う取組」の中間答申(平成27年7月)(https://www.mlit.go.jp/report/press/road01_hh_000541.html)

90) 国土交通省HP,報道発表資料:新たな高速道路料金について(https://www.mlit.go.jp/report/press/road01_hh_000404.html)

91) 国土交通省HP:首都圏の新たな高速道路料金について(https://www.mlit.go.jp/report/press/road01_hh_000630.html),及びNEXCO東日本HP,「首都圏の新たな高速道路料金の具体案」について(https://www.e-nexco.co.jp/pressroom/head_office/2015/0918/00006680.html),及びNEXCO東日本HP,令和4年4月1日からの首都圏の新たな高速道路料金について(https://www.e-nexco.co.jp/pressroom/head_office/2022/0301/00011022.html)

92) 国土交通省HP,近畿圏の新たな高速道路料金について(https://www.mlit.go.jp/road/road_fr4_000047.html),及び日本高速道路保有・債務返済機構HP,「近畿圏の新たな高速道路料金の具体案」について(https://www.jehdra.go.jp/kousoku/ikenboshu2812.html),及びNEXCO西日本HP,平成31年春からの近畿圏の新たな高速道路料金について(https://corp.w-nexco.co.jp/corporate/release/hq/h31/0128/)

93) 国土交通省HP,中京圏の新た高速道路料金について(https://www.mlit.go.jp/report/press/road01_hh_001306.html)

94) 国土交通省HP,道路行政の簡単解説(https://www.mlit.go.jp/road/sisaku/dorogyousei/index.html)

95) NEXCO西日本HP,高速道路建設の流れ(https://corp.w-nexco.co.jp/activity/const_bus/flow.html)

96) 第4回国土開発幹線自動車道建設会議について(https://www.mlit.go.jp/road/ir/ir-council/kansen/20090427.html)

97) 朝日新聞社HP,asahi.comニュース特集(http://www.asahi.com/special/jh/TKY200401270307.html)

98) 総務省HP,平成28年度地方税制改正(税負担軽減措置等)要望事項(https://www.soumu.go.jp/main_content/000375149.pdf)

第6章

13) 高速道路調査会HP,高速道路五十年史(https://www.express-highway.or.jp/company/document/50th.html),及び日本道路公団三十年史,日本道路公団30年史編集委員会,日本道路公団

17) 高速道路はじめて辞典,日本道路公団,高速道路技術センター

99) NEXCO東日本HP,高速道路資産の長期保全及び更新のあり方に関する技術検討委員会資料報告書(https://www.e-nexco.co.jp/

38）白川村役場HP,文化財（https://www.vill.shirakawa.lg.jp/1397.htm）
39）国土交通省HP,道路整備効果事例集2008年度版（4-7及び6-59及び2005年版5-6）（https://www.cgr.mlit.go jp/chiki/doyroj/seibikoka/seibikcka.html）
40）白川村役場HP,第2次白川村地域福祉計画P.16（https://www.vill.shirakawa.lg.jp/1143.htm）
41）北陸鉄道HP,北陸鉄道グループ高速乗合バスのあゆみ（http://www.hokutetsu.co.jp/kousoku30th-ayumi.html）,路線図ドットコムHP,荘川・白川郷バス路線図（https://www.rosenzu.com/brgi/old/60/brg67000a.html）
42）NEXCO中日本HP,E41東海北陸道のストック効果（https://www.c-nexco.co.jp/corporate/pressroom/news_release/4327.html）
43）国土交通省関東地方整備局HP,環状道路の機能と効果(https://www.ktr.mlit.go.jp/road/shihon/road_shihon00000125.html）
44）国土交通省関東地方整備局HP,3環状の計画と整備の変遷(https://www.ktr.mlit.go.jp/road/shihon/road_shihon00000123.html）
45）東京都建設局HP,三環状道路の概要（https://www.kensetsu.metro.tokyo.lg.jp/jigyo/road/kensetsu/sankanjyo/gaiyou/index.html）
46）国土交通省東京外かく環状国道事務所HP,東京リングステップ計画概要（外環とは）(https://www.ktr.mlit.go.jp/gaikan/gaiyo/index.html）
47）国土交通省関東地方整備局HP,中央環状線（首都高速中央環状線）(https://www.ktr.mlit.go.jp/road/shihon/road_shihon00000116.html）
48）首都高速道路株式会社HP,中央環状線（高速湾岸線~高速3号渋谷線）開通後3ヶ月の整備効果について(https://www.shutoko.co.jp/company/press/h27/data/07/30_threemonths/）
49）首都高速道路株式会社HP,中央環状線（高速湾岸線~高速3号渋谷線）開通後1ヶ月の整備効果について(https://www.shutoko.co.jp/company/press/h27/data/04/24_onemonth/）
50）国土交通省関東地方整備局HP,首都圏3環状道路(https://www.ktr.mlit.go.jp/road/shihon/index00000002.html）
51）国土交通省関東地方整備局HP,事業評価監視委員会（平成28年10月）資料（https://www.ktr.mlit.go.jp/ktr_content/content/000657202.pdf）
52）長野県HP,国勢調査令和2年(nagano.lg.jp)（https://www.pref.nagano.lg.jp/tokei/tyousa/kokucho.html）
53）高速道路とまちづくり,平成元年・2年,日本道路公団審議室
54）国土交通省HP,道路整備効果事例集2004年版（長野県3-34,3-173）・2008年版（長野県3-3）（https://www.cgr.mlit.go.jp/chiki/doyroj/seibikoka/seibikoka.html）
55）NPO法人信州養命の里HP,伊那谷地域の紹介（http://www.npo-youmei.jp/index.htm）
56）長野経済研究所HP,道路整備が地域にもたらした効果(https://www.neri.or.jp/www/sp/contents/1000000000926/index.html）
57）岩手県北上市HP,北上市産業ビジョン（https://www.city.kitakami.iwate.jp/material/files/group/22/vision.pdf）
58）日本大学経済学部HP,地方工業集積の形成・発展過程の特質と課題岩手県北上市のケース（https://www.eco.nihon-u.ac.jp/center/industry/publication/research/pdf/32/32takahashi.pdf）
59）内閣府HP,平成15年度版地域の経済2003（https://www5.cao.go.jp/j-j/cr/cr03/cr03-index.html）
60）北上市産業支援センターHP,工業の町・北上(https://kitakamiisc.jp/about/kogyo）
61）岩手県北上市HP,工業団地パンフレット（https://www.city.kitakami.iwate.jp/life/sangyo_shigoto_kigyoritchi/kigyoritchi/kogyodanchi/11503.html）
62）岩手県ふるさと振興部調査統計課HP,いわての統計情報平成30年（https://www3.pref.iwate.jp/webdb/view/outside/s14Tokei/bnyaBtKekka.html/B07/B0704/I009）
63）高冷地山村長野県開田村の観光地化,神谷秀彦,人文地理第45巻 第1号(1993)（https://www.jstage.jst.go.jp/article/jjhg1948/45/1/45_1_68/_pdf）
64）愛知大学経営総合科学研究所叢書36,日本の空港と国際観光第5章過疎化進展のプロセスと過疎対策,神頭広好他（https://leo.aichi-u.ac.jp/~keisoken/research/books/book36/book36.pdf）
65）長野県HP,長野県の観光施設事業(https://www.pref.nagano.lg.jp/kigyo/kensei/soshiki/soshiki/kencho/kigyokyoku/sogojoho/kiroku.html）,長野県報号外（https://www.pref.nagano.lg.jp/kokai/kensei/kenpo/h15/h15-03/documents/20030331-4.pdf）
66）全国町村会HP,長野県原村/福祉健康の村づくりを目指して（https://www.zck.or.jp/site/forum/1039.html）
67）長野県原村原山エリアにおける別荘地の定住地としての変容過程,小山晴也他,（https://www.jstage.jst.go.jp/article/aijt/27/65/27_402/_pdf）
68）環境省HP,平成27年度エコツーリズム推進アドバイザー派遣事業【事例集】3-8（https://www.env.go.jp/nature/ecotourism/try-ecotourism/env/chiiki_shien/haken/h27/report/pdf/h27haken_all.pdf）
69）原村HP,第5次原村総合計画（https://www.vill.hara.lg.jp/fs/3/9/5/8/2/_/sogokeikaku51plan.pdf）
70）原村HP,令和3年度版原村の統計（https://www.vill.hara.lg.jp/fs/1/4/1/4/1/6/_/%E4%BB%A4%E5%92%8C3%E5%B9%B4%E5%BA%A6%E7%89%88%E5%8E%9F%E6%9D%91%E3%81%AE%E7%B5%B1%E8%A8%88.pdf）
71）原村HP,人口・世帯（国勢調査及び毎月人口異動調査）（https://www.vill.hara.lg.jp/docs/516.html）

第4章

1）交通工学用語辞典,交通工学学研究会・高速道路調査会偏,技術書院
4）道路構造令の解説と運用（平成16年2月）日本道路協会

主な参考図書・資料、出典

第1章

1)交通工学用語辞典,交通工学学研究会・高速道路調査会偏,技術書院
2)道路建設講座2高速道路の計画と設計,武部健一他,山海堂
3)道路実務全書,高速道路の計画と設計,河島恒他,山海堂
4)道路構造令の解説と運用(平成16年2月),日本道路協会
5)国土交通省HP,暫定二車線区間の現状と課題(https://www.mlit.go.jp/road/ir/ir-council/front_accident/pdf01/04.pdf)及び報道発表資料高速道路の暫定2車線区間の4車線化について(https://www.mlit.go.jp/report/press/road01_hh_001525.html)
6)国土交通省HP,現行道路構造令改正の経緯(https://www.mlit.go.jp/road/sign/pdf/kouzourei_full.pdf)及び道路構造令の一部を改正する政令について(https://www.mlit.go.jp/road/sign/kouzourei/h15kaiseitop.html)
7-1)格子状道路モデルを用いた国土係数理論の導出と日米英の地域別道路総延長の比較,三浦英俊,都市計画学会都市計画論文集2013年10月
7-2)日本のインフラ体力診断,土木学会(https://committees.jsce.or.jp/kikaku/system/files/InfraCheckUP202109.pdf)

第2章

8)国営吉野ヶ里歴史公園HP,弥生ミュージアム魏志倭人伝(https://www.yoshinogari.jp/ym/topics/)
9)道路の日本史,武部健一,中公新書
10)国土交通省HP,道の歴史(https://www.mlit.go.jp/road/michi-re/index.htm)
11)新体系土木工学62　道路ii,土木学会,技法堂出版
12)いっきに学び直す日本史⑧,安藤達朗他,東洋経済新報社
13)高速道路調査会HP,高速道路五十年史(https://www.express-highway.or.jp/company/document/50th.html)及び日本道路公団三十年史,日本道路公団30年史編集委員会,日本道路公団
14)高速道路調査会HP,高速道路制度あれこれ(https://www.express-highway.or.jp/Portals/0/images/company/document/study/rpt_e_005.pdf)
15)NEXCO中日本HP,名神は全線開通50年(https://www.c-nexco.co.jp/corporate/safety/torikumi/torikumi/vol07/)
16)NEXCO西日本HP,よくあるご質問(https://www.w-nexco.co.jp/faq/13/#05)
17)高速道路はじめて辞典,日本道路公団,高速道路技術センター
18)名神高速道路建設誌各論,名神高速道路建設誌編さん委員会,日本道路公団
19)設計要領第五集(標識編),NEXCO東・中・西日本
20)国土交通省HP,高速道路の案内標識と表示内容(https://www.mlit.go.jp/road/ir/ir-council/numbering/pdf02/4.pdf)
21)NEXC東・中・西日本,より視認しやすい路案内標識を目指した標識レイアウトの変更について,道路行政セミナー2011.3(https://www.hido.or.jp/14gyousei_backnumber/2010data/1103/1103hyoushiki-henkou.pdf)
22)名神高速道路の維持管理20年あゆみ,中大路為昭・元日本道路公団大阪建設局長,日本道路公団
23)日本建設コンサルタント協会,インフラ整備70年講演第9回名神高速道路の建設(https://www.jcca.or.jp/infra70n/files/%E3%82%A4%E3%83%B3%E3%83%95%E3%83%A9%E6%95%B4%E5%82%9970%E5%B9%B4vol_02.pdf)

第3章

24)国土交通省HP,インフラストック効果とは(https://www.mlit.go.jp/sogoseisaku/region/stock/stockeffect.html)
25)エフ・ブイ・ゲートHP,iFinance,日本経済用語集(https://www.ifinance.ne.jp/glossary/japan/jap162.html)
26)国土交通省,費用便益分析マニュアル(令和5年12月)
27)日本総合研究所HP,地方の活性化と高速道路(https://www.jri.co.jp/page.jsp?id=13339)
28)NEXCO東日本HP,高速道路ネットワーク整備(https://www.e-nexco.co.jp/activity/agreeable/detail_07.html)及びNEXCO東日本内部資料
29)日本救急医療財団HP,救急蘇生法の指針2020(市民用)(https://qqzaidan.jp/publish/)
30)東京消防庁HP,応急手当の重要性(https://www.tfd.metro.tokyo.lg.jp/lfe/kyuu-adv/joukyu/oukyu-01.htm?newwindow=true)
31)政府広報オンラインHP,いざというときのために応急手当の知識と技術を身につけておきましょう(https://www.gov-online.go.jp/useful/article/200801/1.html)
32)鳥取大学医学部附属病院HP,JPTEC-TOTTORI(https://www.med.tottori-u.ac.jp/mcls/3541.html)
33)NEXCO東日本HP,①高速道路の整備効果事例集(https://www.e-nexco.co.jp/assets/pdf/pressroom/data_room/regular_mtg/h27/0930/02.pdf),②【E48】山形自動車道　開通20周年整備効果(https://www.e-nexco.co.jp/activity/agreeable/detail_08i.html)
34)国土交通省東北地方整備局道路部HP,①いのちを守るみちづくり救急車退出路山形自動車道(https://www.thr.mlit.go.jp/road/sesaku/kyukyu/yamagata.html),②救急車退出路(https://www.thr.mlit.go.jp/road/sesaku/kyukyu/index.html)
35)NEXCO東日本HP,①東京湾アクアライン20周年地域に果たした役割と整備効果(https://www.e-nexco.co.jp/activity/agreeable/detail_08c.html),②定例記者会見資料平成29年度8月2日(https://www.e-nexco.co.jp/pressroom/regular_mtg/h29.html)
36)国土交通省HP,自動車総合安全情報(https://www.mlit.go.jp/jidosha/anzen/01transit/pandr.html)
37)千葉県木更津市HP,高速バス案内(https://www.city.kisarazu.lg.jp/kurashi/doro_kotsu/bus_densha/1/index.html#1)

今日からモノ知りシリーズ
トコトンやさしい
高速道路の本

NDC 514.6

2024年11月22日　初版1刷発行
2025年 3月28日　初版3刷発行

発行者　井水 治博
発行所　日刊工業新聞社
東京都中央区日本橋小網町14-1
（郵便番号103-8548）
電話　書籍編集部　03（5644）7490
　　　販売・管理部　03（5644）7403
FAX　03（5644）7400
振替口座　00190-2-186076
URL　https://pub.nikkan.co.jp/
e-mail　info_shuppan@nikkan.tech
印刷・製本　新日本印刷（株）

●DESIGN STAFF
AD──────　志岐滋行
表紙イラスト────　黒崎　玄
本文イラスト────　小島サエキチ
ブック・デザイン ──　大山陽子
（志岐デザイン事務所）

●
落丁・乱丁本はお取り替えいたします。
2024 Printed in Japan
ISBN　978-4-526-08360-0 C3034

●定価はカバーに表示してあります

●監修

長尾 哲（ながお あきら）

1981年 3月　東京大学大学院工学系研究科博士課程修了 工学博士
1981年 4月　日本道路公団入社
2003年 5月　同 企画部長
2007年 7月　東日本高速道路株式会社 執行役員建設事業部長
2008年 6月　同 執行役員管理事業部長
2011年 6月　同 取締役兼常務執行役員管理事業本部長
2016年 6月　公益財団法人高速道路調査会 副理事長
2020年 6月　同 理事長

●執筆

野村 浩（のむら ひろし）

1979年 3月　東京工業大学大学院 修了
1979年 4月　日本道路公団入社
2005年10月　独立行政法人日本高速道路保有・債務返済機構 企画審議役
2008年 6月　東日本高速道路株式会社 経営企画部長
2011年 4月　同 執行役員 新潟支社長
2013年 6月　同 執行役員 東北支社長
2015年 6月　株式会社ネクスコ東日本エンジニアリング代表取締役社長
2019年 8月　公益財団法人高速道路調査会 特任研究主幹

八木 恵治（やぎ けいじ）

1983年 3月　九州工業大学工学部開発土木工学科 卒業
1983年 4月　日本道路公団入社
1994年 4月　チリ国公共事業省 JICA 専門家
2003年 5月　日本道路公団 民営化総合企画局 総合調整課 調査役
2006年11月　独立行政法人日本高速道路保有・債務返済機構 計画調整課長
2015年 3月　中日本高速道路株式会社 環境・技術企画部長
2018年 7月　高速道路総合技術研究所 常務執行役員研究企画部長
2020年 6月　公益財団法人高速道路調査会 常務理事